开国皇帝有话对你说系列

姜若木◎编著

金戈铁马，风云叱咤；横扫六合，一统天下。

听千古一帝经世传奇；悟砥砺人生处世精髓。

霸天下

秦始皇

有话对你说

中国书籍出版社

China Book Press

图书在版编目（CIP）数据

雄霸天下：秦始皇有话对你说 / 姜若木 编著. —北京：中国书籍出版社，
2013.4（2021.6重印）
ISBN 978-7-5068-3415-5

Ⅰ.①雄… Ⅱ.①姜… Ⅲ.①秦始皇（前259～前210）—人物研究
Ⅳ.①K827=33

中国版本图书馆CIP数据核字（2013）第065294号

雄霸天下：秦始皇有话对你说

姜若木　编著

责任编辑	钱　浩
责任印制	孙马飞　马　芝
封面设计	高　杨
出版发行	中国书籍出版社
地　　址	北京市丰台区三路居路97号（邮编：100073）
电　　话	（010）52257143（总编室）　　（010）52257153（发行部）
电子邮箱	chinabp@vip.sina.com
经　　销	全国新华书店
印　　刷	北京洲际印刷有限责任公司
开　　本	710毫米×1000毫米　1/16
印　　张	15.75
字　　数	200千字
版　　次	2013年6月第1版　　2021年6月第2次印刷
书　　号	ISBN 978-7-5068-3415-5
定　　价	49.80元

前言

在两千多年前的战国时代，中国大地上并立着许多国家，在这些国家中，实力雄厚的有七个大国。这七个大国一直是纷争不断，战火连连。直到有一个人登上了历史的战车，他凭借着本国的铁骑，征服了并立的其他六国，开创了一个前所未有的统一帝国。他站在时代的最高峰，霸气地给自己进行了定位——始皇帝，他就是被后人称为千古一帝的秦始皇嬴政。

我们知道，秦始皇继承了先祖的遗志，为了统一天下而不断地努力着。他霸气雄浑，有着气吞八荒的壮志和永不止步的雄心。他广纳贤才，当时的秦国人才济济，文臣能提笔安天下，武将能上马定乾坤。他善用谋略，运筹帷幄，决胜千里，在战火纷飞的年代中，不断地扩充自己的实力，消灭对手，最终一统天下。他整齐制度，统一文字、货币、度量衡，废分封，行郡县，开创性地创立了皇帝制度。他南征百越，北却匈奴，修筑万里长城，奠定了后世中华的版图格局。秦始皇，用自己生命的热血，写就了一段伟大的历史：雄霸天下。

历史的烟云渐渐散去，历史的传说还在耳边回荡，我们只能通过史籍的记载，才能走进他所铸就的辉煌之中。

对于秦始皇，史学家向来褒贬不一。有人认为秦始皇是万世明主，或者盛赞他是"千古一帝"，或者歌颂他"秦王扫六合，虎视何雄哉！"或者夸耀他"虽四三皇、六五帝，曾不足比隆也"。

也有人认为秦始皇是前所未有的暴君，或者咒骂他"怀贪鄙之心，行自奋之智……以暴虐为天下始……"，或者讥讽他"始皇暴虐，至子而亡"，或者控诉他"刚毅戾深，乐以刑杀为威，专任狱吏而亲幸之，海内愁困无聊"。

前人对秦始皇评价纷纭，作为后人的我们，该如何对待这位历史上的风云人物？我们不应该忽视他的残暴之处，但是我们更应该注重他的伟大功绩。秦始皇的一生，可以说是成功的一生。因为他创造了前所未有的成就，建立了历史上第一个封建的中央集权国家。对于历史上伟人的道路，我们不能够复制，但是对于他们的成功经验，我们却可以学习借鉴。秦始皇作为古往今来最具开创性的皇帝，其辉煌的一生，有很多值得我们思考、学习的地方。

历史的车轮滚滚向前，留下渐渐淡去的回声。在当今竞争激烈的时代，走近秦始皇，他会告诉我们一些什么样的人生道理？本书通过对秦始皇一生主要事件的梳理，从中抽丝剥茧，试图对秦始皇生命中的闪光点加以放大，让现今时代的读者对其有所了解和感悟，并从中有所收益。

目 录

第一章

秦始皇对你说成功与梦想

  每个人都渴望成功，都有过追逐成功的经历，在走向成功的道路上，我们需要注意些什么？其实，在每个人成功的道路上，都有着一些指引我们成功的路标，沿着这些路标前进，就能够少走弯路，更快地到达我们梦想中的成功圣地。秦始皇作为我国历史上最具开创性的首位帝王，在其成功的道路上，有着许多值得我们借鉴的地方。

目 录

雄霸天下

秦始皇有话对你说

第二章

秦始皇对你说管理

有人开过一句玩笑说：在超过两个人的地方，就需要管理。这句话虽然有些戏谑，但是足见管理的重要性。管理是一门高深的艺术，在我们现在的经营活动中，所有的经营成果，都离不开管理。一个团体或者一个企业的发展，更是和管理息息相关，没有良好有效的管理，必然会影响到整体的发展，所以管理的优劣也在很大程度上影响着成功。

第三章

秦始皇对你说个人素质

个人素质是一个综合性概念，他包含了一个人成功应该具备的一些基本素质。从一个人的心态，到一个人为人处世的技巧，都可以归结为个人素质。在我们成功的道路上，最大的成功因素是我们自己，可以说我们的个人素质会决定我们的成功之路。秦始皇作为最具开创性的人物，他的成就是无与伦比的，当然，他的素质也十分值得我们借鉴。

人才是立国之本，任何英明的统治者都深谙此道，尤其是开国之君。秦始皇在启用人才上开一代先河，身边聚集了一大批精英。秦始皇是统一中国的第一个皇帝。后世有人说他暴戾，但是，他能成就如此令人羡慕的事业，只靠暴戾是难以达到的，应当看到的是，他之所以成就如此霸业，和他用人的战略眼光和爱惜人才密不可分。

第四章

秦始皇对你说用人之道

当年仅13岁的嬴政坐上了秦王宝座，他面临的是一种空前绝后的严酷形势。在外部局势上，秦国面临着一统中华的时代潮流；在秦国内部，嬴政面临着皇权四分五裂的混乱局面。经过一系列的角逐与浴血争夺，嬴政一步一步地艰难前行，慢慢地将竞争对手一一消除，最终走到了千古一帝的顶峰。作为生活在竞争异常残酷时代的我们，又该从秦始皇的竞争之道中学习些什么呢？

第五章

秦始皇对你说竞争

目录

雄霸天下

秦始皇有话对你说

第六章

秦始皇对你说谋略

谋略，是一个古老而永恒的话题。它永恒经典，却常用常新；它源于战争、政治斗争，又关乎人类生活生存的点滴。谋略是运用一种积极的思维过程，要动用精神力量和物质力量，创造出一种可以致胜的条件，谋略所追求的效果就是以最小的代价赢得最大的胜利。每个人的成功都需要谋略，秦始皇的成功与他的谋略是分不开的，这也是历史给予我们的启示。

第一章

秦始皇对你说 成功 与 梦想

　　每个人都渴望成功，都有过追逐成功的经历，在走向成功的道路上，我们需要注意些什么？其实，在每个人成功的道路上，都有着一些指引我们成功的路标，沿着这些路标前进，就能够少走弯路，更快地到达我们梦想中的成功圣地。秦始皇作为我国历史上最具开创性的首位帝王，在其成功的道路上，有着许多值得我们借鉴的地方。

要善于抓住时代机遇

机遇是走向成功必备的要素，在通往成功高峰的山路上，机遇代表着平坦的捷径，也可以看作是山顶垂下的软梯，能够帮助我们轻松到达顶峰。当然，机遇对于每一个人都是不同的，但是每个人都会遇到属于自己的机遇，关键就要看能不能在生活的磨难中看到机遇并抓住机遇，让自己走向成功。

秦始皇有着传奇的一生。异于常人的出身，加之他那充满苦难和挫折的童年，让秦始皇从小有着非同常人的生活经历，但正因为这样的童年经历，历练了他坚强不屈的性格。提及秦始皇的童年，有一个重要历史人物是我们不可忽略的，他就是——吕不韦。据有关史书和文献记载，吕不韦是秦始皇的生父。时至今日，对于秦始皇的出身，都仍是一个谜。秦始皇的"父亲"到底是谁？是异人，还是吕不韦？至今无人能辨别事实真相。但毋庸置疑的是，吕不韦对秦始皇有重大恩情，在历史上也产生了重要影响。

吕不韦是战国末期卫国人，他早年投身商业，家产富可敌国，后来步入仕途，并担任秦国丞相。他本是阳翟（今河南禹县）著名商人，在赵国首都邯郸经商期间，偶遇一位姓嬴名叫异人的王孙，这异人后改名子楚，他就是秦始皇名义上的父亲。

诸侯争霸的春秋战国时期，各诸侯国努力扩张各自势力，相互抢夺领土，战争不断。为了共同对付一个敌人，很多国家就互相结盟而战。国君将自己儿子送去他国做人质是常有的事情，目的就是彼此制约。在当时，强大的秦国，也是用这些策略来强国制胜。

秦国的异人是当时非常有名的人质，他的存在，使中国历史颇具戏剧性。异人是当时秦国国王昭襄王之孙，太子嬴柱之子。秦赵结盟之时，异人被送到赵国都城邯郸做人质。

异人被送到赵国后不久，这个作为人质客居赵国的公子就再不被秦国的政客所关心了。在很短的时间内，秦国便屡屡攻打赵国，撕毁了盟约，异人也因其秦国人质的身份而受到牵连。在此情况下，赵国虽没有除掉异人，却也没有以礼待之。异人在赵国的处境相当艰难，备受奚落，也没有得到秦国多少的资助。异人由一个秦国公子沦落到了寄人篱下、无家可归的境地，过着乞丐般的生活，窘迫至极。

然而就在异人最困顿之时，他结识了吕不韦。吕不韦擅谋略，最终帮助他登上了秦国王位。一个流落他乡生活寒酸的人质变成王位的继承人，最终登上了秦国王位，都完全依靠吕不韦的精心策划。吕不韦的这一计划，可以说是人类历史上最有创意的商业计划，并取得了完全的胜利。事情的全过程是这样的——

吕不韦当时在邯郸经商，可刚到邯郸后不久，就听说了被作为人质来到邯郸的秦国公子异人。在了解了异人的情况之后，他认为异人"奇货可居"，异人的不凡身世激发了他一个想法，帮助这流落他乡的秦国公子登上王位，或许可以谋取比普通生意更大的利益。于是，吕不韦作出了这样的决定，对于一个商人来说，这一决定应该说不只是一种经济上的冒险，更是一场政治上关乎生死的赌博。这场赌博或许能带来极大利益，充满着强大的诱惑力，驱使着吕不韦作出这一决定，当然这也需要强大的心理承受力。

经过反复思虑之后，为了判断自己的想法是否可行，吕不韦决定先征求父亲的意见。他将自己的想法告诉了父亲，父亲认为这桩"买卖"非同寻常。他认为，政治投机与普通做生意不同，万一生意亏了，还能

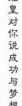

第一章　秦始皇对你说成功与梦想

从头再来，或许可以东山再起；而政治投机，一旦失手，很可能小命难保，还会牵连整个家族的生死存亡。吕父深思熟虑，考虑到了事情的严重性，却支持儿子的决定，并吩咐儿子万事小心为妙。

得到了父亲的支持后，吕不韦决定亲自拜访异人。在与父亲商议后的第二天，他前往异人住处，却并不好找，他顺着一条狭窄的胡同走了很长时间，看见年久失修的破旧房屋，吕不韦心生感慨，这残破不堪的屋子竟然就是秦国公子异人所居之处。

进屋以后，吕不韦寒暄了几句，就开门见山地对异人说："公子有所不知，我的门庭要靠您的门庭才能光大。所以我决定光大你的门庭。"一番话过后，异人心里便明白了他的意思，于是请吕不韦到内室就座，与他深谈。

吕不韦打开话匣子："秦王已经老了，你父亲安国君为太子，说不定哪天就会继位成为秦王。我听说安国君的妻妾中，有一位叫华阳夫人的，虽然没有儿子，但深受宠爱，要是立嫡嗣，非华阳夫人莫属。"

吕不韦说话的过程中，异人频频点头表示默许。吕不韦觉得异人心有所动，接着说："公子您有兄弟二十几人，其中子傒最有希望做继承人，而且又有士仓辅佐他。您排行居中，也不是很受宠爱，长期在诸侯国做人质。一旦秦王逝世，安国君被立为国君后，您根本没有与其他兄弟争夺太子之位的希望。"

"那我该怎么办呢？"异人忙问道。

吕不韦非常严肃地说："能够把您立为继承人的，只有华阳夫人。我吕不韦虽然不富裕，但愿意散尽家财到秦国游说，疏通安国君和华阳夫人，帮公子争取安国君"嫡嗣"的地位，把您立为秦国的继承人。"

异人自然非常高兴，感激地直流眼泪，多年的委屈顷刻爆发了出来，向吕不韦叩头拜谢道："如果你的策谋成功，我果真登上了王位，我愿意将秦国与你共享。"

吕不韦忙扶起异人，拿出五百金给异人，作为日常生活和结交宾客之用；又用五百金购买各种珍奇宝物，带着这些东西来到秦国游说。

来到秦国后，吕不韦以异人朋友的身份到处活动，他没有直接求见安国君和华阳夫人，而是先拜访了华阳夫人的姐姐，并对她说起异人的贤德和聪明，说异人结交诸侯宾客，朋友遍天下，胸怀宽广，抱负远大；并说他身居异国，经常日夜哭泣，思念安国君和华阳夫人。最后，吕不韦拜托华阳夫人的姐姐把异人的礼物和问候转呈给华阳夫人。

几天以后，华阳夫人的姐姐来到华阳夫人的宫中，对华阳夫人说："世人道：以色侍人者，色衰而爱弛。妹妹今天美貌，故得安国君宠爱。若干年后，妹妹年老色衰，安国君还会宠爱你吗？再说妹妹没有儿子，还是趁早从众公子中选一个贤明孝顺的来继承王位吧，这样安国君生前生后，妹妹都不会失去权势，将永葆富贵。"

华阳夫人听了姐姐这番话后，眉头一展，忙问："姐姐，你说得很对，但众公子中选谁比较可靠？"

这时，华阳夫人的姐姐转述了异人的情况，称赞异人最为贤孝，而且又常常表示"以夫人为天"，同时转呈了异人给华阳夫人的厚礼。

华阳夫人非常高兴，此时对异人开始有了好感。接着，华阳夫人的姐姐又说："若将异人扶持为嗣子，今后'母凭子贵'，就可终身在秦国得宠，就连家族也可在秦国得到荫庇，你说这何乐而不为啊？"

于是华阳夫人决定收异人为子，并让安国君立异人为嗣。从此以后，华阳夫人时常在安国君耳边吹枕边风，赞扬异人的贤孝仁德。华阳夫人和安国君在一起时，就满脸悲凄地对安国君说："异人在赵国为人质，非常贤能有才，广交诸侯宾客，朋友很多，和他结交的人都赞誉他才德兼备。"

一天，当说到异人日夜思念太子时，华阳夫人满脸流泪道："臣妾能在后宫受到您的宠幸，是我的福气，不幸的是我没有儿子。异人如此

贤能孝顺，我愿收他做我的儿子，并把他立为嫡嗣，这样我也可以有所依靠。"

安国君看到华阳夫人犹如梨花带雨的脸庞，禁不住心爱女人的苦苦相求，最后答应了华阳夫人的请求，并与华阳夫人刻符为信，约定立异人为王位继承人，然后又送非常多的财物给异人，并请吕不韦辅佐他。异人的名望从此在诸侯之间广泛流传开来。

吕不韦大喜，急忙赶回邯郸，与异人终日饮酒作乐，广交天下豪杰。在这里，我们不得不提起另外一位主人公。此前，吕不韦娶了邯郸一位极其美丽的女子，她就是秦始皇的生母赵姬。

有一天，在酒宴之上，兴头正浓的吕不韦唤出自己的爱妾赵姬起舞助兴。看着赵姬婀娜的舞姿，异人的心也乱了起来。最后，异人终于忍不住向吕不韦要求并得到了这个女子，可当时赵姬已经有了身孕，异人不知不觉成了吕不韦用做政治游戏的牺牲品。吕不韦梦寐以求的政治地位、一生的荣华富贵就要实现了。

光阴似箭，日月如梭，转眼间，时间已经到了公元前259年。这一年的农历正月，伴随着一声婴儿的啼哭，一个男婴，在赵国的邯郸降生了，没有人会想到，他就是中国历史上第一个统一帝国的创立者——秦始皇。他恰恰出生在秦赵两次大战的间隙，这年正月，时值两国讲和息兵，但和平关系仅维持了数月，这无疑使秦始皇的人生会比别人付出百倍的艰辛和努力。

历史在这个可以说是由两大敌国共同缔造的生命的背后，搭设了一幕极为壮烈和复杂的社会场景：诸侯割据，森严壁垒，使关隘阻隔，严重阻碍了各诸侯国之间经济、文化等方面的交流和人员的往来。而无休无止的战争消耗着巨额的社会财富。人民遭受着空前的劫难，田园丘墟，饿殍遍野，生者亦与鬼蜮为临。因此，人民迫切希望尽快结束战乱，迎来一个能使人自由喘息的太平盛世。而一些思维敏捷并十分关注现实的知识分子们也积极要求结束战乱，使天下尽快"定于一"。但是，在当时的社会条件下，要想结束战乱，实现社会安定，只能以战止战。在推进统一的诸因素中，诸侯的相互兼并是最主要的，统一是兼并的结果。于是才发生了桂陵之战、马陵之战，才有了令人眼花缭乱的合纵连横，才有了乐毅伐齐、丹阳之战和攻克楚郢等等一系列的战争。而秦赵长平之战不过是统一之链上的一个最大的环结而已。

这样一幅波澜壮阔的社会场景，并不是历史特意为这个胎儿自身搭设的，它公平地矗立在每一个人的背后。但是，社会发展的不完善使每个人所能具有的生存条件都很不一致，因此，只有个别人才能成为"弄潮儿"。那么，这个即将出生的秦国王室的后代，能够在后来的若干年内得到历史女神的垂青，将统一之链构造完成吗？如果可以的话，他所统治的世界会是黎民百姓所企盼的太平盛世吗？还是会再出现类似长平坑卒那样残酷的杀戮？

随着赵政出生，异人对实现继承王位的计划更有信心和动力了。吕不韦的计划正逐步地实现着。安国君渐渐地知道了自己有个贤能的儿子在赵国做质子，靠自己的能力使得赵国上下对他称赞不已；而华阳夫人更是日夜为异人祈祷、祝福，希望他平安回到他们的身边；就连秦昭王也知道了异人的仁义与贤能，最后同意立异人为太子安国君的嫡嗣，赐名为子楚。

赵政从一出生就注定是一位王者，因为他的曾祖父是在位的秦昭王，他的爷爷是太子，他的父亲是太子的嫡嗣，按照王位继承制度，如果不发生意外，秦国的王位迟早是他的。但是，虽然赵政出身显赫，但是他的出身后面那些扑朔迷离的事件在他日后成长乃至继承王位、实现天下一统的抱负等整个事件的过程中却影响了他的一生。让我们疑惑的是：异人娶赵姬是夺人之美，还是中了计谋？赵姬转嫁异人的时候是清白之身还是怀了身孕？赵政的父亲是人质异人还是商人

第一章
秦始皇对你说成功与梦想

吕不韦？当然这些事件现在都已不可考，但有一点确信无疑，那就是如果没有吕不韦与异人之间的亲密私交，就不会有赵政这个人，也就不会有后来的秦王嬴政。

由此可见，机遇的诞生存在着偶然性，但历史的魅力，也常常就在于，它会因为一些偶然事件的发生而产生戏剧性变化，而在这些变化中会产生一些足以改变世界的机遇，抓住这些机遇的人，就会创造一个时代的历史。秦始皇的出生及其日后的丰功伟绩，恰恰是一系列偶然事件综合作用的结果。但是，作为当代的我们，要看到秦始皇身上异于常人的品质，正是那种常人难以承受的苦难生活和父亲异人的影响，让他认识到他作为一名王室后代，肩上应担负的一种责任，所有这些都促使他抓住人生可能成为机会的每一次机遇，从而实现自己人生的跨越和转变。他在赵国生活的每一天，对他而言，可以说都是让他成为千古一帝的人生积淀，从这个意义上讲，这个经历，就是一种机遇。

论谋虑，吕不韦不输商鞅；论智慧，异人不输春申君。他们各出所长，各取所需，如同两个开始创业的人合资一样，同舟共济，把基业打好。他们抓住了许多细微末节，通过这些细微末节入手，一件一件去处理阻隔在他们前进道路上的坎坷和荆棘，于是就有了赵姬再嫁，有了吕不韦入秦游说华阳夫人，有了赵政的出生。细节决定成败，赵政的出生只不过是这起交易中的一个环节，而他的父亲究竟是谁则只是整个事件中最偶然的因素。

然而嬴政却顺应历史的潮流来到了世上，秦国在多年的发展之后，已经成为当时最强大的国家，而东方六国，已经显出颓势。嬴政就是在这种大潮流下，站在了时代的风口浪尖。

有关机遇的论述，古往今来，俯拾皆是；有关机遇的故事，从古至今，层出不穷。对于机遇的理解和认识，不同的人有不同的见解。老子曾说：祸兮，福之所倚；福兮，祸之所伏。这里面的祸福，都是人的主观判断。人们常说起的"万事俱备，只欠东风"，其中"东风"便是机遇的一种具体的表现形式。

历史长河奔流不息，很多人湮灭其中，默默无闻，而流传下来的，则是那些抓住了时代的机遇，勇于攀上时代高峰的巨人们。这也正是秦始皇这位千古一帝，要告诉我们的成功真谛。

过人胆识铸成功之基

恐惧能毁灭人的自信，使人变得优柔寡断。恐惧还会让人动摇自信心，不敢从事任何工作，并使人们犹豫不决，恐惧是人能力上的一个大漏洞。究其根本，其实恐惧也只是一种心理想象，是一个幻想中的怪物，一旦你认识到这一点，你的恐惧感就会消失。如果你的见识广博到足以明了没有任何臆想的东西能伤害到你，那你就不会再感到恐惧了。

对秦王嬴政不怀好感的人，可能会遗憾不已。在赵国的近十年时间里，那些赵兵为何连一个小孩子都抓不住。甚至还有人会设想，如果赵兵认出了嬴政，将嬴政除之而后快，中国历史上就不会有这个赫赫有名的秦始皇了，秦朝的历史也将改写。但历史却给了这些一厢情愿的人们一记响亮的耳光，嬴政统一了诸侯各国，建立了封建制的秦王朝。

显然不是历史将机遇留给了秦始皇，而是他自己抓住了机遇，成了历史的弄潮儿；不是赵国的刀剑不锋利，砍不下他的头颅，而是他大胆机智，从赵国的刀剑下逃走了。仅此一点，他就堪称英雄，更不用说他建立了泱泱秦国，开创了封建制度之先河，成为中国历史上举足轻重的人物。

第一章 秦始皇对你说成功与梦想

异人抛妻弃子逃离邯郸那晚，赵姬母子由燕太子丹用车载送到她的叔叔家里躲藏起来。当时，赵兵搜捕多日，始终见不到异人和妻儿的踪影，后来才得到消息，异人已逃回秦国，而他的妻儿还在赵国。赵王一心要杀异人妻儿泄恨，下令严查，邯郸城里到处都是抓她们母子的通缉令。

这一日，赵国的官兵搜查到赵姬母子所居住的地方。赵姬凭借自己的机智躲过了赵国官兵的搜查，赵国官兵正准备离去，从外面玩耍的赵政回来。

于是，赵国官兵不仅起了疑心，便问道："这是谁家的小毛孩儿，到处乱跑？"

赵政愣愣地走到他身前，一本正经地回答："我才不是小毛孩儿，我乃堂堂正正王室之……"

"堂堂正正的什么？"军官得意地问，"王室之什么？"

赵政不愧是秦王室的后代，对赵兵的威逼毫不在乎。他自知失言，急改口说："我乃堂堂正正王室之本家。"

这位军官疑问："你本什么家？"

赵政理直气壮地反驳他："我姓赵名政，难道不是王室的本家？"面对这种情形，如果是别的孩子，恐怕早已吓得号啕大哭、不知所措了，哪还敢正色地以王室本家自称呢？赵兵万万没想到，此时他呵斥的对象是嬴政，是以后统一六国的秦始皇。

最后，赵兵一无所获地离开了，他们谁也没想到，他们错过了一个抓住赵姬儿子的好机会。经过这次搜索和侥幸脱险，赵叔更不敢让赵姬母子在家久住。幸好原来经营的留春园班子虽因战事而歇业，但艺人们都还没散，或领些针线洗补的活计，或四处作零星的卖唱，勉强维持生计。于是赵叔把赵政母子暂时安排在了留春园。

"自古英雄出少年"，这句话用在秦始皇身上并不过分，他从小就知道勤于思考，遇事不惊，会察颜观色。在童年时代，秦始皇就学会用积极的心态去面对自己的人生，在一切困难险阻面前，他总是能够用理智的思考、乐观的精神、充实的灵魂和潇洒的态度支配自己的人生。秦始皇相信通过自己的努力能取得一定的成就，所以再苦也不怕。

勇敢的思想和坚定的信心是治疗恐惧的特效良药，它们能够中和恐惧思想。事实上，恐惧是存在于每一个人的思想中的，有很多非常有成就的人像平常人那样，遇到某些情况也会感到恐惧和不安，不同的是，他们能够想出一套有效的办法来克服它。

众所周知，鲨鱼位于海底世界食物链的最顶端，它的攻击性极强，算得上是海底世界的霸王。如果你看过根据骨骼化石复原的鲨鱼祖先的样子，你会发现，经过几十万年的演化，鲨鱼的模样几乎没怎么变过，这是因为它不用为了适应环境而去改变自己，从另一个侧面也反映了它的强大。无论对方有多么强大，鲨鱼都不会退缩，而只知道勇猛地向前发起攻击，就连鲸鱼那样的庞然大物也常常遭到鲨鱼的袭击。一般情况下，人在海里只要被鲨鱼发现，极少能有逃生的希望。

但是，科学家罗福特在对鲨鱼进行研究的过程中，发现了非常奇妙的一点。由于工作的需要，他经常穿着潜水衣游到鲨鱼的身边，然而奇怪的是鲨鱼并没有对他发动攻击。罗福特通过大量的研究及实地观察得出结论：鲨鱼其实并不可怕，只要人在面对它时保持镇定的心态，它几乎从不主动向人发出攻击。可是，当人遇到鲨鱼时，如果不由自主地害怕，那么因害怕引起的紧张感，使人的心跳加速，这才是最致命的。因为，人的心脏剧烈跳动时会在水中产生感应，而鲨鱼正是根据这种极微弱的感应波才发现猎物的。因此，当遇到鲨鱼时，如果你能够平心静气如常，毫不惊慌失措，那么鲨鱼一般就不会对你构成任何威胁。甚至于它不小心接触到了你的身体，也会视而不见，然后从你的身边游走的。

再凶残的动物也有它自身的弱点，再大的困难也有解决的办法。关

秦始皇对你说成功与梦想

键是你不能让想象中的困难把自己困住，从而导致还没有开始采取行动就丧失了自信。

不难看出，恐惧虽然阻碍着人们力量的发挥和生活质量的提高，但它并非是不可战胜的。只要能够积极地行动起来，在行动中有意识地纠正自己的恐惧心理，那它就不会再成为你前进的障碍。

成功的大敌是犹豫不决、疑惑及恐惧。虽然绝大部分的恐惧没有存在的基础，但它却成为人类情绪中代价最昂贵的东西。当你被疑惑缠身，你就会变得优柔寡断。犹豫又是恐惧的种子，它会与疑惑结合，又生出新的恐惧。

你一定要想尽办法消除这些不良的影响，以积极的心态和坚定的自信取而代之。控制你的思想，就可以控制恐惧。克服恐惧，会增添你面对未来的信心；即使行动失败，也会让你收获宝贵的经验和教训。

逆境是一种磨炼

在生活中，我们可以发现，那些功成名就的伟人，往往都经历过一些鲜为人知的艰难岁月，或者从小家庭困苦，从而激发了将来一定要干出一番事业的雄心壮志；或者看到某些不合时宜的事物，从而引发要改变它的奇思妙想；或者受身边人事的启发，决定要创造一种东西或者制度，来更好地服务于生活……总之，很多人的崛起都是因为经历逆境而变得坚强起来。

秦始皇嬴政正是这样一个人，嬴政出生在群雄争霸的乱世，童年又流落异国他乡，受尽世态艰辛的他，心存着谱写历史的情怀。

嬴政因为生于赵地，所以童年的他被人称为赵政。赵政的童年是在赵国首都邯郸的街头度过的。在烽火战乱中求生存，对于赵政的母亲来说实在太过艰难，却改变不了什么，即使她贵为秦国太子储君的妻子。但对未来美好的愿望是支撑着她继续生活下去的信念，她一个人带着刚出生不久的儿子东躲西藏，为的就是有朝一日能够回到夫君子楚的身边，过上衣食无忧的宫廷生活。

赵政一家到底经历过怎样的困境呢？吕不韦和异人以及赵姬母子又是怎样逃出赵国的呢？这还要从长平之战说起。秦赵长平之战于公元前260年爆发。范雎的反间计迷惑了赵王，赵王弃用廉颇，而让书生赵括代之，与秦国将领白起在长平搏斗。书生赵括只会纸上谈兵不懂实战，并且骄傲轻敌，白起抓住这一弱点，故在交战时佯败撤退。

赵括信以为真，以为白起确实败退，便率领赵军直线追击，直接攻进秦军营地。赵军长时间进攻并未获胜，因为秦军早有防备。在赵军攻打秦军营地之时，白起派两支军队左右迂回，断了赵军退路。被围困在中间的赵军，只有筑垒坚守等待援军。此时，秦昭襄王亲自征兵，河内年满15岁以上的男丁都前往参加长平之战，堵截了赵国援军，使其矢尽粮绝。当年九月，赵军被分为四队，轮番想要冲出突围，都失败而终。赵括最终被射死，四十余万士兵也为秦所降。为了防止赵军日后反叛，白起只让年少体弱的士兵归入赵国，其余全部在长平坑杀。赵国最终被迫求和，秦赵两国立下割地盟约。赵国人憎恨秦国，秦国太子的储君子楚在赵国做人质，其处境可悲是可想而知的。

因此在赵政出生之后，秦赵之间的矛盾达到了白热化的程度。在双方的交战之中，赵王决定斩杀质子子楚，赵政一家面临着灭顶之灾。在这种危急的情况下，吕不韦和子楚向赵王求情，希望他们不诛杀子楚，而是把他送回秦国，这样将来子楚成为秦王之后会感念赵国的不杀之恩。在求情无效之后，吕不韦和子楚商议决定出逃，他们用六百金贿赂了看守子楚的官兵和守城的士兵，最终逃出了邯郸，辗转回到秦国，子

楚和吕不韦终于保住了自己的性命。在出逃之前，吕不韦和子楚为赵姬和赵政找好了一个偏僻的荒村进行避难，母子二人也逃过了一劫。

此时的赵政才2岁，可见东躲西藏的日子是很艰难的，与"孤儿寡母"无异。

不久，魏国的信陵君窃符救赵，魏国军队和齐、楚两国军队抵达邯郸，在三国军队的威逼和赵国军民的奋力抵抗下，秦军撤围而去，邯郸之战结束。

好在赵姬的父亲是邯郸有名的富豪，在赵国很有社会背景，一番打点之后，赵国朝中对赵姬母子的态度发生了变化，决定暂时放他们一马。一则邯郸之围已解，二则赵王认为留着这母子俩，将来一旦秦、赵再起纷争，可以母子两人为要挟，讨价还价，于是，赵姬母子回到娘家，生活暂时安定下来。

就这样，赵政在外公家一住就是三年。虽然他的物质生活条件很宽裕，但是他并不快乐。因为他与孩子们一起玩时，孩子们并不尊重他，常常嘲笑他是"秦弃儿"，骂他是"杂种"，不愿跟他玩。

赵政不堪忍受他们的辱骂，经常跟他们打架。由于他年龄小，力气不如别的孩子大，常常被人家打得鼻青脸肿。不过回家后，他从不找大人哭闹，虽然大人叫他不要跟那些欺负他的孩子玩，可他不听这些，往往是头一天才打了架，第二天又去找他们。他似乎觉得打架很好玩，在打和被打中，他的体格和抗击能力一天天增强，胆子一天天变大，到后来，别的孩子不敢再欺负他。

慢慢地，赵王对赵姬和赵政母子也好了起来，经常派人安慰他们，因为赵王已经得知，异人回到秦国后，被华阳夫人收为养子，一旦安国君继承了秦国的王位，异人很可能被立为太子，而赵政作为异人的嫡长子，很可能就是秦国未来的太子，现在对他好一些，说不定将来他会念及旧情，对赵国网开一面。

当然，那些王公贵族也会告诫自己的子弟，赵政将来会做秦王，不要得罪他。但是，秦国给赵国带来了太多的痛苦，赵国军民很反感秦国，诸公子听说赵政原来是秦国人，将来还要做秦王，不但不尊重他，反而经常找他的麻烦，合伙想办法整他。

有时候，他们会假意邀请他一起聚会，把他带到风月场所，叫一些歌女舞伎饮酒作乐，他走也不是，留也不是，毕竟他还是个孩子。他们唆使那些女人逗弄和调戏赵政，而他们则在一旁出言讥刺，说他是个木头，居然连风月之事都不懂。

有时候，他们把他带到家中，搬出一些金玉古玩，细说这些东西的源流，说得头头是道，而问起赵政来，他一窍不通。还有那些名贵犬马，赵政在这方面的知识显然比较欠缺。

一来二去后，赵政知道这帮人有意要看他的笑话，便决定不再上他们的当，拒绝他们的任何邀请。可是他们仍不死心，干脆在路上拦截他，强行作弄和羞辱他，当众骂他是野种，有什么资格自称是秦国的公子！他尽量躲着他们，但他们却像群狗追逐猎物一般，千方百计地找机会戏弄、甚至殴打他。

对于这些遭遇，赵政从未向他的母亲提起，因为他的老师早已教他学会了忍耐。老师曾经对他说：龙游浅水遭虾戏，虎落平阳被犬欺。但龙毕竟是龙，虎毕竟是虎，只要它们的际遇来临，就会龙腾虎跃，执天下之牛耳，主宰天下的生杀予夺大权。

忍耐决不意味着懦弱，他不向母亲提起，决不意味着他不计较这一切，他一刻也没有忘记他在这里遭遇的一切。面对赵国公子王孙们的欺负，他的心中燃烧着无名的怒火，每一次欺负都会变成刻骨铭心的仇恨积累起来，他发誓要报复，不仅要报复欺负他的那些赵国公室子弟，甚至要报复所有的赵国人。也许这就是他后来誓死要剪灭东方六国的仇恨根源。

秦始皇从小生活在受歧视的环境里，他的父亲也因为是人质而被歧

视；后来父亲逃回秦国，他和母亲生活在敌国里，又备受刁难、歧视和侮辱。在这样的环境里，他学会了坚强，学会了忍耐，小小年纪就养成了男子汉的气质，也知道什么叫"小不忍，则乱大谋"。在赵国，他活得很不容易，但这是他人生中的一段宝贵经历，使他明白了一个人在身处逆境时应该如何自处。

可见，一个人要想成大器，必须要学会忍耐，炼就超强的心理承受能力，忍常人所不能忍，然后才能为人所不能为，做出一番惊天动地的事业来。毫无疑问，秦始皇在赵国的那段经历使他具备了这样的意志品质，让他从中受益，他一生的丰功伟绩都得益于这种意志品质，无论是亲政前的生存博弈，还是亲政后的逐鹿天下，他都是在忍耐中沉默，在沉默中爆发，在爆发中毁灭所有的敌人。

忍者无敌！能忍受一切痛苦和灾难而不放弃追求的人，必能成大事！这就是我们通常所说的"艰难困苦，玉汝于成"。

在邯郸生活了八年的嬴政，他幼小的心灵被这里充满战争、饥饿和仇恨的环境而严重扭曲。他性格孤僻、沉默寡言，从小便感受不到世界的温暖。而作为秦国太子的储君，他也有着与生俱来的冷酷和优越感。

一个人只有经历了逆境的磨炼，才能成长为真正的强者。对于嬴政来说，幼时的这番磨难是幸运还是不幸，他自己也不知道。但历史似乎在用独特的方式、独特的经历有意地塑造他，用世间的沧桑和自身的磨难将他塑造成一个刚毅、果敢、不屈不挠的铁血君王。这是命运之神对他的刻意安排，中国历史注定要由此改变。

"不受刀斧雕琢之木难成供奉之佛，不经苦难磨砺之人难修敬重之身。"逆境的磨砺是一种财富，从逆境中走出来的人，有着更顽强的毅力，同时有着改变苦难的决心。他们懂得逆境下的痛苦，他们也懂得珍视顺境中的机遇，所以他们在自己的生命中努力打磨自己，让自己变得更加强大，并最终用自己的双手，改变自己的人生。

自古英雄多磨难，遍观古今豪杰，很少有顺境成才的。他们或幼年遭遇困苦，或少年生逢乱世，无论如何，他们都是在困难的生活中，煎熬过，隐忍过，挣扎过……他们没有被逆境打倒，相反，他们在逆境中学习，在逆境中努力，在逆境中默默壮大自己，最终他们在突破逆境之后，一飞冲天，在时代的洪流中书写出自己的名字，让世人敬仰。

积累学识很重要

一个人要走向成功，就要不断地强大自己，扩展自己的能力，积累自己的资本，只有这样，才能在复杂的形势中保证自己应对自如。知识和能力大多来源于书籍，流传千古的书籍，是千百年来人类智慧的浓缩，所以一个人要想走向成功，就要不断地读书学习，积累自己的学识。

秦王政的父亲庄襄王是个知书不多的人，因为他被父亲质于赵国，处境艰难，读的书自然很少。回国后，安国君叫他去读书，他坦然承认自己"少弃捐在外，尝无师傅教学，不习于诵"。庄襄王即位后，从自己知书不多的切身体会中，着力加强对嬴政的教育。而嬴政也深知仅靠匹夫之勇、单逞血气之刚不行，欲做一番事业就要有真才实学。他认识到了这一点，于是在两朝宰相吕不韦的辅佐和教导下，开始博览群书。

此时的嬴政十岁左右，正是人生旅途上求知欲望强烈、对天地万物都想探其究竟的年纪。他于乱世之中生在异国他乡，从小缺乏良好的家庭教育和父母熏陶，但儿时艰苦环境的诸多磨难却促使了他性格和心理上的早熟。他虽然有时为人乖张，脾气狂躁，但常常在游移不定的目光里隐藏着成人难以察觉的几缕深沉和些许持重。他虽然体质单薄，声

音尖细，但在凸起的胸膛里却是一腔奔腾的热血，澎湃着一个远大的志向。也许古往今来再也没有人比小小的嬴政更懂得"吃得苦中苦，方为人上人"的人生哲理了。作为当时天下最强大的国家的储君，嬴政犹如一只等待出巢的雏鹰一样，急切期望着以知识学问来丰满自己的羽毛，期望着有朝一日能展翅翱翔，搏击长空。

而吕不韦作为一名大政治家，不仅精通经商和为政，而且同样精于治学。吕不韦充满智慧，他言传身教，一直影响着秦王政。他认为人的认识能力、知识水平都不是与生俱来的，而是通过后天的学习得来的，所以他特别重视学习。他的《吕氏春秋》多处谈及学习的重要性，如："不知则问，不能则学"（《谨听》）；"不学而能听说者，古今无有也"（《听言》）；又如："且天生人也，而使其耳可以闻，不学，其闻不若聋；使其目可以见，不学，其见不若盲；使其口可以言，不学，其言不若爽；使其心可以知，不学，其知不若狂"（《尊师》）。这番话，吕不韦是有目的的，即针对秦王政，激励他不断学习。

在《吕氏春秋》里，吕不韦特别强调了君主的学习。他认为君主的天挺英才是通过后天的学习得来的，并非生而即有。学习的途径有两条：一是自我反省法，即通过公与私两把尺子去衡量自己的言行，这一点类似于儒家的修身治国平天下。由此而观法家、儒家，两者都体现了中国的文化传统——反求诸己的精神。二是尊敬老师，无论贫富贵贱，有德有能者均可师之。吕不韦批判了当今的君主们"尊不至于帝，智不至于圣，而欲无尊师"的不良风气，强调了君主要以礼求师，以礼问学，才能使"身成"，"弗疆而平矣，有大势可以为天下正矣"。

在吕不韦的引导下，秦王政在青少年时代博览群书，既开阔了视野，又学到了丰富的从政经验。

秦王政有了学识，有了自信，又有了不断积累的治世经验，似乎是可以坐大于天下了，但他由于从小饱经磨难，经过了无数次战火的洗礼，因而对儒家的仁义之道兴趣不大。他虽然有了一定的学识，但还在苦苦寻觅一种符合自己性格、更加简洁实用的理论。这就是法家理论。

先祖利用商鞅变法开了一个先河，而商鞅推崇的是法术，以法治国，其变法的理论和实践成果都保留了下来。而商鞅的理论正好与秦王政相合，符合他暴戾恣睢的性格特点，符合他作为一个伟大君王的口味。于是，秦王政开始孜孜不倦地攻研法家学派的理论著作。他之所以选择法家理论作为治世理论，原因主要在于：他认为凡正确的理论都必须实用，凡实用的理论都必然正确，而这种实用首先是对作为国君的他个人实用。因此在他看来，法家理论是唯一正确的、实用的理论。由于感觉和自己的思想相符，于是他又找来法家学说的代表作《韩非子》，开始如饥似渴地研读这部巨著，并非常欣赏其中的《孤愤》和《五蠹》。韩非子的法家理论深刻地影响了秦王政，并成为他日后施政的思想指南。

但是，秦王政并不是不分青红皂白地全盘接收法家理论，而是加以分析地兼容并蓄。在深入研习和吸收法家学派的学说时，秦王政所遵循的唯一原则便是看能否实用。就是看是否适合自己所处的地位和所处的历史大背景。当时是百家争鸣的时代，儒家思想占据着统治地位，自从法家学派的杰出代表商鞅被施行车裂之刑后，法家一直默无声息，远远不如其他学派那么活跃。但秦王政此时偏偏爆出了一个冷门，尊崇法家、漠然无儒，而这恰恰是适合当时历史发展需要的。由此可以说，秦王政当时的选择是不凡的，是一个伟大的思想选择，是他充分认识自己、认识时代的明智之举。

秦王政通过丰富学识确实达到了自强和提高自己的目的，单是日后"躬操文墨，昼断狱，夜理书"，一天不阅完一百二十斤重的文件不休息（《汉书·刑法志》）的历史记载来看，他是秦国历史乃至整个中国

古代历史上少见的具有很高的文字水平、理论功底和决断政事能力的君主，这些都应该归功于他从少年时代开始即师从于吕不韦学习的结果。从某种意义上说，秦王政也算得上是一位聪明好学的学生。

另一方面，吕不韦还请来了名师高手，给秦王政传授武艺。一天，吕不韦打听到有个白胡子老头叫华山尊者，武艺高强，人品又好，如果能请来做秦王政的师傅，既能传习武艺，又能做个贴心保镖，那么一切无忧矣。吕不韦算盘打得好，不过还是费了九牛二虎之力才请到华山尊

秦始皇雕像

者，还带来了一个高徒与秦王政做陪练。秦王政除了跟华山尊者练武，平日还喜欢骑猎、赛马、舞剑。这样，秦王政练就了一番好武功。身体素质大有长进，再也看不到昔日在赵国饱受磨难的嬴政身影，而是成长为一个堂堂正正、身材魁梧的七尺男儿，精神抖擞饱满，精力充沛，而这些正是做皇帝的身体保证。

如吕不韦所料，果然在秦王政15岁的时候发生了刺客事件，有唐遂和冯威叛乱，竟然刺杀到秦王政的永年殿，幸亏有华山尊者的保驾护卫，才化险为夷，捡回了秦王政一条性命，然而代价却是付出了华山尊者。之后，王室加强了秦王政的保护，而秦王政也更加认识到加强自身能力的重要性。

秦王政从横空出世到遭遇险境，并在逆境中修身炼志，造就了他非凡的隐忍能力。加上他心中奔涌着黄金血脉，胸怀一个统一天下的伟大计划，一夕归国，又遇上了千载难逢的好机遇，秦王政稳稳地抓住了，并通过自己的努力，提高自身素质，打造完美人生，从而使他定位到一

个伟大帝王的基座上，必然要干出一番轰轰烈烈的伟业。一旦秦王政亲政，就折射出了他特有的光芒，从而有"宝剑出鞘暗寰宇，英雄横世扫天下"的气魄。

"没有哪个人可以永远独占鳌头，在瞬息万变的世界里头，惟有虚心学习的人才能够决策自己的人生未来。"这是著名将军埃里克·霍弗的名言。学习在人生中占有重大作用，它能够帮助人们培养独立决策的能力，使其拥有强大的力量以及巨大的精神财富，可以给人的生活带来阳光，帮助人们从困境中走出来，从而走向成功。然而学习是永无止境的，对于学习的人来说这是一条漫长的道路。

暂时的成功并不等于永远的成功，一次的成功也不能使人一劳永逸，成功或许意味着暂时脱离失败，但是只有不断在学习中寻找自我的价值，学会如何独立学习，才能不断获得成功，完善自我。

成功之人，往往是善于自我学习，自我超越的人，只有这样才能时刻找到自己的缺陷与不足，才能不断自我完善，不断向成功迈进。已经获得成功的人，更不能停止学习，因为这是在为自己"充电"，否则就会被更加勤奋者和强者超越。想要获得长久成功的都必须记住，从来不能松懈学习，特别是当别人在学习、在提高的时候。

其实，学习的过程就是一个发掘的过程。人的身体之所以保持健康活泼，是因为人体的血液时刻在更新，人生也一样，学习也是如此。

青少年想要在学习中不断进步，只有不断地从学习中吸取新的思想，不断提升自己独立决策的能力。困境往往能帮助你迸发激情，而当没有困境侵扰的时候，你应该感到庆幸，想要站在比别人更高的平台上，就必须获得比别人更好的成绩。

倘若一个人在不断发展，他就具备了学习的能力。一旦停滞不前，他就失去了实现自我价值的能力。每个人从出生开始，就开始了学习的旅程，直到生命的尽头，人的一生就是一段漫长的学习旅途。

第一章 秦始皇对你说成功与梦想

假如把建一幢高楼大厦作为人生的终极目标，不断学习就是在为这高楼打好地基。我们都知道，打好地基对于建筑房子是非常重要的，如果地基没有打好，在上面盖任何材质的建筑都不会牢固，都将面临倒塌的危险。做学问是永无止境的，正如孔子说"思而不学则罔，学而不思则殆"，人生来到世间本来就是空白的，学习如同在这空白之中绘画，只有不停止地学习，才能不断提升自己，在这空白的人生中涂满色彩，才不至于被社会摒弃。

每个人都必须在学习中不断提升自己，特别是在大好年华，学习显得尤为珍贵，永远不要满足于现状而止步不前，我们需要不断给自己充电，才能在社会中找到自己的一席之地，才有资本走在社会队伍的前端。不断学习能带来更多的财富，当别人还在寻找自己的立足之处而慌乱"补课"之时，你已经获得成功，在成功的位置上享受喜悦。

现在的时代是一个不断变革的时代，从学生时代开始就要有危机意识与竞争意识。如今正处世界变革的时期，被迫改变从来都不是聪明的选择，只有主动应变，才能在激烈竞争的世界使自己立于不败之地。想要提高生活质量和人生价值，必须通过不断学习这一方法来实现，这也是最有效的方法。在学习过程中，我们能够不断提升自己的心态意识，扩展自己的知识面，提升自己各方面的能力，给自己的大脑充电。一旦停止学习，就停止了充电的过程，大脑将处于无电状态，没有知识的大脑当然要被社会所淘汰。特别是在今天，网络信息技术日益发达，每个人都不能停止为自己充电，无论处于何时何地。"三人行，必有我师焉。"身边的每一个人都值得我们去学习，学习他们的优点来弥补自己的不足，这样才能时刻提高自己，达到一个新的境地，掌控自己的生命，彰显自己的价值。

继承是天意，开拓靠实力

在现实生活中，总有一些人有着令别人羡慕的运气，这些非人为因素，是我们人类无法控制的。但是我们要注意的是，有着这样好运气的人，并不一定会走向成功，比如继承祖业，会出现富不过三代的现象，一些中彩天降巨款的人往往也是落得个挥霍一空的下场，这是值得我们思考的现象。

秦始皇作为一个继承祖业的王子，靠着天意继承了先人的事业，却靠着自己的实力，将事业打造得更加辉煌。从秦始皇身上我们看到了答案，那就是，继承来自于天意，但是要发展，要开拓，靠的则是自己的实力。

当嬴政还在秦国王宫里过着他无忧无虑的太子生活的时候，这个世界却风云陡变。他的国家军队在东方诸国的联合攻击下一溃千里，所有征服的地盘一概丢失。父亲秦庄襄王在位还不足三年便患病，最后也撒手人寰。于是嬴政就在一帮大臣的拥护下继承了秦国的王位，成了一位真正意义上的少年天子。

他是要完成上天赋予的使命，还是在别人主宰下去替别人完成使命？早慧的他少年时就曾思索这个问题。已经懂事的他站在父王的病榻之前接受后事的安排，泪眼婆娑中，他是否看清了坐在父王身边每一个心怀鬼胎的臣子？在权力欲望的支配下，秦国的天空弥漫着令人窒息的气息，"天不变，道亦不变"，现在秦国的天空风云变化，王宫里的"道"是不是也要发生变化了呢？

在庄王的病榻前，昔日的华阳夫人，现在的华太后，昔日的赵姬，现在的皇后，一并坐在屋子中央，一言不发；嬴政和成蟜跪在父王的床边，哽咽着；吕不韦脸上没有一丝表情地坐在庄王的旁边；蒙骜和王龁则跪在嬴政和成蟜的后面。庄王强打起精神对嬴政说，屋子里的这些人都是他留给嬴政的宝贵财产，都是嬴政的长辈，要求嬴政好好听他们的话；在举行冠礼之前要向老师不断地学习，宫内的事情要听母后的安排，而国事方面则要听国相吕不韦的，切不可违背国相的意思；军事方面的蒙骜和王龁都是先王留下来的良将，他们一心向国，能担当重任……说到这里，庄王转向两位将军，告诉他们要全力辅佐新主，共同匡扶社稷。蒙骜和王龁都含泪点头称是。庄王转眼去看成蟜，心里有很多话要跟他说，但是却说不出口。沉默良久，他提前想给自己的儿子一个爵位，于是说现在封成蟜为长安君，由太后抚养，等以后长大了再有机会让他立功。他交代蒙骜按照秦律，即使是宗室公子，没有军功也是不能受封的，等以后有机会就让成蟜补上军功。最后，庄王对嬴政交代说，先王在世时曾告诉自己有一个叫王翦的人可用，要记得这个人；还有一位叫赵升的人对秦国有恩，他有一个儿子你可留他在你的身边辅佐你……

人之将死，其言也切，庄王在奄奄一息时安排好了这一切，便命归西天，死后谥号"庄襄王"。太子嬴政即秦王位，赵姬夫人为太后，成蟜为长安君，吕不韦拜相，封文信侯。这一年，嬴政仅13岁。

小小年纪，嬴政便做了秦国国君。可以说，嬴政比祖父、父亲都要幸运。祖父盼尽毕生才得来了王位，不过三天就郁郁而死；父亲千方百计、历尽千险，才做了秦王，也不足三年就病终。只有自己，没费多少力气，轻而易举便做了王。

嬴政的幸运，也得力于吕不韦和赵姬的帮扶。早在西周，"父死子继"、"立长立嫡"的君位继承制度逐步确立下来。依据宗法继承的原则，无嫡子则立庶子，无子则立宗室。但是破坏制度、违反惯例的现象也是司空见惯，各国实际上实行的是君主指定继承人制度。此外，还包括非正常的争夺。自秦嬴政以来，秦国的君位继承基本上是遵循周制，所以作为嫡长子的嬴政拥有继承王位的优先权。秦庄襄王生前对嬴政也是关爱有加。他也曾对嬴政的身世产生过怀疑，但是嬴政的聪颖过人和崭露头角使他在离世的时刻就已经打消了这个念头。所以现在他也不会指定他人来继承王位了。

命运总是许多偶然因素和必然因素综合作用的结果。

本来，嬴政的曾祖秦昭襄王并不是嫡长子，王位原属于他的异母兄弟秦武王。公元前307年，年轻气盛的秦武王因为与大力士孟说比赛举鼎，结果受伤绝胫而死。武王无子，宗室争位，当时在燕国作质子的嬴稷也就是后来的秦昭襄王，因为内有母后之弟魏冉的扶助，外有赵、燕两国的声援，最后夺得王位，一坐就是57年。天意与人事造就了大名鼎鼎的秦昭襄王。

同时，秦孝文王嬴柱也不是嫡长子，他能登上王位缘于他父亲的长寿和兄长的短命。公元前267年，在魏国做质子的太子嬴悼病死，两年后，安国君嬴柱被父王立为太子。而安国君在太子位上等了整整十六年。如果不是命运眷顾，让他的父王早死一年，他恐怕连三天的王位也坐不上了。而继承他的同样也不是嫡长子，而是与吕不韦达成交易的众多公子中的一位——子楚。子楚能登上王位得益于安国君的正配夫人膝下无子和吕不韦的相助。前者是天意，后者是人事。如果没有天意，纵使吕不韦富可敌国、智谋无双，也不可能把子楚推上王位。但是如果没有人事，没有吕不韦这个特定的历史人物的一番运作，秦国公子异人就不会变成子楚，也不会变成秦庄襄王。因此，如果进一步再作历史的假设，若子楚没有登上王位，他的嫡长子嬴政也就不可能成为"千古一帝"秦始皇了。这是天意和人为共同作用的结果，最后造就了这位中国的始皇帝。

　　人生总是这样奇妙无常，要说有天意，还要靠人为，要说是奋斗努力的结果，还总是离不开许多机缘巧合。这天意或许就是我们常说的客观规律，而这人为，就是哲学上所谓的"人的主观能动性"吧。马克思主义哲学认为，只有在尊重客观规律的基础上，充分地发挥人的主观能动性，才能办成事。或许，这个应该能够解释通秦国几代国君的境遇吧。

　　无论如何，秦始皇登上了秦国的王位，然而这并不代表着秦始皇步伐的停止，恰恰相反，他的脚步才刚刚迈出。在不久的将来，对内他会平定内乱，对外他会变蚕食为鲸吞，为了一统天下的梦想，他会施展自己的手腕，让世人都铭记这个看起来是继承祖业的少年，他会让世人知道，自己的天下，并不是继承得来的，而是靠自己的双手，一刀一剑打出来的，他最终一统天下，并不是天意，而是靠自己雄厚的实力。

　　其实，我们现代人的发展也应当如此，要用这种发展的思维看待问题。个人的发展，要遵循一定的规律，在某一阶段，可能会像秦始皇一样面临机遇，但是我们一定不能满足于接受前人所赠与的财富，而是应该靠自己的双手，没有祖业，白手起家；得以继承祖业的，要把祖业发扬光大。现代所谓的富不过三代，不就是很好地指出了某些人在继承祖业之后，坐吃山空所带来的后果吗？所以无论是白手起家，还是继承祖业，都需要自己培养实力，以便将来打天下或者坚守祖业。这也是我们从秦嬴政的身上可以看到的道理。

成功需要规划

　　古语说：凡事预则立，不预则废。说的就是制定发展规划的重要

性。规划目标有长短之分，在我们成功之路上，一定要确立长远的规划和目标，只有这样，才能从整体上把握住发展的方向，并在长远目标的方向之中，确定一步步的近期规划，做到步步为营，最终走向成功。

在嬴政当政之后，他为了适应对外兼并战争的需要，对朝中的人事重新作了调整。他任命李斯为廷尉，除掌理刑狱外，还负责对外谍报工作；任命尉缭为国尉，掌管军队。

对于任命李斯为廷尉，大臣们无话可说，但对于任命尉缭为国尉一事，很多大臣都表示质疑。丞相王绾认为，秦国朝野上下对尉缭这个人都不了解，现在突然任他为国尉，恐怕难以服众，如果众将不服，他将何以指挥调度军队。

秦王政见大家对尉缭心存疑虑，便让蒙武向大家介绍尉缭的基本情况。蒙武在向大家介绍尉缭时，不由自主地流露出对尉缭才识的钦佩。

原来，尉缭曾建议秦王采取"分强为弱，各个击破"的策略，深得秦王政赏识。他劝秦王不要爱惜财物，用重金贿赂各国权臣，破坏和扰乱各国之间的合纵计划，从而有利于秦国对东方各国各个击破。这些策略都取得了显著效果。

众大臣见蒙武如此推崇尉缭，而且秦王政也坚持自己的任命，也就无话可说了。其实，李斯和蒙武最明白秦王政的意图，他任命尉缭为国尉，目是就是想由自己直接掌握军权。在以往，无论是由吕不韦的人还是由宗室大臣担任国尉，都和统军将领有着深厚的渊源，容易发生嫪毐式的谋反事件。现在，任命与秦国将领毫无关系的尉缭担任此职，就不会再有这样的事情发生，由于国尉与众将领彼此毫无瓜葛，自然也难以操纵诸将，这样，他就纯粹成了君王的幕僚，帮助君王处理一些日常军政事务，办理君王交代的其他事务，而军队的实际指挥权则掌握在君王手里。

这些做法也正是秦王政的一次成功的人生规划。为了加强王权，维

第一章 秦始皇对你说成功与梦想

护秦王对秦国的绝对统治权，他又发布了一系列命令：

今后对有功将士只封爵位而不再世袭，也就是说，爵位只是一种世袭荣誉，不再拥有土地和兵权。

在被征服地区推行郡县制，今后在对外兼并战争中，所占领关东各国的土地，一律依照秦国的制度在那里设立郡或县。

实施抚恤制度。给予战死及伤残者优厚的抚恤及协助，壮勇者被规定需从军，为免除军人在前方作战的后顾之忧，对于家中已无男丁可从事农耕者，地方政府将协助其农耕，并免除其田赋。

重农抑商的基本国策得到恢复。秦国购买土地一律不予卖给外国商人；政府规定商人对农民的贷款利率，杜绝商人以高利贷剥削农民。

山林、矿产、盐、铁等全部收归为国有财产，禁止地方政府擅自租卖给商人。

秦国货币作为通行货币。为了规范管理各国通商混乱局面，规定今后只能官方铸钱，别国货币及私人铸钱禁止流通。该制度随着军事征伐的进程不断推广到新征领地。

增设关卡，为筹军费，过关货物必须按成收税。

在制定了一些基本的方针策略后，秦王政又召集一班重臣，讨论平定天下的战略目标及出兵的先后顺序。

有人主张应该先灭掉楚国以增强国力，同时避免侧背之忧；有人认为应该先灭掉韩国和魏国，再进军赵国和齐国，免得后方遭到袭击。

李斯认为，赵国是中原的核心，攻取赵国，东可以取齐国，北可以攻燕国，南可以伐魏。秦国与楚国有长江天堑阻隔，这等于秦军的侧背有了依托，不存在侧背受楚国威胁一说，所以应该先"攻赵灭韩"。

秦王政最终采纳了李斯的建议，对群臣下达了全国总动员令，所有军费、兵员、后勤支援等事项，必须在半年内全部完成，预定在秋季发动对赵国的攻势，再顺道灭韩。

为了一举攻灭赵国这个最强大的军事对手，实现统一天下的目标，秦王政亲自主持了作战准备会议。

参加会议的有丞相王绾、国尉尉缭、廷尉李斯、将军王翦、裨将蒙武及其他文武大臣。当时，大将军桓齮已经率领二十万大军在赵国边境部署，等待秦王政下达攻击令。

会议上，秦王政公布了统一天下的总方针：

全力攻赵，争取中原轴心；

顺道灭韩，除去侧背威胁；

胁迫魏国合作，以此作为进攻赵军的后方；

与燕、楚搞好关系，加强对楚国的防备；

中立齐国，避免其援助赵国。

国尉尉缭通报了军民动员情况、士兵阵亡、负伤者的抚恤制度，以及远征军后勤补给的准备与执行情况。

兼管情报工作的廷尉李斯通报了各国动态。

丞相王绾及其他大臣也分别通报了自己所经办的战备事务。

在这次战略讨论中，如何使齐国中立是中心问题，大臣们的意见并不一致。

丞相王绾认为，齐国目前政策摇摆不定，如果对齐国强硬威胁，就等于逼齐国走上与赵国联合的道路。况且齐国多年没有发生战争，国内经济状况良好，国力雄厚，要是与赵国共同抗击秦国，胜败就难以预料了。

国尉尉缭则认为，如果向齐国示弱，答应给予他们优厚的中立条件，齐国就会自恃强大，认为自己有左右战局的能力，一定会开出令人无法接受的条件，反而会弄得谈判不成反成仇。这样不就是逼迫齐国与赵国联合吗？因此，应该一开始就对齐国采取强硬的态度，况且齐国升平日久，朝野上下都恐惧战争，对他们强硬一些，反而能吓住他们。

　　李斯说，最好是双管齐下，先派人示好，再以战争相威胁，但不宜过于明显，否则会使齐国自认为能左右战局而走向秦国的对立面，并引起赵国的警惕。

　　秦王政觉得李斯的意见可行。

　　此时，蒙武一言未发，秦王政点名要他发言："蒙将军今晚未发一言，听了这么多意见，想必是胸有成竹了。"

　　蒙武说："微臣奉命调军协助王翦将军，理当考虑驻韩秦军情况，对于这些国家大事，微臣没有资格发言。"

　　"与会者都有资格发言，希望将军不必自谦。"秦王政鼓励说。

　　"微臣私下认为，对齐国无论是威胁还是利诱，都应该在暗中进行，而且要选定对齐王有决定性影响的人物，目标不必多，选准一两个就行。"

　　秦王政大笑，对众大臣说："大家看看怎么样？这才是箭不虚发，发必中的，蒙将军与寡人所见略同。"

　　众大臣相对无言。

　　会后，秦王政命蒙武前往齐国游说齐国丞相后胜，授予他全权处理此事，必要时可以便宜行事，威胁利诱甚至暗杀都可以，但是必须要让后胜就范。同时命令李斯向蒙武提供一切有关后胜的个人资料，以及蒙武此行所需的一切援助。

　　综上所述，为了加快统一天下的进程，秦王政一改过去蚕食诸侯的策略，制定了更为明确的战争规划与兼并目标——攻赵灭韩，联合魏国，结交楚国和燕国，中立齐国。他认为，实现这一战略目标最重要的一环是避免赵国和齐国联合起来。因为赵国军队勇武善战，战斗力是东方六国中最强的，一向是抗击秦国的主力；而齐国财力雄厚，一旦强大的财力和强大的军队战斗力结合，就会成为秦国兼并道路上的拦路虎，谁胜谁败，难以预料。只要能想办法让齐国保持中立，自长平之战以来国力不振的赵国就成了**孤掌难鸣**，难以抵挡秦国强大的攻势，一旦解决了赵国问题，整个东方六国的问题就迎刃而解了。后来的战争进程表明，这一战略目标是切中了六国形势的要害，对于战略全局有着决定性影响。

战略决定成败，明确的战略目标是一个团队、集体的行动纲领和共同努力的方向，有了它，就能避免行动的盲目性。

因此，在制定目标时，一定要克服盲目的思想，实事求是，做到有的放矢，根据状况和自身的优势，确定自己该集中精力做什么，做到什么程度，才能扬长避短，把自身的优势发挥到最佳水平，一步一步地做大做强。

目标，本质上来说，就是我们的奋斗方向。所以目标并不是空洞的设想，而应该是一种切实可行的规划。目标对于成功者，犹如空气对生命，不可缺少。没有空气就不能生存，没有目标就没有成功。确定一个长远的明确的目标规划，是所有成就的出发点，一些人之所以失败，就在于他们没有确定长远的规划。

历史上那些令人瞩目的人物，每一个人都各有一套明确的长远目标，并制定出达到目标的长久规划，并且花费最大的心思和付出最大的努力来实现他们的目标。

在历史上，秦军在蚕食六国领土的过程中，一向是胜多败少，按这个趋势下去，兼并天下是迟早的事。但秦王政却认为这样的进程太慢，于是，他一改蚕食政策，以鲸吞的方式加快对外征战步伐，由于战略目标制定得非常合理，长久的发展规划很有针对性，这就大大加快了统一天下的进程。

同样的道理，在现代社会，无论是个人发展，企业做大做强，还是国家振兴，实现可持续性发展，都不能仅仅靠运气，而应该有明确的奋斗目标，并依据目标制定长远的发展规划，并按照规划，一步一步地发

第一章 秦始皇对你说成功与梦想

展，最终，一定会走向成功。

人生无搏不精彩

综观一些成功人士的经历，不难发现，有时候他们的做法近乎疯狂的赌徒，倾自己的一切，像赌注一样投到了命运的轮盘上，最终获得了成功。人生就是这样，有时候为了获得成功，需要放手一搏，放手一搏是一种勇气，更是走向成功必备的素质。

以秦灭六国为例，其实当时真正的对手，只有赵国和楚国。赵国善战，是硬；楚国辽阔，是大。消灭燕国、魏国之后，秦王政又把目光转向了地大物博的楚国。事实上，楚国完全可以成为秦国最难吃下的一块大骨头，成为秦国统一中国的最大障碍。要啃掉这块大骨头，秦始皇采用了非常的手段，把倾国之兵交给了一个人——王翦。

楚国的先人，传说是颛顼帝之孙高阳。周武王分封天下，熊绎被封在楚蛮，为子男爵。周夷王之时，周王室衰微，楚自称为王，后来畏怕周室征讨，自去王号。周平王东迁，周室更加衰微，楚武王从此自称为王，建都郢。到了春秋时期的楚庄王，曾经称霸一时，成为一代霸主。但是楚国一直没有显现出像秦国那样统一中国的壮志和雄心。由于地理环境的因素，楚国一直是地盘很大的一个国家。但是还没有等到它的统治者真正觉醒，它就已经面临着覆灭的命运。

秦王政二十一年（前226年），北方的秦军还未攻下燕都蓟城之时，另一支秦军即在王贲的率领下，奉秦王之命攻楚。这是自公元前276年，楚从秦军手中收复黔中十五邑50年以来，秦军第一次南下攻楚（前235年，秦曾助魏伐楚）。王贲是名将王翦之子，为将不辱家风，指挥部下迅速出击，大败楚军，夺取了楚国十余城。

历史已经证明，此番进攻不过是秦王灭楚的一段序曲。第二年，秦王将王贲从前线调回，派他去攻魏，王贲不负使命，水灌大梁，灭掉了魏国。至此，三晋皆亡，南下攻楚的进军路线已完全畅通，秦军再无后顾之忧，秦王遂下达了灭楚的命令。

千里进军，最要者莫过于选将。这一年秦王35岁，其统一事业开展得如日中天，而秦王也正是血气方刚、年轻气盛之时。当时被秦王列为候选攻楚主将的人有两个，其一为李信。李信年少壮勇，敢于孤军深入，曾提兵数千追击燕太子丹，大破燕军于衍水。秦王因此很喜欢他，认为李信德勇齐备，是个优秀的将才。秦王首先很客气地问李信：我想灭掉楚国，将军您看需要投入多少兵力？李信十分肯定地回答：20万人足够了。秦王又去请教老将王翦，王翦却认为攻楚非60万人不可，秦王很不以为然。他的结论是："王将军老矣，何怯也。李将军果势壮勇，其言是也。"秦王遂派李信、蒙恬（清人梁玉绳认为应为蒙武）为将，领兵20万伐楚。战役进行之初，李信、蒙恬打得十分顺手。李信攻平舆（今河南平舆县北），蒙恬攻寝（今安徽临泉县），大破楚军，随即又分别攻占了鄢（今湖北宜城县东南）、郢（今湖北江陵），然后两军会师于城父（在今河南襄城西）。

长途奔袭，缺乏后方的有力支援，最忌孤军深入或行动迟缓，所以李信在入楚之后兵分两路，以互为犄角之势去抵消不能依托后方的不利影响，且其行动迅速，如风如电，以避免敌方集中重兵形成围剿之势，应该说，李信的这些决策完全正确，没有错误。有人说这些行动表明了李信轻敌冒进，故而不久即大败亏输。这个说法也很有商榷之处，倘若李信果真"轻敌"，李信便不会采取上述行动，他应该当面锣对面鼓地同楚军打上一仗，毕其功于一役才对，这样做才更符合"轻敌"的逻辑。李信的错误在于：第一，楚国当时"百足之虫，死而不僵"的情

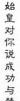

第一章 秦始皇对你说成功与梦想

雄霸天下

秦始皇有话对你说

形，他并不了解，只知己而不知彼；第二，李信错误理解了攻楚的战略，一场歼灭楚军的生死决战，最终长途奔袭，孤军深入。兵力多少虽重要，显然在此时并非决定性因素，李信的失策，导致他同蒙恬在城父会师以后，失去了犄角之势。不料楚军集中优势兵力，攻入两壁，杀七都尉，一举将秦军打败，李信、蒙恬惨败仓皇逃回了秦国。

秦王接到兵败的报告，十分气恼，他开始认识到是由于自己命将的失误，导致了伐楚的失败。此时王翦已经退休，在频阳（在今陕西富平县东北）老家养老。秦王亲自赶到频阳，先是很诚恳地向王翦承认了自己的失误，请他出山，重披征袍，他说：我因为不用将军之计，命将李信，果然使秦军失败受辱。现在楚军连日向西推进，将军虽然有病，难道忍心不帮我吗？王翦推辞道：老臣患病沉重，头脑也不好使了，唯愿大王再选良将率师出征。秦王毕竟是一国之君，不肯再容王翦说下去，立刻制止道：好了，将军不要再说了！王翦不得已，于是重提前议，非60万人不可。这一次，秦王痛痛快快地答应了。但是，王翦心里却还有一丝隐忧。

虽然当时秦国国力在诸侯中属于最强，但是连年的征战，其国内的兵力也面临着严峻的考验。在李信刚刚损失近20万大军的时候，王翦所率领的60万大军，不仅需要从北部边防抽调人手，甚至连咸阳城的禁卫军的精锐也悉数抽调，一时偌大的秦国，除了北部防守匈奴的部队，王翦掌控了全国的兵力，可以说，此时的王翦，只要一声令下，就可以挥师北进，甚至能够取嬴氏而代之。如此说来，相当于王翦攥住了秦始皇的脖子……

出师那天，秦王亲自到灞上送行，可见他对王翦的付托之深。王翦当面向秦王索要良田美宅，秦王不解他何以如此，王翦说是为子孙留些家当。秦王放声大笑。

兵至函谷关，王翦又派人回咸阳请秦王赐田。部下也对他的举动感到不理解：将军如此乞求赏赐，有点过分了。王翦便说出了自己的隐忧和乞赏的原因：秦王性情粗暴，不能用人不疑。如今倾全国之兵交我统领，如果我不多乞赐田宅留给子孙，以此消秦王之虑，秦王就会怀疑我有其他想法了。

王翦免除了后顾之忧，得以专心指挥进兵。秦王政二十三年（前224年）楚国君臣闻报秦倾全国兵马南下，亦倾国中兵力以拒之。本来远离后方深入敌国作战，利在速战速决，然而王翦此番却一反常规，下令秦军筑壁坚守，不准出战；本应坚守以逸待劳的楚军反而沉不住气，多次向秦兵挑战，秦军不予理睬。

王翦亲与士卒同食，鼓励士气，养精蓄锐，准备大战。在这种情况下，楚军沉不住气，犯了战略性错误，向东移动。王翦立刻抓住战机，提兵追杀，士气高昂的秦军大败楚军，夺取了陈以南到平舆间的大片土地。紧接着，秦军乘胜攻占了楚都寿春（今安徽寿县西南。公元前241年，楚王自陈迁都于此），生俘了楚王负刍。

公元前226年，曾协助秦王镇压嫪毐叛乱的昌平君也发动了叛乱，失败后亡命楚国。秦军攻克寿春以后，楚将项燕率兵在淮南拥立昌平君为荆王，打起了反秦的旗号。秦王政二十四年（前223年），王翦、蒙武麾师至蕲（今安徽宿州境）之南，与项燕指挥的楚军展开了决战，楚军大败，昌平君和项燕皆死于乱军之中。

老将王翦平定楚地，班师回咸阳，秦王政出城30里、自郊外御驾亲迎，称赞："老将军宝刀未老，小将军英雄年少。王门父子，大功于秦无双。"亲自扶车进城，赐赏黄金千斤。

王翦坚辞不受，并且送还出师时所要的全部良田美池楼阁，回归频阳。

现实生活中，在我们走向成功的过程中，难免会遇到一些难以突破的瓶颈，在这时候，是选择妥协、退却，还是选择放手一搏，就成了人生成败的分水岭。

可见，人生难免会进退两难的情景，有时候，与其无谓坚持不如放手一搏。在秦始皇派王翦伐楚的过程中，可以说秦王是处在一种进退两难的状态。不伐楚，就会影响统一的大业，伐楚，就要倾尽自己所有的实力，还不能保证自己能够掌握局面。在时局动荡的时候，抽调全国的兵力，交给一个在不久之前因自己的错误而得罪过的大将，这一切，是何等的胸怀才敢做出的决定，这就像一场豪赌，秦王嬴政压上了全部的身家，哪怕稍有不慎都会带来毁灭性的打击。如果王翦战败，秦国将再无兵可用，楚国将一举而得秦国打下的天下；如果王翦心存芥蒂，在伐楚途中反戈一击，那么将会是王翦和楚国平分天下；如果在伐楚过程中，被秦国歼灭的四国故旧中有人举兵起义，那么回师不及的王翦也只能坐看咸阳化为火海……

不能不说秦王倾兵伐楚是一招险棋，可是秦王嬴政却犹如一个看透局势的对弈高手，从容地将举国之兵力交于王翦。把秦国倾国之兵托付给大将，秦始皇具有何等的英勇气概和识人的大智。正是因为他敢于放手让王翦手握重兵，让能人做大事，因此才能在短短的时间里，快速攻下楚国，吞下楚国这块大骨头。秦始皇的果敢与魄力确实无愧于"千古一帝"的称号。

我们的生活中，也会遇到这样的情况，在进退两难的时候，许多人选择了放弃，于是他们在至关重要的岔路口，走上了离成功越来越远的道路。有时候我们就需要放手一搏，在此之后，度过了瓶颈的我们，面对的将是通向成功的坦途。

雄心壮志，永不止息

曾有一句很经典的广告语：心有多大，舞台就有多大。满足于现有的成功，就很难再次鼓起追逐更大成功的勇气，这时，许多人就会停步不前。人生竞争中，不进则退，止步不前，就会被社会的竞争抛弃。所以，一个人一定要有永不止息的雄心壮志，在追求得到满足的时候，会产生更大的追求，并督促自己不断向前。

在秦国崛起的同时，另一个部族也迅速在中国大地上崛起——匈奴。匈奴族是中国北方的一支游牧民族，在欧亚大陆古代诸游牧民族中，匈奴族最强悍。匈奴长期雄踞北方，其活动范围广大，在世界古代史上扮演过重要的角色。

据我国有相关史书记载，匈奴人是夏朝的后代。《史记·匈奴列传》有记载，"匈奴，其先祖夏后氏之苗裔也，曰淳维。"《山海经·大荒北经》称犬戎与夏人的祖先同为黄帝。《史记索隐》引用张晏之语："淳维以殷时奔北边。"这一史料记载了夏的后裔淳维，于殷商时逃往北方，匈奴就是他们子子孙孙繁衍的后代。还有一种说法认为，前往北方的夏朝后裔，就是夏桀的儿子。夏桀在流放三年后亡故，儿子獯鬻携领家族中人隐居于北野，过着游牧生活，成了后代所称的匈奴。匈奴族长期以来，与中原王室和北方各诸侯国互相通婚，并进行贸易，彼此有战有和，其中一些进入中原的匈奴部族，也逐渐融入华夏族群。

战国时期，中原各国的总体态势是领土不断向北方发展。赵、秦、燕都曾攻占匈奴及其他少数民族之地。秦国不断蚕食其地。秦昭襄王

第一章 秦始皇对你说成功与梦想

时，宣太后以与义渠王长期通奸的方式，诈杀义渠王于甘泉，继而起兵攻灭其国。于是秦有陇西、北地、上郡，筑长城以拒胡。

秦王朝建立前后，匈奴首领为头曼单于。头曼单于号令各部军政合一，游牧骑射的匈奴帝国已具雏形。在帝国崛起的过程中，匈奴不断向四方扩张，并趁中原各国战事频繁，无暇外顾，攻占了河套地区，控制着南至河套，北至贝加尔湖的广大地区。匈奴骑兵剽悍骁勇，来去飘忽，经常侵扰内地、掠夺财物，对中原各国构成了重大的威胁。秦始皇灭六国之后，解除北方威胁，防范匈奴入侵，成为秦朝边防的首要任务。

公元前215年，秦始皇三十二年，秦始皇巡视北部边疆，分析了政治军事态势之后，决定对匈奴用兵，于是，使将军蒙恬发兵30万北击胡，略取河南地。

秦始皇之所以能够一统天下，成为万民膜拜的皇帝，一个重要原因就是他得到了一大批智能杰出之士的忠心而持久的辅佐。其中，有两个家族为他拼杀疆场，立下的功劳最大。一个是王氏家族，著名将领王翦就是这个家族的成员。另一个是蒙氏家族，前后共有三代人为嬴氏王朝效命沙场，功勋卓著。

最早为嬴氏效命的蒙氏成员是蒙骜。蒙骜原本是齐国人，后来投奔秦昭王，官至上卿，历任三朝。庄襄王在位时，蒙骜率领秦军伐韩攻赵，得城数十座。秦王政即位后，蒙骜仍然驰骋沙场，取得了赫赫战果。

秦王政七年（前240年），蒙骜去世，其子蒙武又继承父业，身赴戎机，当上了秦国的裨将军。他曾经跟随王翦进攻楚国，还俘虏了失魂落魄的楚王。

秦始皇二十六年（前221年），蒙氏家族又一个血气方刚的成员披上了戎装，参加了灭齐的战役。他，就是因家世成为秦将的蒙骜之孙蒙恬。蒙恬初生牛犊不怕虎，再加上他的运气极好，在齐国人并没有进行认真抵抗的情况下，"大破"齐兵，为秦始皇消灭最后一个割据的堡垒——齐国，一统天下，敲响了胜利的锣声。蒙恬因功被拜为内史。

丞相李斯提出了反对讨伐匈奴的意见，尽管其中颇有几分道理，仍然被秦始皇所否定。始皇帝坚持出兵，做出了讨伐匈奴的决策。不管其决策的出发点是什么，主动地、积极地出击漠北，扫荡匈奴的贵族势力，在客观上有利于边关的安宁和内地的稳定。也许这个决策有几分凶残，它使华夏和匈奴两大民族互相残杀，死风将狞笑着掠过漠北的大地。然而，在当时的社会，毕竟只有用人头骨做酒杯，才能喝下甘美清冽的酒浆。于是，始皇帝想起了蒙恬。

公元前215年，蒙恬接受了君命，率领30万精锐之师奔赴漠北，出征匈奴。当时匈奴贵族的首领是头曼单于。所谓单于，其全称是"撑犁孤涂单于"。在匈奴语中，"撑犁"是天的意思，"孤涂"是子的意思，"单于"则为广大之意。以头曼单于为首的匈奴贵族的统治区域十分广阔：东连东胡，西接月氏，北毗丁零，南邻秦朝。其统治的中心区域在头曼城，原址在今内蒙古自治区包头市的东北。匈奴即是以此为大本营不断南下侵扰中原的。蒙恬出击的方向，显然是针对着匈奴统治的中心区域的。《史记·蒙恬列传》记蒙恬北逐匈奴，"收河南"。所谓河南，秦汉时期即指相当于今内蒙古河套地区一带，而匈奴头曼城恰在这一区域内。

关于这次战役的详细情况，由于史籍缺载，我们已无法清楚知道了。目前只知道，由于进攻方向选择准确，秦军行动又比较迅速，再加上蒙恬指挥有方，使秦军得以迅速击败匈奴，占领了对匈奴贵族十分重要的河套地区，动摇了头曼单于的统治。由此，秦朝开始在中国北方的崇山峻岭之中修筑长城。此后，在秦始皇三十三年（前214年），蒙恬率领秦军跨过滔滔的黄河，集中优势兵力，像凶猛的鸷鸟攻击弱小的燕雀，继续向匈奴进攻，大漠上再一次荡起征尘。匈奴抵挡不住几十万秦军的勇猛攻击，头曼单于只好率领部众向北仓皇败走，蒙恬指挥秦军夺取了高阙（在今内蒙古自治区杭锦后旗西北），占领了阳山（指位于今内蒙古自治区境内的狼山）、北假（指今内蒙古河套以北阴山以南的夹山带河的地区），筑亭障以逐匈奴。秦朝重建了九原郡（治所在今内蒙古包头市西），自榆中并黄河以东，设置了44个县，开始在此地区实施有效的行政管理，巩固了出击得来的成果，使秦朝的统治区域向北推进了一大块，在军事上保证了内地的安宁和农业生产的正常进行。

蒙恬不辱君命，痛击了匈奴。从此，蒙恬率军驻守边关十余年，使匈奴不敢再犯。

关于秦始皇北伐匈奴，历史上的评价多持正面观点，毕竟当时秦军的行动维护了边境安定，在很大程度上巩固了刚刚建立的帝国。

匈奴当时也确实威胁到了秦朝的疆土，包括秦朝民众的生命以及财产的安全，妨碍了秦朝的统治，迈一步讲，这在认定天下为自己囊中之物的秦始皇看来，匈奴是在向自己的利益挑战，面对自己利益受到侵犯的时候，秦始皇理所当然的要维护自己的利益。所以，秦始皇派蒙恬出兵威慑，显示我泱泱大秦的威仪。在现在看来，抛弃民族芥蒂，可以说秦始皇的举动是保家卫国，但不能否认他也是为维护自己的利益。

如果在今天，当合法合理的利益受到侵犯时，我们一定要勇敢地斗争，不能任由自己的利益白白被人掠夺。这在继秦朝后的汉朝，同样是针对匈奴的历史剧本中，演绎出了一句令中华儿女热血沸腾的豪言壮语：犯强汉者，虽远必诛！

对于匈奴的施兵，另一方面还体现出秦始皇壮志的雄心，他从不满足于现状，并有着永不止息的进取精神。在征服了中原之后，他要将自己的威风，将自己的霸气远扬到更远的边疆去，他要让世人都知道自己的威名，他要让自己的统治扩大到更辽远的地方。

"得陇望蜀"虽然并不是褒义词，但是却包含着永不止息的开拓精神，秦始皇强烈的开拓精神不允许他满足于统一中原各国。他还有更广阔的视野，在平定中原的安内之后，然后将自己的目光投降更广阔的空间。更多的国土不但意味着更多的资源带来富足，更象征着一个帝国的强大。秦始皇胸中的开拓进取的激情也正督促他自己永不止步，开拓向前。

我们现代人也应该具备这种雄心壮志，不要满足于现有的成就，而止步于现状，只有这样，人生道路才越走越宽。英国新闻界的风云人物、曾是伦敦《泰晤士报》的老板莱斯勒夫爵士就是这样一个人。在刚进入该报时，他的薪酬达到90英镑周薪，但是他并不满足，后来转到了《伦敦晚报》发展。对于人人称羡的《伦敦晚报》，他仍不满足，后来他收购了著名的《每日邮报》。当《每日邮报》已为他所有的时候，他仍不满足，胸中雄心一直在督促着他前进，他还想取得《泰晤士报》。但正是这种永不满足，永无止息的壮志雄心，让他取得了一个又一个成功，最后他终于实现了自己的目标，成为了《泰晤士报》的老板，并用自己的经历书写了一部传奇。

莱斯勒夫就是这样一种人，他还希望其他人也成为他这样的人，他从来瞧不起胸无大志之人。他曾对一个刚满三个月服务期的助理编辑说："你对你现在的职位满意吗？对于目前每周五十英镑薪水你感到满足吗？"当这名助理信心满怀地说对目前状况满意时，莱斯勒夫马上开除了他，并对他表示很失望，说："你应该明白的是，如果我的手下只是满足于每周五十英镑的薪金，则说明他的前途有限，这不是我所希望的。"

平凡之人的平凡之处在于，他往往因为满足于现状而不思进取，当得到自己所期望的舒适安逸的位置后，便不再努力，开始混日子。这样

第一章 秦始皇对你说成功与梦想

的人，他一生的目的只是为了挣取勉强温饱的薪资，他盲目工作，在得到温饱之后等待生命结束，浪费了大量的光阴。其实他是在抑制自己的欲望，因为怕不满足带来失望和痛苦，不愿意承担责任，不断推卸。

而真正成功的人，则从来不限制自己的思维，任由它天马行空，并且，会将自己的野心和内心永不止息的躁动，一步一步化作动力，一点一点地努力，直到自己取得了成功之后更大的成功。不仅如此，他还会向着下一个更加巨大的成功努力，这就是成功人士不断走向顶峰的原因。

心动之时果断行动

行动开始于想法，而只有想法却不付诸行动，是不可能成功的。清除了自己政权上的威胁，秦始皇便开始了对东方六国的军事行动，拉开了角逐天下的序幕。秦始皇亲政之初，就已经将何时发动统一战争，如何筹划统一战争的战略，怎样安排统一战争的步骤等问题提上议事日程。他与他的主要谋臣对当时的战略态势有清醒的认识，决心不失时机地完成统一大业。这场统一战争的规模之大、时间之长、对手之强劲、影响之深远，都是空前的。

秦始皇继承了祖辈的基业，而且将之发扬光大。秦始皇手下，有一批很有才干的文臣武将，文臣如谋士李斯和尉缭、姚贾和顿弱，武将则有蒙恬、蒙武、王翦和王贲。秦始皇用"远交近攻"的战略方针，前后用了十年的时间灭掉了六国，统一了中国。

韩国是第一个被秦始皇吞并的东方大国，是一个积贫积弱的国家终于被强邻吞噬的典型。其实，秦始皇先攻韩国，是从敌人最薄弱的环节下手，是统一六国的一个最好的对策。

韩国是三晋之一，自商鞅变法以来，秦国长期奉行远交近攻、蚕食三晋的政策，逐步攻占了三晋的大片领土。战国中后期，三晋与秦国之间的战争，负多胜少。领土的丧失，军力的消耗，使三晋国力不断削弱，先后丧失了与秦国抗衡的能力。因此，秦国向东方扩张，完成统一大业之时，三晋首当其冲，这是毫无疑问的，其中，韩国是三晋之中国势最弱的，而且地理位置最不利，所以成为最先被秦国灭亡的大国。另外，出于对秦国的畏惧和防范，韩国多次参加合纵攻秦，却收效甚微。公元前254年，韩桓惠王朝秦，称臣纳贡。秦始皇即位以来韩国已经势如累卵。

在秦王政的巨大压力下，韩国的末代君王韩王安见无计可施，便想到用韩非做筹码，出使秦国，希望能借韩非的游说，缓和一下秦军的攻势。当时，韩非虽知道这一去生死难卜，但为了韩国的安全，他最后还是奉使命入秦。

韩非入秦，秦王嬴政是竭诚欢迎。在这以前，他读过韩非所著的书，早想一睹为快，因为韩非的思想已和他发生了强烈的共鸣，治理天下需要韩非这样的人才。于是，秦始皇召集百官上殿，隆重地接受韩非呈上的国书，晚间更以国宴招待，让丞相等大臣作陪。

在国宴招待会上，韩非虽不像一般辩者口若悬河，说话却是条理分明，层次清楚。秦王政和他交谈了一点天下大势和各人的看法，从他那里得到不少策略上的好构思，但只要韩非一提到韩国问题，秦王嬴政就将话题转到别的地方去。

在攻打六国的问题上，李斯提出先灭韩的想法，他认为把韩国灭掉了，就可以恫吓东方其他诸国，更利于秦国灭掉其他五国。这时，秦王嬴政也不好率然决断，便让一直沉默不语的尉缭发表意见。

尉缭认为：秦军上次入赵，还留下一个后患，那就是韩国。当时，

幸亏韩国没有从后面向秦军下手，否则秦军就会全军覆没。尉缭提出近期内必须以精锐之师攻击韩国，务必毕其功于一役，把韩国灭掉，这样既可以彻底除掉这个累赘，为征伐其他的诸侯国免除后顾之忧，更可以借此恢复和提高秦军士气，增加将士们战胜敌人的信心。在座君臣一致赞同这个方案。

于是，秦王政批准了先灭韩的计划，但这个计划却遭到了韩非的强烈反对。他当场呈上一篇《存韩》的文章，请求秦王政先放过韩国，让韩国再存最后一线生机。然而，秦王政是未来霸主，怎能因为一个人一封谏书而改变统一六国的计划。

面对残酷的现实，韩非心里明白，秦王灭韩的意志是不可动摇了，他找自己谈话完全是为了要和自己研究秦国的法治推行。但是，精明的秦始皇经过仔细斟酌，基本采纳了韩非的意见：先从北翼重点打击赵国，彻底压倒赵国，使之自顾不暇，无力援助韩国、魏国，以便于秦国启动逐一击灭六国的战争行动。

其实，秦王政很看重韩非这个人才。秦始皇对人才的重视程度不亚于任何帝王。不过，由于李斯等人对韩非的嫉妒，韩非最后被李斯陷害而死。韩非在临死时高呼："士可杀不可辱！"然后用茶水将一包鹤顶红送入口中。因此，秦始皇亲政后的最初几年，秦国的战略重点是全面完成发动统一战争的战略准备。这个时期，秦军的战略目的可以概括为"破赵"二字，重点打击对象是赵国、魏国、韩国。

破赵之后，秦始皇不失时机地转移战略目标。赵国一经削弱，韩国束手就擒。赵国灭亡，诸侯土崩瓦解。战争的结局正如韩非所料。

韩非的献策延长了韩国的寿命，也注定了韩国的彻底覆灭。韩非死后，韩王派使节纳地效玺于秦，请为秦臣。在秦始皇为正式启动统一战争作最后的战略准备期间，韩国又维持了一段称臣于秦又独立为王的时日，实际上是苟延残喘。

自秦始皇十六年(前231年)开始，秦始皇将战争目标锁定于灭韩。这一年的九月，秦军大兵压境，韩国为了延续一线生机，被迫剜肉医疮，再次割地求和，献出了南阳全境。

占领南阳后，秦始皇没有给韩国留下喘息的机会，第二年就命令内史腾灭亡韩国。这时的韩国已经弱不禁风。秦国大将军内史腾和将军蒙毅率领六万精兵，如狂飙般横扫而来，把韩国国都郑城围得水泄不通。内史腾、蒙毅轮番挥兵、督战，加上蒙恬赶来助战，人员增至八万，攻势更加猛烈。

秦军入韩，先取阳翟，后下郑城，捷报频频传回咸阳，使原来在宫中坐盼佳音的秦王政欢喜地跃跃欲试，按捺不住了，便把朝政交付相国昌平君主持，自己和尉缭率领三万虎贲军开赴韩国。当时，韩王安六神无主，嘴上答应跟韩辰投奔他国以图东山再起，暗自却作了丧权辱国、苟且偷生的打算。韩军一战而溃，韩王安被俘。秦始皇把新占领的韩地置为颍川郡。公元前230年，韩国彻底灭亡。

每个人从小到大都有很多梦想，随着时间的流逝一些梦想会消失，有些却被坚持下来。时间越久目标越明确，因而创出一番事业。

实践伟大的梦想始于行动，每个怀揣着创业梦想的人，一手紧抓着"梦想"，另一手紧握着"行动"，勇往直前，梦想终将实现。六国犹如一条龙蛇，赵国犹如其首。战国后期几次合纵攻秦，赵国都是主要发动者、参与者。但要想攻破赵国，必先从韩国入手。事实证明，秦始皇的战略决策是正确的。

仅有梦想是远远不够的，最重要的是拿出实际行动。拖延与成功无缘，有了目标和计划，就应立即行动。圣人曰："仁者先难而后获，可谓仁矣。""先事后得，非崇得与？"意思就是："聪明仁义的人知道唯有先付出艰苦的努力，然后才有所收获。""先勤奋做事尔后收获，恰恰是同时提高了道德修养。"秦始皇用活生生的事实证明了一个道

理：这个世界没有童话。梦想的实现，靠的是坚定不移的行动，靠自己的双手创造出来的。

下面这个事例，也说明了这个道理：黛比出生在一个有很多兄弟姐妹的大家庭。她从小就非常渴望得到父母的赞扬和鼓励，但是由于孩子多，她的父母根本就顾不上她。这种经历使得她长大成人后依然缺少自信心。她后来嫁给一个非常成功的高级管理人员，但美满的婚姻并没能改变她缺乏自信的心态。当她与朋友出去参加社交活动时总是显得很笨拙，唯一使她感到自信的地方和时间是在厨房里烤制面包的时候。她非常渴望成功，但是鼓起勇气从家务中走出去，面对外面的挑战与失败风险，对她来说是想也不敢想的事情。随着时间的推移，她终于认识到自己要么停止成功的梦想，要么就鼓起勇气去冒一次险。

黛比这样讲述自己的经历：我决定进入烹饪行业。我对我的妈妈爸爸以及我的丈夫说："我准备开一家食品店，因为你们总是告诉我说我烤制食品的手艺有多么了不起。""噢，黛比，"他们一起说道，"这

秦始皇兵马俑

是一个多么荒唐的主意，你肯定要失败的。这事太难了。快别胡思乱想了。"你知道，他们这样劝阻我，说实话，我几乎相信他们说的。但是更重要的是我不愿意再倒退回去，再像以往那样犹犹豫豫地说："如果真的出现……"

她下决心要开一家食品店。她丈夫始终反对，但最后还是给了她开食品店的资金。食品店开张的那一天，竟然没有一个顾客光临。黛比几乎被冷酷的现实击垮了。她冒了一次险，并且使自己身陷其中。看起来她是必败无疑了。她甚至相信她的丈夫是对的，冒这么大的险是一个错误。但是人就是这样，在你已经冒了第一个很大的险以后，再去面对风险就容易得多了。黛比决定继续走下去。

一反平时胆怯羞涩的窘态，黛比端着一盘刚烘制的热烘烘的食品在她居住的街区请每一个过往的人品尝。有件事使她越来越自信：所有尝过她的食品的人都认为味道非常好。人们开始接受她的食品。后来，"黛比·菲尔"的名字在美国的食品商店的货架上出现。她的公司"菲尔茨太太原味食品公司"是食品行业最成功的连锁企业。今天的黛比·菲尔已经成了浑身都散发出自信的人！

凡是成功者都必定是勤奋者，但勤奋者并不一定都是成功者；凡是成功者都是智者，但智者并不一定都是成功者。过于理性的人，凡事看得太清，往往将困难和问题看得太准、太重、太大，以至于迟迟下不了手，在优柔寡断中坐失良机。

第二章

秦始皇对你说 管理

　　有人开过一句玩笑说：在超过两个人的地方，就需要管理。这句话虽然有些戏谑，但是足见管理的重要性。管理是一门高深的艺术，在我们现在的经营活动中，所有的经营成果，都离不开管理。一个团体或者一个企业的发展，更是和管理息息相关，没有良好有效的管理，必然会影响到整体的发展，所以管理的优劣也在很大程度上影响着成功。

做管理要名正言顺

古语有云：名不正，则言不顺；言不顺，则事不行。可见"名"这东西的重要性。管理者在实行管理的同时，一定要注意名正言顺。只有名正言顺，才能在实行管理的过程中不被抵触，容易被人接受，可以更方便有效地施行管理。

秦始皇在这一点上，他的很多做法值得我们借鉴。他在相继灭了六国之后，终于结束了诸侯割据的混乱局面，实现了统一天下的霸业。在公元前221年建立了中国历史上第一个大一统的中央集权国家——秦国。

虽然在大局上实现了统一，但秦国还面临着一系列的问题：如何安排国家的管理机制；采用怎样的治国思想；如何让六国的民众服从统一的管理，稳定政局，如何进行经济建设……自古打江山易，守江山难。秦朝开始进行国家建设，在每一个细节，都下好工夫，都进行完备的规划，才能保证国家的正常运行。

统一后，其他六国的民众原来所属的国家灭亡了，他们内心对灭掉自己国家的秦国是心存怨恨的。民众心中一旦有了怨恨就有可能不服从管理，甚至引发动乱。而国家的稳定是经济建设的前提条件，为了安抚民心，维护国家稳定，秦始皇逐渐意识到只有统一思想，让民众心服口服，才会服从秦朝的统治，如果仅仅靠武力镇压，只会激发人们心中的怨恨，引发新的争战，得不偿失。因此秦始皇决定借用"五德终始说"为秦朝的建立提供理论依据，为自己的统一战争正名，从而巩固秦朝的正统地位。

一个王朝建立初期，能够上下一心，思想一致，才有利于统治稳定，稳定的局面才有利于经济文化的大发展。当然，一个企业也是如此。不论是刚刚建立的企业，还是刚刚改制完成的企业，都似一个脱了壳的蝉，从原来的埋于地底而要一飞冲天，整个发生翻天覆地的变化。从零开始意味着没有束缚，但同时也面临无章可循。无章可循，无历史可借鉴，往往意味着员工内心的空缺——没有安全感。这时，企业要做的就是设立一套能使人接受的思想意识。它不同于具体的规章制度，可以说是企业的"信仰"。有了这套信仰，企业才不致人心涣散，员工才能有工作的目标和氛围，也有利于各种规章制度的实施，更是将来企业文化践行的基石。

早在战国时期，阴阳家邹衍就提出了五德终始说。"五德"即"五行"，指的是木、火、土、金、水所代表的五种德性。邹衍提出："五德从所不胜，虞土、夏木、殷金、周火。"木火土金水这"五德"，其中的规律是木克土、金克木、火克金、水克火、土克水。"终始"即这"五德"循环运转，周而复始。"以阴阳主运显于诸侯"，这一学说常被邹衍用来解释朝代更替和历史的兴衰现象。

古人云："凡帝王者之将兴也，天必先见祥乎下民"，一个王朝的兴盛，必有吉兆降临。五行代表五德，每一个朝代代表其中一德，如黄帝尚土德、夏尚木德、殷尚金德、周尚火德。五行相生相克，五德循环往复，朝代便更替兴亡，不断延续。古装电视剧宣读圣旨时开头宣读"奉天承运，皇帝诏曰"，该句中的"承运"就是指五德终始说的"德"运。"五德转移，各治有宜。"这是"五德始终说"的思想。朝代的更迭源于五德的相生相克，这成为了建立新兴王朝的理论依据。

虞、夏、商、周各占一德，都是历史上的正统朝代。秦始皇利用五德始终说，以为周朝是火德，而克火的是水，秦朝代替周，所以秦朝得水德，于是以十月初一为一年的开始，标志着新朝代的诞生，又将黄

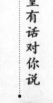

河命名为"德水"。按照五行学说，水主阴，阴代表刑杀，因此秦推行严酷的法律，残酷的刑法；水是黑，于是秦朝把黑色为作为国家的主要色调，人们穿的衣服以及旗帜等都是黑色的；水终数六，因此符传、法冠、舆乘等制度都以六为数。明确了秦朝占水德，也就为秦朝的统一战争正名，秦代替周，大一统是历史的必然趋势。随后秦始皇又到泰山举行了封禅仪式，告祭天地，向臣民灌输皇权神秘的观念，确立了秦朝的地位，同时也稳定了民心。

秦王朝创立了，这是中国历史上开天辟地的大事，它开启了中国一种新的社会制度——封建社会，自此，人类历史进入了一个新的时代。旧的时代终结，新的时代开启，这时正需要一种信仰来归束世人。信仰，是指人们对某种宗教、思想、主张的极度信服和尊崇，并将其作为自己的精神寄托和行动指南，在精神上它表现为对某种境界的推崇和向往，在行动上则表现为一定的态度和准则。到现在，我们国人也常说，中国人是没有信仰的。其实这是错误的。我们有信仰，从秦始皇开始就有了，只不过这种信仰是为封建统治阶级服务的。随着后来历代更迭，这信仰已落伍，已淡漠罢了。一代始皇帝，他有纵横沙场、雄霸六国的大谋略和大气概，当然更有治国抚民的缜密心思与智慧。这时，秦始皇敏锐地意识到信仰的重要性。他所谓的信仰，当然是更有利于自己统治的意识了。于是，他找到了所谓的"五德终始说"。每个时代可以称为"伟人"的人，已经是时代的佼佼者了，但是再优秀的人，也脱离不开时代的局限。因此，秦始皇只找到了这种统一思想认识、维护君王统治的"信仰"。

春秋时期，孔子的弟子子路问老师："卫君想请您帮他理政，最首先要做的是什么？"孔子回答："首先要正名。"子路很不以为然："老师，您太迂腐了，名分有什么好正的？"孔子解释道："你真鲁莽，名不正则言不顺，言不顺则事不成，事不成则教化不兴，教化不兴则刑罚不当，刑罚不当则老百姓不知所措。所以要先正名。"

名正言顺，那么做事的理由就会正当而充分，做事就能够理直气壮。秦始皇大张旗鼓地进行泰山封禅，很大一部分就是为了秦国这一原来的诸侯国现在取周代之进行名分上的端正。

秦始皇当然认为他是受命的天子，那么受命的天子就应该得到上天的福荫，而自古流传的封禅说希望他到泰山上祭天。况且新一统的国家，民心需要安抚，需要建立帝王的威望从而名正言顺地管治天下，维护刚刚建立的秦政权，保持大一统的稳定。所以，秦始皇顺民意地进行了泰山封禅。

虽然秦始皇运用秦国旧礼行封禅大礼，充分体现了他的功利主义色彩。但无论封禅的具体形式如何，只要封禅了，便达到了目的。这一举动的效果不可估量。封禅的指导思想始终是齐鲁士人宣扬的受命说，秦始皇又加大了歌功颂德的成分。这就将处于朦胧状态下的封禅理论推上了历史的舞台，秦始皇因此成为封禅大典的第一个实践者，封禅泰山也成为兴废继绝的一代巨典。它扩大了封禅的社会影响，提高了封禅大典的神圣性。其在神权和天命方面的作用与影响难以低估。

秦始皇封禅泰山，要做的正是正名，秦始皇开创了一个时代，一个大一统的时代，面对这样全新的局面，要实行管理，要想让自己的管理变得理所当然，首先就要正名。让自己的统治变得名正言顺，让百姓易于接受，一边巩固自己的统治，贯彻自己的管理。

当今社会，作为一个领导，最明智的正名之举莫过于在为自己正名的同时，还要顺应民意、民心，需要符合所处环境的大部分人的共识。无论真实目的是什么，口号要正确，这样才能够达到真正的正名目的，实现所行之事。

第二章 秦始皇对你说管理

反省也是一种学习

管理者也是人，即使有一定的过于常人之处，但是作为社会中的普通个体也有自己的缺陷，正所谓人无完人，管理者也做不到完美，因此一些决策就会产生偏差，甚至是失误。这时，一个优秀的管理者，就要做到勇于认错、知错能改，只有这样，才能及时弥补错误，将损失降到最低。

战国末期，七雄并立，纷争不止，韩国与秦国接壤，饱受秦国的欺凌。由于韩国自身国力弱小，无法同强大的秦国抗衡，所以在很多问题上，只能任由秦国摆布。秦国进攻楚国时向韩国借道，而在罢兵回国时，秦军常常顺手牵羊，对韩国攻掠一番。这让韩国感到非常尴尬，既不敢跟秦国闹翻，又不能完全依附于秦国，进退维谷。

有人向韩王建议，韩国要想免遭秦国的欺负，既然无法用军事手段解决问题，那么为什么不可以换一个角度，通过其他渠道解决问题呢？最好的渠道是让秦国在不知不觉中劳民伤财，消耗国力，使它无力侵略他国。于是，韩王派水利工程师郑国前往秦国游说，说服了相国吕不韦，在关中修建工程浩大的水利灌溉枢纽——郑国渠。果然，秦国将大量的人力、物力和财力花在开挖渠道上，明显拖住了秦国对外征战的步伐。

秦国的宗室大臣嬴非很快察觉出了这个阴谋，上奏秦王说："以前，吕不韦为了自己的利益，毫不犹豫就批准了这项工程。因为水渠开通后，沿岸荒地将变成良田，吕不韦在沿岸购置了大量的土地，可以从中获利不少。现在，吕不韦畏罪自杀，这项工程应该立即停止。此外，主管情报工作的李斯对此不闻不问，显然是知情不报，有意偏袒，应该放逐"。

嬴非接着说："东方各诸侯国的人前来投奔秦国，并非都是为了帮助秦国建立霸业。有的人认为在秦国谋职有利可图，于是一心一意地为自己谋求利益，以致贵为大臣，却不惜损害国家利益，利用职权官商勾结，例如吕不韦就是这样的人；有的人则充当各国的间谍，受到秦国重用后，便利用职位替各国游说或者提供情报，而对各国的动态知情不报，或是伪造假情报迷惑秦国，例如李斯就是这样的人；有的人更是"非我族类，其心必异"，得到权势后就阴谋造反，根本不对秦国知恩图报，例如嫪毐就是这样的人……总之，东方六国的客卿在秦国做官管事的人越多，对秦国来说，危险就越大"。

嬴非上书后，那些曾受到吕不韦排挤的宗室大臣也纷纷上奏，声称外来的客卿个个靠不住，并列举了很多例子来说明。

众口一词，秦王政一听觉得有道理，因为不久前发生的嫪毐事件、吕不韦事件都是客卿造成的。现在，嬴非又揭发了郑国渠的阴谋，这一系列的事情连结起来，使他深信很多客卿的确存在着重大的问题。

于是，秦王政下令停止修建郑国渠，打算处死郑国。郑国说："我的确是以间谍的身份来到秦国的，不过请大王明鉴，郑国渠一成，秦国获利非小。试想，我为韩国效命几年，却为秦国建功万世，望大王深思。"秦王政认为郑国说得很有道理，就饶了郑国，让他继续负责完成这项水利工程。不过，秦王政认为除了郑国以外，入秦充当诸侯间谍的客卿大有人在，这些人是隐藏在身边的定时炸弹，必须尽快清理掉。在宗室的煽动下，秦王政下达了"逐客令"，在秦国的外籍客卿一律限期离境，李斯也在被驱逐之列。

李斯觉得自己对秦王忠心耿耿，没有什么对不起秦国的地方，如今无辜被逐，感觉非常冤枉，于是冒险给秦王写了一份奏疏：《谏逐客

第二章 秦始皇对你说管理

疏》。疏中写道：

　　臣闻吏议逐客，窃以为过矣。昔穆公求士，西取由余于戎，东得百里奚于宛，迎蹇叔于宋，求邳豹、公孙支于晋。此五子者，不产于秦，而穆公用之，并国二十，遂霸西戎。孝公用商鞅之法，移风易俗，民以殷盛，国以富强，百姓乐用，诸侯亲服。获楚、魏之师，举地千里，至今治强。惠王用张仪之计，拔三川之地，西并巴、蜀，北收上郡，南取汉中，包九夷，制鄢、郢，东据成皋之险，割膏腴之壤，遂散六国之纵，使之西面事秦，功施到今。昭王得范睢，废穰侯，逐华阳，强公室，杜私门，蚕食诸侯，使秦成帝业。此四君者，皆以客之功。由是观之，客何负于秦哉！向使四君却客而不纳，疏士而不用，是使国无富利之实，而秦无强大之名也……

　　《谏逐客书》一文立论深远，由古及今，具有很强的说服力作为新时代的青少年，对此文也要有一定的了解。在当时客卿已被逐的紧急情势下，李斯列举历代国君任用客卿所成就的业绩，强调了任用客卿的重要性。他对事论断，秦国今天的成就，离不开客卿的功劳，秦国之所以能够从积弱不振走向雄霸天下，客卿的功劳具有关键性的作用，倘若此时发布"逐客令"，国家将面临危机。以利劝之，以害怵之，紧紧抓住了秦王的心，深深击中其要害，使秦王顺理成章地接纳其意见，并收回逐客令，达到了上书的目的。

　　通篇逻辑严明，无懈可击，写得荡气回肠，秦王政一遍又一遍地细读着，越读越觉得此文气象不凡，他对蒙武说："李斯的确有宰相之材，可惜不是秦人。"

　　"大王认为他书中的话是否正确？"蒙武小心翼翼地问。

　　"非常正确。"秦王毫不掩饰地说。

　　"既然正确，那说明大王认为逐客之举有商榷的余地。"蒙武意味深长地说。

秦王政一时语塞，沉吟不语。过了一会儿，他突然下令："蒙武，寡人命你速去传诏李斯，不管他是否已走，人在何处，都要找来面见寡人！"随后，他又命赵高即刻草拟诏书，撤回"逐客令"。

蒙武赶到李斯府，此时李斯已经走了好几个时辰。

他急忙赶到东门，找到门监查问。门监告诉他，李斯一家人已驾着马车出城多时了。

情急之中，蒙武想不出好办法去迅速追回李斯。门监却给他出了一个主意，让蒙武去向廷尉报案，说李斯带着蒙武的机密文书逃离，希望搜查李斯下落，将其扣留，不准出境。

蒙武是秦王的心腹大臣，他的机要文书丢失当然非同小可。廷尉立即飞出传骑，下令全国侦缉搜查李斯下落。

结果只花了一天一夜的时间，蒙武就找到了被地方县尉衙门软禁的李斯，将他带回面见秦王。

秦王和李斯谈了一天一夜，蒙武在旁侍坐，三人丝毫不感到疲倦。

李斯学识渊博，上知天文，下通地理，涉猎的知识面甚广，另外他还精通刑名经济之学，这都让秦王政很是佩服。另外有一点更重要的是，李斯是一个热衷于名利的人，与之共事，激发着秦王政的雄心壮志，李斯能够帮助他做出一番伟大的事业。

李斯明细地分析了当前天下形式，给秦王政指出了各诸侯国的优劣之处。他认为，秦国多年的离间和挑拨分化之后，已然瓦解了东方各国的合纵条约。近年来各国之间互相征伐，战争不断，东方各国战事不断，民生凋敝，此时正好是秦国统一天下的大好时机，秦国应趁势迅速出兵平定天下。

他认为，想要消灭六国，韩国是首要攻击的目标，因为韩国小国寡民，最容易征服。一旦吞并了韩国，在战略上，秦国一方面可以为天下立下威信，撼动他国，另一方面可以振奋本国士气，出师获捷，

鼓舞人心。

李斯拿出自己绘制的几张地图，将它们一一展开在几案上，以便秦王政及蒙武观看。这是几张描绘得相当详细的地图，包括地形要塞、道路、城市、村落、粮食和水源等，都详尽明晰地标注了出来。

谈到秦国内政的利弊得失，李斯说道："孝公变法后，秦国便一直有这样的风气，民风淳朴，战士勇于公战，不善私斗，重视法纪而不徇私情。但自吕不韦当政以来，秦国官风民风逐渐败坏，官商勾结、共谋利益的事情时有发生。工商业逐渐发达，各国商人之间的来往，也带来了他国尤其是楚国和赵国的颓废糜乱的风气，秦国民风被他国所坏，人们越来越只顾个人私利，唯利是图，只图个人安乐，不顾及国家和乡里的利益。由此，少数人掌握了大量的财富，特别是一些外国商人，倘若这种风气继续蔓延不被遏制，若干年后，农村将会破产，农民无处安身，便会集中流向城市，城市无法容纳众多的人口，必定产生种种混乱。因此，必须重农抑商，效用商鞅之法，来维护国之根本。限制私人资本的集中，重视国家经济的发展，以增强国家的实力。"

"既然如此，希望爱卿能助寡人实现这些。"秦王政诚恳地说。

"臣当拟定详细计划，然后请大王过目。"

"好！"秦王大声说道。

"逐客令"风波平息之后，秦王政根据李斯的建议制定了这样的战略计划：在整肃内政的同时进行灭韩行动，接着根据形势降服赵、魏，然后是燕、楚；最后其中力量消灭齐国，因为富强的齐国与秦国不接壤，地理位置偏僻。

自此以后，秦国有计划、有次序地全力吞并各国，摒弃之前蚕食的方法，秦王政正式开始了他吞并六国的征程。

秦王政之所以能兼并天下，李斯有着很大功劳。虽然李斯没有上战场拼杀，但他帮秦王政制定的战略、提供的情报却是指导前方秦军取得胜利的关键因素。毫无疑问，李斯是秦王政非常倚重的大臣，不过，即使是这样的大臣也并非是一开始就得到了秦王政的重用，还险些被秦王政驱逐出境。严格地说，秦王政的"逐客令"是一招败棋，诚如李斯所言："今逐客以资敌国，损民以益仇，内自虚而外树怨于诸侯，求国无危，不可得也。""逐客"不仅会使秦国失去很多优秀的人才，而且还会增强对手的力量。所幸的是，秦王政能及时反省，尤其是当他看到李斯的《谏逐客疏》后，心里很受震动，果断地废除了"逐客令"，挽回了不可估量的损失。从此，秦国的兼并战略由蚕食改成了鲸吞，统一天下的进程加快了。

这就告诉我们一个道理："人非圣贤，孰能无过；过而能改，善莫大焉。"一个人在一生中犯一些错误是难免的，但是，只要善于反省，能及时认识到自己的错误并改正错误，避免再犯，就是一个高尚的人，一个难得的人。所以，每个人都应该善于反省。对于想把企业做大做强的经营决策者来说，更应该如此。因为企业的规模越大，决策越需要慎重，而且难免会出现某些考虑欠周详的地方，如果经营决策者具有较强的反省能力，善于反省自己，就很有可能在短时间内意识到决策的某些不足，从而迅速作出补救措施，避免造成负面影响。

有人说，反省是一种学习能力。这话很有道理，对于经营决策者来说，反省的过程就是学习的过程。一个企业的经营决策者有没有自我反省的能力，具不具备自我反省的精神，往往决定着他能不能尽快认识到自己所犯的错误，能不能尽快改正自己所犯的错误，使企业在健康的发展轨道上正常运行。许多知名的企业之所以能做大做强，一个很重要的原因就在于企业的决策层善于反省。

一个事物肯定存在着多个方面，要想全面、客观地了解一个事物，就必须兼听各方面的意见。只有全面听取意见，才能了解一件事情的本来面目，才能采取最佳的处理方法。因此，中国的古人时刻都以"兼听

则明，偏听则暗"的箴言提醒着自己，多方听取他人的意见，以确保自己能够做出正确的决定。

秦始皇是统一中国的第一个皇帝，他所达成的令人羡慕的事业，和他的怜才惜能密不可分。正因为秦始皇听取了李斯的建议，秦王朝的实力才一天天地增强起来，为实现统一奠定了雄厚的物质基础。

李斯这一系列的肺腑之言虽然尖锐刻薄，但都是逆耳之忠言，使得秦始皇如醍醐灌顶，恍然大悟，意识到自己由于听了某些狭隘大臣的愚见，更是出于自己的骄横，作出了一个错误的决定。

秦始皇醒悟，只有自己明事理，才能得到贤人志士的辅佐。于是立即下达命令，让众人都知道秦王挽留并重用各方人才，收回逐客令。还下令请李斯回朝，当面谢罪，请李斯复职，与其商讨一统天下立国大事，并听从李斯建议广纳贤士，征求各方意见，为国效力，从而为秦国大一统事业作贡献。

这些道理同样也能应用于现代管理之中，一名优秀的管理者也应该广泛听取不同意见，接收一些反面却真实的信息。能够听取下属反面意见的上司，总是能团结下属，给予他们宣泄的渠道，让一些矛盾浮于表面而易于化解。而那些愚蠢的领导，他们不善于吸收反面意见，敷衍那些积极献策的下属，拒绝接受部下的意见或批评，更有甚者，对他们打击报复，这种领导的部下往往会因为领导的淫威而丧失了积极性，能力也会受到限制。

要敢于接受正确的建议

一个管理者，对于属下的献言献策，要正确对待，其中好的意见，一定要诚恳地接受，只有这样，才能使自己的决策时刻保持着正确的方向，才能使管理变得行之有效，才能最大程度地接近成功。

中国人的道德传统，在血缘上重视父亲，在感情上崇尚母恩。从历史上看，春秋战国时，弑父杀兄者有，而绝无杀生身母亲的事情。在中国人眼中，母爱和对母亲的尊重是世间最重要的事。

秦王嬴政的情感也离不开中华民族这个传统。在当政之初，因为年纪小，皇权实际上被吕不韦、皇太后和嫪毐把持，为了夺回权力，秦始皇作了一番斗争，最终剿灭了嫪毐，然后将皇太后迁出都城，继而一步一步地剥夺了吕不韦的权力，将皇权集中到自己的手中。但是当他车裂嫪毐、罢黜吕不韦后，对于徙母之事，他不能无动于衷，也不无伤感。这件事使他夜不能寐，他患了神经衰弱症，失眠，头痛，神经质。幼年时被人辱骂为私生子的场景又浮现在他的眼前。他似乎觉得世人都在窃疑他，都在私议他。虽然罢免了相国吕不韦，但却阻止不了这桩丑闻的传播，这使他非常尴尬。在重视父亲血统的社会里，如果他不是庄襄王的儿子，那么，他的王位就会不稳，甚至失去。而母后秽行的种种传闻，更是增加了人们对其出身的怀疑，所以才把母后迁出咸阳幽禁雍城，想要以此来逐渐消除人们的非议。可是在崇尚母恩的环境内，这种行为又被认为是禽兽不如，干这种事的人怎么能为一国之君呢？这真是左右为难。他只是祈盼人们忘却此事，首先是谁也别提，慢慢地人们就会忘记了，世界上该办的事很多，何必让一件烦心事纠缠不休呢？

被秦王嬴政冷落的赵太后，这一回可是认认真真地守起寡来。论年龄，她是个刚刚四十挂零的人，本是风华正茂的年纪，有锦衣玉食，享不尽的荣华富贵，但自从嫪毐反叛后，她面容日渐憔悴，一肚子闷气没地方发作。自嫪毐伏法后，秦王派了些军队到宫外驻扎，也不理会她这个太后。

此时，赵太后宫檐上的铃铎也如秦宫中的铃铎一样，风来即响，

敲碎了多少怨女的孤怀。而这个女中之主的赵太后，以前从不注意这铎声，总以为它就是为了吓燕雀儿才挂上去的。今日她听见这铎声，忽然有种异样的感觉，好似一种动人而又清心寡欲的金韵，让人听了以后不由神往……

而在秦王宫里，有些人开始对秦王政处理嫪毐和赵太后的事悄悄议论。一些人认为嫪毐祸乱秦廷，杀之、裂之皆为得当之法。又有受过嫪毐恩惠的人却暗议秦王政："车裂假父，有嫉妒之心，弃母咸阳，有不孝之行。"秦王政曾向群臣说过："谁若轻议嫪毐、太后事，便用铁蒺藜骨朵杖杀之！"因此，有人议论道："蒺藜杖杀，为桀纣之治。"这些议论者27个人，又形成了羽党，并向六国到秦国来的使者散发书简，尽言秦王政之过，以毁秦王名声。这些人的行为被蒙武府中门客探知，报给了蒙武。蒙武细察一番，果然是真，就密奏给秦王政。秦王政特命蒙武尽逮捕他们下狱。审问期间，他们27人要面见秦王政，自称："有话要说。"

秦王政听了蒙武的回报，于是在便殿重审那27人。那27人异口同声地道："我们议论、发简，其事实有，但是为了老太后。她一个人呆在鄷阳宫里，孤零零的，天下人不笑话天子吗？只有天子垂范天下，做太后的孝子，我们才能甘做忠臣，并非为嫪毐翻案也。"

秦王政不以为然，冷笑说："嫪毐欺骗寡人，祸乱家国，害人甚众，且又造反，寡人杀人，何为嫉妒？太后生活不谨，以金玉之躯，贱售于不法之徒，毁寡人之形象，幽之，何为不孝？凡是嫪毐党徒，寡人除恶务尽，乃为国家社稷之安定。立铁蒺藜骨朵以威之，有何不可？你们27人乃

秦始皇诏文权

是嫪毐党徒，漏网之鱼，又在作祟，向六国使者散发寡人所谓的四大过错，欲为嫪毐复仇，非为国家也！你们尚有何说？"

27人当即语塞，难以对答。秦王政发作起来，便令蒙武把他们27个不明白的多事之人押到廷尉李斯处，细审口供。那27人一齐承认："是为嫪毐朋党。"秦王政令蒙武到李斯那里宣旨："一齐杖杀之，并向众臣宣扬，凡是嫪毐党徒，皆无生路。"

李斯奉秦王政之令，把那27人，处以极刑。这些人死得太惨了，不过他们犯了一个严重错误：即赵太后难以与500多年前的郑武姜相提并论，秦王政与郑庄公也有着天壤之别。武姜不过是长偏了心眼，溺爱少子，厌恶长子，尚不失母亲本色；赵太后却秽乱后宫，淫荡成性，先与吕不韦私通幽会，继与嫪毐勾搭成奸，全无母仪天下的品行，让秦国贻笑四方，让秦王政蒙羞受辱。秦王政从小性格孤僻乖张，心中创伤累累，太后淫乱宫闱的行为无异给他滴血的伤口上撒了一把盐，而太后暗中纵容支持嫪毐起兵谋叛的行径又给秦国带来政治上的巨大灾难。因此，秦王政对生身母亲的可耻下场全无半点怜悯同情之心，所有的只是满腔怒火、万千愤怨和切齿痛恨。

正是在这种心态的支配下，秦王政毫不留情地举起了屠刀，对要求自己效法郑庄公迎回赵太后的臣僚和宾客们展开了一场骇人听闻的残杀。但是，残酷的屠杀并没阻挡住大臣们接二连三的进谏。他们中间有些是真正的忠君爱国之士，有些是视"仁政"为天下大本的饱学儒生，有些则是嫪毐集团的残渣余孽，还有一些则纯粹是为秦王政血腥的屠杀手段激怒了：幽禁亲生母亲于冷宫，杀戮忠臣义士于宫门，难道刚刚亲政的年轻国君就如此毫无人性吗？秦王政此时已不顾及这些，他此刻已杀红了眼，对所有进谏的大臣和宾客都毫不痛惜，拉出去立刻斩首示众。在短短的一个月之内，宫门之外的蒺藜丛中，又多添了近二十具残肢断体的尸首，散发着阵阵使人欲呕的血腥之气。过往路人皆侧目掩

第二章

秦始皇对你说管理

鼻而过，一群群野狗却大快朵颐，在死人丛中撕咬啃食着尸体，并不时发出一阵阵瘆人的嗥叫。

人，越杀越多；血，越流越红。秦王政怒不可遏，两目喷火，暴跳如雷：寡人刚刚亲政，竟还敢有这么多人虎颈挢须，向寡人至高无上的权威和秦国令出如山的法律提出挑战？他下令在宫门之外立起了一块巨大的木牌，上面写着几个醒目的大字："再敢以太后之事进谏者，于此牌下通名受死！"旁边还刻画着一柄滴血的利剑和几具令人畏惧的骷髅。

这一招果然有效，好多天没有人来进谏，秦王政的耳根清静了许多。忽又有一天，一位叫茅焦的齐国人又要冒死来进谏，因为在他之前进谏的27人都被处死抛尸野外，茅焦却自称是来凑足28星宿的，怕死就不来进谏。秦王政答应见他，等茅焦慢条斯理地走入朝堂时，只见秦王政按剑而坐，怒目以待。文武百官屏息静气地站立两旁，心中都为这位自愿送命的远方来客捏了一把汗。庭前的台阶下已架起了添满水的一口大锅，锅底下的劈柴正哔哔剥剥地燃烧着，熊熊烈火散发着阵阵炙人的热浪。

如此森严恐怖的阵势，茅焦都恍如未见一般，他从容自若地行了叩拜谒见之礼，不待秦王政怒气发作，开口言道：

"微臣听说，渴望生存于世的人们不忌讳谈及衰老病亡的话语；期待强国兴邦的国家不忌讳国运衰亡的事情。忌讳谈死之人，其人难以长生；忌讳说亡之国，其国难以久存。生死存亡的道理，是圣人也急于探究询问的大事，不知大王有无兴趣想了解了解？"

寥寥数语，打动了这位刚刚亲政不久并立志有所作为的新王嬴政，使他来了兴趣，脸色也平和了许多。他要茅焦继续说下去。

"目前秦国正以君临万邦为要务，陛下正以统一天下为己任。"茅焦不紧不慢地先说了一句恭维的话语，紧接着便话锋一转："您杀了这么多亲人和下属，连商纣王也没有这么残暴。您对假父予以残暴的车裂之刑，是有嫉妒之心；把自己的母亲送往咸阳，又背上了不孝的罪名；把自己的谏臣用蒺藜打死，如桀纣一般暴虐。这被天下人所知，您的声誉全毁，再无人支持秦国了，秦国亡了恐怕您也会遭遇不测。我的话说完了，那么，现在您可以处死我了！"

"慢，请留步！"茅焦的一席话说得秦王幡然醒悟，走下殿台，连忙拉住茅焦，并说："先生起来吧，现在我愿听从您的指教了。"

秦始皇为了表示改正过错、采纳忠言的决心，当场宣布：从今以后，凡来向君主进谏者，一律延请上座不得怠慢。

第二天上早朝时，秦始皇当众拜茅焦为太傅，晋爵为上卿。不过此时秦始皇要改正过错，不是那么简单。因为，当初秦始皇处分太后时曾宣布过永世不许回咸阳来的御旨，现在想收回成命，却又不知道采取什么既顾全大局又无损于自己体面的方式。

最后，还是茅焦替秦始皇解开了这个难题，他说："这好办，大王就是考虑自己太多，怎么不替太后的苦处着想呢？至于说'君无戏言'难以改诏的话，按郑庄公黄泉见母的做法去办如何呢？"

听后，秦始皇非常感动，他认为茅焦是个难得的人才，于是决定重用他为自己的智囊人物。

"海纳百川，有容乃大"，那些善于集众人智慧于一身的人，更易于成就大事。一个人要成功，提升自身智慧很重要，凝聚众人智慧更重要。如果我们总是抱着一颗坦诚谦虚之心，善纳忠言，广采博纳，凡人也可能成为超人。

秦王政亲政伊始，正是树立自己威严之时。因此敢于冒谏、无视他尊严的人，他是绝对不能容忍的。共杀死了27个谏臣，树立其威严的目的已经达到。他在听了茅焦的劝谏之后，一方面爱惜这个人才，在亲政之后，正是用人之际，需要网罗人才、收买民心；一方面也是因为目的

已达到，茅焦的一番义勇劝谏，正好让他有一个台阶可下，于是他在达到了目的之后，见好就收，而且还大大奖赏了茅焦，授予他爵位。这件事充分显示了秦王政掌控权谋的大智慧。

其实，从统治者的角度来说，秦王政迎母亲回甘泉宫，并不是伦理观念的胜利，而是他重新获取了人心，积累了一笔可观的政治资本。秦始皇之所以能够创建庞大的秦帝国，其成功的秘诀之一就是善于借助外力，也就是借助别人的智慧谋取大秦事业。

由此可见，出色的领导人不是一味显露自己的才华，而是善于调动各种资源，发挥团队的智慧，最终实现预期的发展目标，在竞争中取得胜利。

在茅焦进谏的事件中我们可以发现，在茅焦之前，有27位进谏大臣被秦始皇杀死了，而且手段残忍，令人发指，但是对于茅焦，秦始皇却选择了另一种对待态度，最终不但没有杀掉茅焦，反而还采纳了茅焦的谏言。这是因为茅焦并不属于非议王权的大臣，它的出发点是从秦始皇的利益，那就是正确维护皇权的尊严和权威。在天下一统之前，秦王的形象在一定程度上决定了在未来战争中的民心向背，所以秦王最终选择了接受茅焦的建议。

古有"从谏如流"的说法，又有"兼听则明，偏听则暗"的提议。可见我们在生活、学习和工作中，一定要多听取别人的建议，只有这样才能使自己得到提高。"三人行，必有我师"，多听取他人好的意见，向他人学习，能使自己少犯错误，少走弯路。

历史上商纣王自高自大，对别人的意见无论好坏，一律拒绝，最终落得个葬身火海、国破家亡的下场；楚怀王一意孤行，对于屈原的忠诚谏言弃之不顾，最终落得客死他乡。与之相反，唐太宗虚心纳谏，开明治世，开创"贞观之治"；齐威王善于纳谏，门庭若市，称霸于乱世。以古鉴今，我们要虚心接受他人的意见。

对于别人的建议，我们是否采纳，这是一直以来影响我们成功与否的重要条件。从谏如流固然可取，但是有些时候，有些建议却不可以轻易采纳。比如在茅焦之前的27人，他们的出发点是非议王权，接受他们的建议，不仅代表着承认自己的错误，更是向天下人宣告了一个反复无常。任性妄为的君主形象，这当然是秦王不希望看到的，所以秦王坚定了自己的立场。

但对于茅焦，却并不是这样，茅焦旨在维护皇权的尊严，这对秦始皇的利益是不损反增的。对于这样的人才的建议，他当然也乐得从谏如流了。

秦始皇也曾做出过驱逐人才的事情，但那都是暂时的失误。在及时更正后，他果断地追回了李斯，因此吸引了更多的贤人志士前来投奔。权力在他的手中，完全就是他自己的工具。他可以侵吞六国，可以一统天下，号令天下，也能够用自己的权力实现对大臣的控制，让他们为自己所用，为自己出谋划策，成就帝业。

制规矩以定方圆

没有规矩不成方圆，可以说规矩是人类生存与活动的前提与基础，并且人们总是要在规与矩所成形的范围内活动。正所谓国不可一日无法，家不可一日无规。管理者为了更好地贯彻落实自己的管理，就一定要确定明确的规章制度，以保证管理的实施。

秦始皇建立了强大的秦帝国，而载着秦帝国这辆威风凛凛的战车滚滚向前的两只车轮，一是强权，一是法治。秦始皇建立了一套从中央到地方的专制集权制度，而这套制度需要严密的法律和残酷的刑罚来保证人民遵守，这就是秦始皇的严刑峻法。

以法治国是秦国的政治传统。秦始皇登上帝位之后，就高扬法治的大旗，主张"事皆决于法"。

在战国前，中国社会根本没有"法"的概念。原始社会中，"德"是规范人们行为的标尺；原始社会结束后，在夏、商、周时代，用"礼"代替了"德"，出现了"以礼治国"的原则。"礼"为什么在此时能够代替"德"来规范社会成员的行为呢？

古人说："大人世及以为礼"，说的是"礼"起源于世袭制，世袭制又从根本上改变了原始社会那种人人平等的关系，为了适应这种情况，"礼"便代替了"德"。

从夏末到春秋时代，"礼"作为规范社会成员行为的工具，似乎起到了法律的作用，但它与法律还有本质的不同。

到了春秋时代，社会发生巨变，诸侯崛起，分封制和宗法制走向瓦解，礼坏乐崩，"礼"越来越无力规范社会成员的行为了。

战国时代，由于一切的社会行为都围绕着战争，"以礼治国"显然行不通，为了把民众纳入战争的轨道，就需要把"刑"放在主导地位，使它成为规范社会成员行为的唯一准则。法家人物把经过他们改造的刑称为"法"，这种"法"实际上是军法、刑法，是用暴力手段来实现国家意志的工具。

这种"法"虽然可怕，但在当时却具有进步意义。在宗法血缘社会崩溃以后，只有用暴力手段才能在新的血缘社会中建立起安定的社会秩序，这种秩序不仅为统治者所需要，而且也为被统治者所需要。因为在"以战去战，虽战可也，以杀去杀，虽杀可也，以刑去刑，虽重刑可也"的激进口号的激励下，人们只有交出自由与权力，用自己的血肉之躯为历史的前进铺路。所以，战国时代的"法"是迎合时代的需要而产生的，特别是法治主义在秦国取得成功，使秦国能够横扫六国，这就使秦始皇更加迷信"以法治国"的威力了。

早在商鞅变法时代，秦国就确立了"以法治国"和"重刑轻罪"两大原则。商鞅"改法为律"建立了一套较为严密完备的法律制度，公布于国内，严令百姓遵照执行，以至于秦国老幼妇孺皆知"商鞅之法"。

重刑是先秦法家的普遍主张，商鞅更是重刑主义的主要代表，他主张用严刑峻法加强统治，认为"禁奸止过，莫若重刑"，以此来强化国家法律的威慑力。他主张重刑轻罪，以达到以暴治乱、以刑去刑的目的。他说："行罚，重其轻者，轻者不至，重者不来。以刑去刑，刑去事成。"甚至"步过六尺者有罚，弃灰于道者被刑"。

在这种思想的指导下，他竭力鼓吹"刑用于将过"，即认为在将要犯罪而尚未有实际行动的时候，就要予以刑罚制裁，也就是要严厉惩治思想犯罪。

商鞅死后，秦国历代君主都把"以法治国"和"重刑轻罪"的原则视为加强统治的两大法宝。秦昭襄王就十分推崇法治，而且到了不近常理和人情的地步。

秦始皇钟情法治，最主要的表现就是提倡"重刑"。由于十分迷信"重刑主义"的威力，秦始皇把"专任刑罚"定为处理国家政务的指导思想，这一指导思想来源于他的思想导师韩非子。

韩非说："重罚少赏，上爱民，民死赏；多赏轻刑，上不爱民，民不死赏。"

正是在这种"以法治国"思想的指导下，秦始皇专任刑罚，急法刻削，全面继承了先秦法家"重刑轻罪"的原则。

秦始皇登上了王位，他高喊继承秦国传统的口号，高举法家"以法治国"和"重刑轻罪"两面大旗，堂而皇之地把国家法律作为杀人的利器，在全国范围内制造黑暗和恐怖。

秦始皇倾心于"法治"，主要还是因为他在很大程度上把"法治"

看成是他的强力意志、优势意志和权势欲的最充分表现。而这种"法治"在他荡平群雄的统一战争中的确奏效，这使得他相信，严刑峻法在统一后的治国过程中也是万能的。因此，秦帝国建立后，秦始皇高举法治主义的大旗，随心所欲地驱使天下人为满足他的个人意志服务。

没有规矩，不成方圆。秦始皇除了以法治国外，对用权也是很讲究的。的确，作为一个领导者要懂得巩固、分配与管理。秦始皇称帝后，为了巩固自己的统治，不仅大力推行五德终始说，加强思想控制，而且大力强化中央集权的官僚机构。官僚制度是政权的支柱，秦始皇通过设郡县制，设立三公九卿，组成中央行政的核心，三公、九卿分工明确，各司其职，共同对皇帝负责，建立了一整套崭新的、有生命力的官僚体制。

正是有了规矩才使得管理变得更加有效，才能够使自己的团队、企业不断发展。北京有一家"金三元"酒家制定了严格的规矩进行管理。该饭店的拿手菜"扒猪脸"，据说就要按照严格的规矩才能做出来，首先饲养期在120天至150天，体重在60千克到75千克的白毛瘦型猪，要按照固定的程序宰杀、处理，在经过了严格的供需之后，才能真正成为人们口中的佳肴。而这些工序，都形成了制度，任何一条都必须遵守，否则就会受到处罚。不仅是做菜，其他各项服务都一样，其明确的管理制度达3000多条。正是凭借着严格的制度，"金三元"获得了飞速发展，连锁店开始遍布全国。

我们的生活离不开规矩的约束，比如街道上行驶的车辆，一定要按照规矩行驶，在我国大陆，就要遵守左驾右行的形式规定，并遵守红灯停绿灯行的交通守则，也只有这样，才能让所有的车辆有序行进，不会造成混乱。

在我们的发展中同样需要规矩，成功的管理者首先就要考虑确定合理的规章制度，划定"规矩"，只有这样，团体中所有的成员才能按照一定的秩序，向着统一的目标前进，不至于相互冲突，相互抵制。

赏罚分明的管理才有效

治国之道，要赏罚分明，信赏必罚，当赏必赏，有过必罚。管理之道，同样要做到赏罚得利。有功则赏，可以激励他人，从而激发众人的上进心，有过则罚，可以警示他人，树立一种界限。赏一人而众人振奋，罚一人而众人心惊，所以赏罚得力，就可以使管理变得更加有效。

在战时，秦王政为了鼓励将士参加统一战争的积极性，提高将士的战斗力，严格推行了秦国的军功爵制。《汉书》卷十九《百官公卿表》，比较完整地记载了秦代的二十级军功爵制，摘录如下：

"爵一级曰公士（师古曰：言有爵命异于士卒，故称公士也），二上造（师古曰：造，成也，言有成命于上也），三簪袅（师古曰：以组带马曰袅，簪袅者，言饰此马也），四不更（师古曰：言不豫更卒于事也），五大夫（师古曰：列位从大夫），六官大夫，七公大夫（师古曰：加官公者示稍尊也），八公乘（师古曰：言其能乘公家之车也），九五大夫（师古曰：大夫之尊也），十左庶长，十一右庶长（师古曰：庶长言为众列之长也），十二左更，十三中更，十四右更（师古曰：更言主领更卒，部其役使也），十五少上造，十六大上造（师古曰：言皆主上造之士也。按大上造，又称大良造），十七驷车庶长（师古曰：又更尊也），十九关内侯（师古曰：言有侯号，而居京畿无国邑也），二十彻侯（师古曰：言其爵位上通于天子。按后避汉武帝讳改为通侯、列侯），皆秦制，以赏功劳。"

把军功分为二十级，分得那样细致，目的是使论功行赏能够符合实

际，这也反映了军功制度的完备。《汉书·百官公卿表》对军功爵的级别、爵称记得很具体，师古注又作了补充说明，最后又说是"皆秦制，以赏功劳"。但是，这里没有明确说这个秦制究竟是商鞅变法时新建立的秦制，还是在商鞅变法后逐渐形成而在秦统一后确立的秦制。有的论著认为"商鞅变法时，对军功爵制的改革虽然是一项主要内容，但二十级军功爵制却不是商鞅变法时确定下来的，而是在以后逐步形成的，很可能是在秦统一六国后才固定下来的制度。"说是"在秦统一六国后才固定下来的制度"，显然这种看法的根据是不足的。持此说者自己也不敢用肯定的句式来表达。其实，二十级军功爵制早在商鞅变法时就确定下来了。对此，《秦会要订补》的作者徐复根据《左传》、《墨子》等书中提到过"不更"、"五大夫"等爵名，得出结论说："据此，则秦爵二十级，有承自前朝者，而有袭用山东诸侯旧名，至商君佐孝公为定制耳。"徐复的意见明确了两点：第一，秦制二十级军功爵是在相当长的历史时期内形成的；第二，秦制二十级军功爵到了商鞅变法时已经成为"定制"。从商鞅变法以来，秦国一直坚持按军功奖励升进。秦王政任尉缭"以为国尉"。据《正义》上记载："若汉太尉，大将军之比也"。这就是说，秦王政坚持和发展了商鞅变法以来的军功爵制。具体规定有：

一、对有功士兵进行赏赐："能得甲首一者，赏爵一级，益田一顷，益宅九亩，除庶子一人，乃得入兵官之吏。"意思是，能够获得敌甲士一颗首级的，将得到一级爵位的赏赐，另有田地一顷，良宅九亩，并派给他一名无爵平民帮助其耕种，这样才能进入军队或衙门成为官吏。

二、对有战功的将官的赏赐："大将、御、参皆赐爵三级。"意思是，打了胜仗，大将、御、参都赐爵位三级。对于高级军爵，还将"赐虏"、"赐邑"、"赐税"。

三、"有功者显荣，无功者虽富无所芬华"。意思是，没有军功的国君的宗族禁止列入公族的簿籍，也享受不到宗族的特权。

四、作战时，五人注入一册，编为一伍。五人中若其中一人逃跑，其他四人将受到刑罚；如果这四个人中其中有人能拿到敌人首级一颗，就能免于刑罚，恢复身份。五个人中选出一个"屯长"，一百人中选出一名"将"称为"百将"，作战时，没有获得敌人首级的"百将"或"屯长"将会被处死。

我们不能把秦王政的赏罚分明说得那样完满。但是，从史料看，他的确是破除了原来的那套特权制度，推行着一种近乎"军功面前人人平等"的方针和政策。不管这种方针和政策在执行过程中要打多大的折扣，但它的提出、推行和坚持，无论如何是一种历史性的进步。

庶民对政治上提高身份、经济上改变地位是欢迎的，他们具有强烈的翻身要求。《韩非子·诡使》篇说："民之急名，甚其求利也。如此，则士之饥饿乏绝者，焉得无岩居苦身以争名于天下哉？"庶民热衷于军功加爵，主要原因是军功加爵能给予他们看得到的利益。秦国人"非斗无由也"，因为秦国的军功爵不仅规定"斩一甲首，赐爵一级"，更重要的是背后有严酷的法律。这样的制度，帮助秦国充分发挥了其军队的战斗力。

秦国军队之所以拼死作战，这是军功爵制的作用。正由于秦王政深刻体会到它的好处，所以，当统一战争结束之后，他又急着推行民爵制，加强了秦国的战斗力。

圣人以法治民，法度是衡量一切的标准，期望这能于民有利。因此，君主对民众予以刑罚，不是厌恶他的民众，而是因为爱心。有罪者受到惩罚，才能保证民众的安宁，如果滥加赏赐，就会怂恿奸人行恶。所以，成功治理民众的首要措施是有罪必罚，而祸国殃民的根源，则是滥加赏赐。

君主英明治国之法，应该是赏罚分明，才能使国内百姓互相促进，争相立功；刑罚严厉，百姓才会重视法律而不犯法。法律得到了重视，便不会有奸邪势力产生。因此，君主治民，必须将奸邪势力扼杀在萌芽中；出兵作战，首先要得到人民的拥护。倘若如此，圣人治国，其实不必用刑，因为他的子民能自觉遵守法律，这样国家方能强大；人民拥护国家，齐心作战，事半功倍，不战而胜券在握，胜利在望。英明的治国之道在于不动用刑罚就能治理得当，作战时不战而胜，民众团结，忠于国家；大公无私的精神需要大力推崇；遏制奸邪势力的存在，必须赏罚分明；政务有序而不乱，必须明确法度。以上四点做好了，国家就会强盛，否则，国家必将衰亡。

政治措施得当能够帮助一个国家强大，君主掌握国家大权因而受到大众的尊重。因此，明君手握大权并善于处理政事，昏君虽有权却滥用政治措施，二者虽都掌握国家大权，因为处理政事方法不同，立国原则也当然不同，政绩显然有明显差距。所以，历史上英明的君主往往手握大权，同时也有着尊贵的地位，治国有道，国富民安。因此，君主用刑是因为对民众的大爱，治国之本在于法。

好逸恶劳可以说是一部分人的本性。"好逸"，往往是荒废事业的元凶；而事业荒废，又导致国家治理不好，天下大乱由此产生。因此，如果不能将正确的赏罚用于天下，君主将不能继续统治自己的国家。想创立丰功伟业却不能召集群众的力量，就不可能获得成功；想创建良好的法治必须改变成规旧制，否则民众的混乱局面将会继续。想要治理好国家，必须采用适当的法律，而治理民众不能墨守成规。一国之法度必须因时而变，天下才能治理有序；同样，治国策略的制定也要针对现状，要适应时代的变迁，才能取得卓越的成绩。如果只是一成不变，治国之法不能顺应时代，时代变化了，国家必将陷入困境；若是禁令从不改变，钻空子的人就会变多，必将剥夺政权。因此，圣人善于治民，因为懂得一国之法度必须顺势而变，国之禁令也要因人而作出改变。

有着善于耕种子民的国家就会富裕，而善于调动民众力量的国家也必定强大，强大了还需不被他国遏制，这样才能称霸天下。真正的王者懂得允许什么，禁止什么，他们知道如何禁止奸邪势力，因而能称王。所以，英明的帝王总是致力于使敌人无法捣乱，并非抱着指望敌人不来捣乱的心理。侥幸于敌人不来捣乱而期望安邦治国，最终必然削弱国家的势力；而推行有效的法治，使敌人无法前来捣乱，才能使国家长盛不衰。因此，君主治国，贤明者总是致力于通过法治防止敌人来捣乱。

对于赏罚，秦始皇向来是讲究技巧的，他的赏罚分明对稳定局面起到了不可估量的作用。自统一天下后，他对有功之人进行了不同等级的赏赐，有名义上的，或利益上的，但他吸取了历史教训，对皇亲国戚不进行分封。

唐太宗曾经说过："国家大事，唯赏与罚，赏其当劳，无功者自退，罚其当罪，为恶者咸惧，则知赏罚不可轻行也。"

奖赏，是对人的为善之举和功劳的一种褒扬，用以激励人们向着管理者划定的方向前进，继续为管理者作出贡献。刑罚，是对人的为恶之举和过错的一种否定和惩戒，以制止这种行为的继续发生，防止再次出现危害到集体利益的情况。

不同的人有不同的追求，人们重视的是利益，大臣重视的是爵位，而君主重视的是权威。所以君主治国，给予人民一定的利益，给大臣赏赐，给有能力的人加爵，从而树立君主的权威，从而遏制奸邪势力。

管理之道，在于赏罚分明，只有上方公正，才能起到惩恶扬善的管理目的，否则滥赏还会造成被管理者的不思进取，不守制度。滥罚，就会使坏人暗中为非做歹，不思改过自新。无功受赏，无过受罚，就会丧失管理者的权威，进而丧失了管理的基础。

西汉哀帝因宠爱董贤，不仅提拔他做官，而且对他言听计从，赏赐丰厚。像董贤这样一无战功、二无政绩的人得到如此丰厚的赏赐，引起

了众大臣的强烈不满和反对。因为哀帝的滥赏，使得一些有野心的政客乘机广结势力，图谋篡权，最终被王莽夺取了政权。

滥赏不行，严刑厉法同样行不通。前秦厉王苻生性格乖僻，反复无常，经常滥杀大臣。一次，京城出现龙卷风，苻生认为是有人故意捣乱，便随意杀害了一批大臣，希望借以平息天怒。类似的事件还有许多，造成朝中大臣人人自危。

由上可见，管理者赏功罚过，要遵循一定的尺度，一定不能随着个人情绪肆意妄为。

现代社会中的领导阶层，也应该学习这种赏罚分明的管理技巧，只有做到功必赏、过必罚，才能驾驭部下，才能深得人心，进而驱动自己的团队不断向前。正所谓水不激不跃，人不激不奋，如何使人力资源得到充分发挥，领导起着至关重要的作用，这就需要以赏罚激励部下，以赏罚安定部下，最终以一种稳定团结的状态，结成一个不断前进的团体。

统一制度，整齐划一

一个团队，一个集体，在发展到一定程度之后，在管理上就要面对各种各样的问题，为了便于管理，就要制定统一的制度，将管理整齐划一，只有这样，才能使管理变得简单有效，减少管理者的负担，提升管理效率。

秦始皇以武力征服了天下，摧毁了政治疆域的篱笆，建立了统一的政治制度。但他并没有停步于此，而是又把目光对准了文化、经济、交通和伦理上，采取了书同文、度同制、车同轨、行同伦的办法来加强统治，构建大一统的思想文化形态。

书同文。殷商以后，文字逐渐普及。春秋战国时期，兵器文、陶文、帛书、简书等民间文字，存在着区域的差异。文字的差异带来文字的混乱，甚至达到不可辨识的程度。文字的不统一直接妨碍了各地经济、文化的交流，也影响了中央政府政策法令的有效推行。

在统一中原后，李斯等人遵从秦始皇的命令进行文字的整理、统一工作。就在此时，李斯创造了"小篆"，"小篆"又称"秦篆"，是一种笔画简洁、形体匀圆齐整的新文字，它以战国时期秦人通用的大篆为基础，吸取了齐鲁等地通行的蝌蚪文笔画简省的优点。小篆从此被用作官方规范用字，秦朝废除了其他六国的异体字，统一了文字，结束了文字混乱的局面。

秦始皇改革文字的最大功绩在于采用了隶书。程邈因犯罪被关进云阳的监狱，在坐牢的十年时间里，他对当时字体的演变中已出现的一种变化（后世称为"隶变"）进行总结。此举受到秦始皇的赏识，于是将他释放，还提升为御史，命其"定书"。制定出一种新字体，这便是"隶书"。隶书的诞生是中国文字史和书法史的一件大事。打破了古体汉字的传统，奠定了楷书的基础，提高了书写效率。

秦始皇下令统一和简化文字，是对我国古代文字发展、演变作了一次总结，也是一次大的文字改革，他对我国文化的发展起了重大作用。不仅促进了政治的统一、经济的交流，而且促进了中华文化共同体的迅速发展和汉民族的形成。

度同制。统一度量衡：度量衡的不统一，表面上看似乎只是人们在经济活动中增加了换算的麻烦，实际却是直接影响人们群体感的心理隔阂。比如：秦人与楚人进行交易，不只是换算的麻烦，他还会时时提醒对方，你是秦国人，我是楚国人。这种提醒每天都会重复数次，人们心理上国与国之间的鸿沟，就永远不可能填平。

第二章 秦始皇对你说管理

战国时期各地已经自发地出现计量标准趋同的现象。公元前221年，秦王政二十六年，秦始皇发布诏令，以原商鞅颁布的度、量、衡为标准器，加刻诏书铭文或另行制作相同的标准器刻上铭文，发放到全国。与标准器不同的度、量、衡一律禁止使用。

秦始皇还以法律的形式保证统一的度量衡标准。云梦秦简《效律》规定："衡石不正，十六两以上，赀官啬夫一甲；不盈十六两到八两，赀一盾。"其他桶不正、斗不正、升不正、斤不正等，凡是误差超过一定的限度，多要受到法律的制裁。

统一货币。秦始皇统一中国之前，诸侯各国皆使用自己的货币。韩、赵、魏使用布币，燕、齐使用刀币，楚国使用形似贝壳的蚁鼻钱，秦则流通圆钱。

货币的不统一，直接影响商业贸易和国家税收，更重要的是，由于使用不同的货币，使得使用相同货币的群体，自然而然地形成了群体向心力。

统一货币，既是国家行政管理经济运转的需要，又是破除六国藩篱，聚拢黔首之心的作用。

秦律规定货币的材质分金和铜两种。黄金称上币，以镒（20两，一说24两）为单位。铜钱为下币，统一为圆形方空，以半两为单位，并铸有"半两"二字。金币主要供皇帝赏赐，铜币才是主要的流通媒介。黄金币和铜币二者为通行全国的法定金属货币，其余曾经作为货币使用的物品不再属于货币的范畴。

货币的铸造权由国家掌握，私人铸造货币属于违法行为。云梦秦简《封诊式》就记载着查抄、没收私铸货币和铸钱模子，并将私自铸钱者扭送官府治罪的案例。秦朝将铸币权收归中央政府，明令禁止民间私铸铜钱。为了保证货币的流通，《金布律》规定：凡国家铸造发行的货币，无论质量好坏，均可以正常流通。严格禁止官吏、商贾拒绝接受符合流通条件的货币。如果有人挑挑拣拣，将触犯法律。不予告发的伍长和检察不严的官吏皆有罪。

统一田制。公元前216年，秦始皇帝三十一年，秦始皇下令"使黔首自实田也"。即占有田地的自动呈报实际占有的数量，并按照规定缴纳赋税。规定六尺（合今230厘米）为一步，二百四十步为一亩。这一亩制沿用千年而不变。

秦始皇继承并进一步发展各种制度化、法制化的经济行政管理措施。在秦朝各级政府都设立了管理经济的行政机构，还制定了一系列管理经济的法规，以行政、法律的手段对经济生活进行了广泛的管理、控制和干预。与历代秦君一样，秦始皇奉行"上农除末，黔首是富"的政策，力图使"百姓当家则力农工"。在对商业有所抑制的同时，秦始皇还制定了一系列有关的法律，加强对工商业的管理。

在云梦秦简中还有大量国有土地的资料，有专门规范、调整国有土地使用和管理的法律。为了有效地控制和管理大量的国有土地，秦朝不仅设置了系统的管理土地的政府机构和相关的职官，还有相关的立法。云梦秦简《语书》证实《田令》是备受各级政府重视的法律文件。

车同轨。战国时期，各国车辆形制不一，交通落后。秦始皇统一全国后，定车宽以六尺为制，一车可通行全国。

考古学家在对秦始皇兵马俑坑里的文物进行考古时发现，秦始皇统一的秦帝国是世界上最早实行标准化生产的国家，比工业革命时兴起的标准化生产早了两千年。秦帝国的生产标准化程度相当高，可以说是令人吃惊。在不同的地域，不同年代生产的同一种东西都完全一致，完全属于标准化生产。兵马俑坑挖掘出了秦三棱箭头四万多支，制造极其规整，箭头底边宽度的误差只有不足一毫米，三个面的误差小于五分之一毫米，其造型与现代步枪子弹的流线型弹头惊人相似，其射程、飞行速度、准确性无与伦比。冶金专家对这些箭头进行了金相分析，结果发

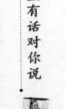

现这些产于不同地方，生产于不同工匠之手的箭头，其金属配比基本相同。除此之外，像构造比较复杂的弩机、军事上必不可少的战车，其所用部件都采用了标准化生产。

在秦始皇兵马俑坑的兵器上，也都刻有工匠的姓名。在《吕氏春秋》中也有记载："物勒工名"。意思是说，制造器物的工匠，要把自己的名字刻在器物上。在秦国为了使器物的制造，尤其是战争器物的制造，在生产过程中，其质量和外形都得符合标准，出现次品可以追究到人，因此上至总负责，下到地区负责，作坊负责人，制作的工匠，都把名字刻在上面。由于有了这样严格的、具体到人的责任制，以及由此而形成的管理网络，再加上合理的工序，使得秦国的标准化生产不可思议地变为了现实。

秦始皇的车同轨，不仅仅是为了交通的方便，也是为了在全国推行标准化生产，以及一整套实行标准化生产的管理体系和网络。通过这样的方法，使整个国家生产高质量、高效率，快速方便。

行同伦。"行同伦"就是端正风俗，建立起统一的伦理道德和行为规范。秦始皇以政令、法律等形式，统一道德规范和法律规范，诸如"依法为教"、"禁止淫泆"等。秦朝政府还在各地设置专管教化的乡官，名曰"三老"。在颂扬秦始皇功绩的秦代刻石中，列举了好多与"行同伦"有关的措施和朝廷对这方面的奖励。

公元前219年，即秦始皇帝二十八年，秦始皇东巡之时，来到泰山在石头上刻下这样一段话："男女礼顺，慎遵职事，昭隔内外，靡不清净，施于后嗣，予以表彰。"其意就是指男女之间以礼相待，应各有职务分配，女治内，男治外，各尽其责，传于后代，以树立好的榜样。秦始皇又选择了四川地区一名女性作为典型，这名女性嫁于当地一户富豪之家，在她资产巨万的丈夫死后，她不再嫁，独自支撑着家业。这名女性被秦始皇用来作为在全国提倡贞节的典型人物，还得到了秦始皇御赐的"女怀清台"牌坊，作为提倡守节的标志，这就是中国贞节牌坊的开始。

秦始皇提倡妇女节操，流传至今的《会稽刻石》文字也为他留下了证明。公元前210年，秦始皇在临死前的这一年在全国各地巡守，在江浙一带巡守时了解到当地婚姻自由，逃婚事件时有发生，丈夫亡故的妇女可以再嫁。这严重违背了他提倡妇女守节的理念，违背了封建道德和法规，于是下令把他的诏令刻于石上，禁止类似事件发生。这就是《会稽刻石》。其中有言"有子而嫁，倍死不贞"，意在指责那些再嫁的寡妇，认为她们的行为不贞，背叛了死去的丈夫。又有言曰"妻为逃嫁，子不得母"，意思是已有婚约而不满意男方的女子若是再找对象，这种行为严重败坏了社会风气，将来她的儿子可以不认这个母亲。在《会稽刻石》中秦始皇还明确表示，妇女守贞并非普通可以忽略的小事，这可能关系天下，是"嘉保太平"的大事。

韩非子说："赏誉同轨刑之烦也，名之缪也，赏誉不当则民疑。"意思是，刑罚的繁杂混乱是赞誉失误的结果，奖赏和赞誉不相称、相互冲突，就会使大家犹豫不决。文字与货币、度量衡作为最基本的信息元素，只有统一后才能提升沟通效率；在一个组织里，领导人政令统一、褒贬一致，才能让下属明确行动方向，实现团队高效运作。

兼并了六国后，秦始皇想要实现真正的统一，就必须要实现各个方面的一致，同化人们的生活和思想，从而确保统治地位的稳固。所以，秦始皇大刀阔斧地进行改革，日理万机，割除弊端，实行新政。他在治理国家上采取的"统一标准"的努力，展现了他唯我独尊的雄才大略，秦始皇注定能够成为统一中央集权国家的奠基者。

正是由于政令统一、标准一致，大家才能得到同样的思想、号令，保证了步伐一致、观念相同，而这正是统一国家、让大家各安其位的保证，从而也保证了各方面工作的井然有序和高效率。

现代竞争社会，已经改变了传统中的个人竞争、家族竞争的局面，团体成员日益庞大，竞争领域日益增多，这就需要管理者在管理的过程中，做到整齐统一，步调一致，有统一的规章可循，避免出现多种管理、杂乱管理。

秦始皇面临的情况与我们现代企业发展有着相似的情况，通过竞争，秦始皇不断兼并其他国家，古语中有十里不同俗之说，也就是各地的管理会呈现出不同的差异，如果还是依据各地的不同，进行区分对待，差异化管理，那么势必会造成管理的复杂化，并且会造成区域的差异。这时，统一就是一个好策略，因此，当今社会的管理者也要学习秦始皇的思路，将所有的管理统一化，制定统一的制度，平衡地区差异，才能够便于有效管理。

在管理实践中，对于同一个人或同一个组织的管理，不能同时采取两种不同的方法，不能同时设置另个不同的目标，甚至一个人不能由两个人同时来指挥，否则将使这个组织或者这个人无所适从。所以，现代的管理一定要确立统一的、整齐的管理模式。

第三章

秦始皇对你说 个人素质

　　个人素质是一个综合性概念，他包含了一个人成功应该具备的一些基本素质。从一个人的心态，到一个人为人处世的技巧，都可以归结为个人素质。在我们成功的道路上，最大的成功因素是我们自己，可以说我们的个人素质会决定我们的成功之路。秦始皇作为最具开创性的人物，他的成就是无与伦比的，当然，他的素质也十分值得我们借鉴。

坚定积极的信念

自信是一个人对自己的尊重，也是一种坚定的、积极的生活态度，更是一种信念。无论外界如何变化，自信的人都清楚地了解自己，也能以强者的姿态面对各种问题，并在此过程中激发自己最大的潜能，最终走向成功。

当然，除了拥有自信外，机遇对一个人来讲也十分重要。机遇来时，抓住了，则功成名就；抓不住，将一事无成。所谓"时来运转"，乞丐也能做皇帝。嬴政从一个异国他乡备受人冷落与欺侮的人质，一跃而成为秦王，这是历史给嬴政的一个机遇，他稳稳地抓住了，并按照自己的意志干出了一番烁古耀今的大事业。秦始皇可算是充分珍惜机遇的典型，这让他和之后许多骄奢淫逸、庸碌无为的皇帝大不一样。然而，嬴政坐上王位是一次千载难逢的好机遇，但也是吕不韦等人运筹帷幄、积极谋划的结果。

在经历了种种磨难后，嬴政和母亲一起回到了咸阳，从任人凌辱的悲惨境地一跃而成为万人拥戴的王孙，这一角色的瞬间转变，在年仅10岁的嬴政心里留下了极为深刻的印象。嬴政的祖父孝文王（原安国君）嬴柱即位仅三天就死去了，他的父亲子楚成了秦国国君，嬴政被立为太子。三年后，嬴政的父亲庄襄王又盛年而崩。13岁的太子嬴政继承王位，从此秦王政登上了历史的大舞台。

机遇难得，机会来了，有时来得真让人不可相信。谁也没想到嬴政回到秦国，仅三年后就坐上秦王宝座，不能不说，这功绩得益于吕不韦的精心策划，也有父亲子楚冒死逃回秦国的艰险，加上两位先王的迅速驾崩，这一连串的事件成就了秦王政。所以说这个机遇是无数人用智慧和血泪换来的。而秦王政最终也没有辜负天意，充分利用客观世界和主观策划给他提供的条件和机遇，并通过他自己的努力，终于干出了一番千秋伟业。

正因为秦王政心中奔涌着黄金血脉，才使他胸中跳跃着一个宏伟梦想。先烈创下了一番伟业，然而还没有达到统一的局面，这个任务，就落到秦王政身上。每每想到此，他就止不住地激动，全身每个细胞都能爆发出力量来。

翻开秦国这本"黄金世家"的谱牒时，秦王政开始接受了这个古老而庞大家族的启蒙教育。

作为一支以游牧为主的部落，上古秦人有着好战的本性，这是由他们发展壮大以及不断迁徙决定的。以游牧作为生活方式，他们通常居无定所，也没有可值得依恋的固定财产，所以当他们迁移和抢夺领地时，毫无牵挂和顾及可言。西迁以后，秦人长时间与西戎在一起生活，他们与恶劣的自然环境作斗争，同时练就了强健的体魄以及争强好战的民族性格，这些客观条件都为秦朝的统一奠定了基础。秦王政的祖先从东方迁移到西方，建号赢秦，成立秦国，开创了秦的早期历史。

周王室逐渐衰弱，赢秦随之不断崛起。西周末期，秦襄公领兵救周立下大功，周平王封其位为诸侯，"赐之岐以西之地"，秦襄公创立秦国。秦国最终在襄公、文公、宁公、武公、宣公等几代人的努力下，胜利由西陲向东方进军。春秋诸侯争霸，战争不断，秦国最终确立了其大国的地位。

特别秦穆公以来，秦国国力逐渐强盛，秦穆公着力于向西发展，"并国二十，遂霸西戎"，开拓西戎的基地，奠定了一定的基础；秦孝公采用商鞅变法，秦国从此走上了富国强兵的道路，并传承其法于后

代，秦从此走上变革和统一的道路；秦惠公到昭公时代，秦国实力愈强，独占鳌头，逐渐发展成为能够统一其他六国的超强大国，只是当时时机不够成熟；中间孝文王和庄襄王统治时间太短，统一大业在他们手上无法完成。历史的使命和统一大任，需要一位极具野心和实力的大人物来完成，他就是——秦始皇。

秦王朝发展的历史，是一部流淌着无数祖先血汗的历史，秦王政似乎重见了光明，看到了希望。于是他不再困于井底，而是想立于九极之霄，如今已是太子的他，俯视和洞察着一切。他拥有着黄金血脉，这种思想激起了他前所未有的斗志，这就是：鸿鹄心比天高，振翅搏击万里长空，冲霄傲笑九天云海。

秦王政的信念，也并非天生就有，而是慢慢培养出来的。想想他在赵国那些年，饱受屈辱，就像驴子拉磨一样循环往复，没有尽头，没有天日，将原有的那一点点自信心也消磨掉了，除了一线求生的希望，再无苛求。后来回到秦国，很快又贵为太子，通过那本黄金谱牒的家世教育，秦王政内心受到很大的冲击。如此显赫的黄金世家，如此辉煌的家族历史，驱散了秦王政长久以来郁积于内心深处的自卑感。像他这样有高贵血统的人，过去竟然饱受凌辱，这种感受促使他心底油然生出一种强烈的复仇欲望；此时，先辈的丰功伟绩又给了他强烈的感召力，这马上激起了他建功立业的愿望——他要踏着先辈开辟的东进之路，超越先辈，做一番前无古人后无来者的伟大业绩，为这个黄金世家书写更加辉煌灿烂的篇章。

从他那黄金世家的显赫家谱里，秦王政找到了自己的位置，他不是流浪在赵国街头那个备受欺负的孩子，他不是那个跟随母亲东躲西藏逃避追杀的人质之子，他也不是一个偶然登上君主宝座，耽于享乐的少年君主。他，是秦人的最伟大的子孙；他，将是这个时代的帝王；他，将征服整个世界……

从他那黄金世家的显赫家谱里，秦王政获得了自信，他明白自己身体里涌动的不仅仅是一腔血液，更是一种生命的豪情，他相信，自己能够站上这个时代的顶峰。于是，伴着他充分的自信，从这里他迈出了将来建功立业的第一步。

正因为自信是成功的第一步，所以我们首先必须确立自信，从秦王政这段心理历程来看，我们也能发现，自信是我们谋事做人最起码的必备条件。因此有人说，自信是成功人士心中的一座堡垒，只有堡垒不被攻破，才能永远立于不败之地。秦王政所遭受的磨难也告诉我们：无论身处何等逆境，都不要产生自卑，要养晦待时，自强不息，只要充满自信并开拓进取，幸运之神的脚步迟早会到来的。

如果自己不放弃尊严，那么谁也无法从你身边带走你的尊严。留心一下我们的生活会发现，在许多时候，同等学力，同样工作经历的人，在处理事务的能力上，可能有着很大的差异。这就是人的潜在能力在发挥的过程中产生出来的个体差异。而造成这种个体差异的原因，一个重要的因素，就是人的自信。

美国作家爱默生说过："自信是成功的最大秘密。"几乎每个成功者都非常自信，自信可以使人精神振奋，可以使人充满活力，勇于探索，百尺竿头更进一步，从而使潜意识积极地活动，使自己的潜能得到发挥，为自己解决问题提供能量。所以，我们要走向成功，就要首先确定自己的位置，提高自己的自信，让我们以自信的笑脸迎接成功路上的一切挑战。

目光要放长远

想要看得更远，必须站得更高。鼠目寸光的人，必定难以成功。要

成功，必须具有高瞻远瞩的品质，同时还必须学会未雨绸缪；必须具有一定的战略眼光，运筹帷幄，统领大局，同时也需学会从小处着手，明察秋毫，具有长远的目光。

公元前246年，嬴政的父亲秦庄襄王突然病逝了，年幼的嬴政在毫无准备的情况下继承了王位。

嬴政继位后，他的母亲赵姬被尊为太后。吕不韦仍然是丞相，另外再加尊号为"仲父"。由于嬴政年纪还小，国家大事主要由赵太后和吕不韦掌握着。

就在嬴政继位成为秦王之后不久，秦国发生了一件大事。赵、韩、魏、燕、楚五国认为秦王幼小，有可乘之机，便联合起来攻打秦国。这支联军在楚国公子春申君的统一指挥下，浩浩荡荡地一路杀向秦国。

消息传到秦国时，丞相吕不韦偏偏生病了，秦王嬴政便来到相府探望，并与吕不韦商议对策。

"太傅，赵韩等五国军队联合起来攻打我国，现在已经打到函谷关了，您说应该怎么应对？"

吕不韦躺在病床上说："派一个大将带领十万兵马去守住函谷关。敌军坚持不了多久的，快则三个月，慢则半年，他们就会退兵回去，不必理睬他们。"

嬴政走出丞相府以后暗自思索："我刚当上秦王，五国就派兵来攻打秦国，这是欺负我年少。我须趁此机会，给他们点颜色看看，让他们知道我不是好欺负的。"

回到宫中，秦王嬴政便立刻召集文武官员商议这件事。

在大臣和将领们匆忙赶到王宫之时，只看到大殿上坐着小秦王，辅佐的丞相却未见。所有人都很不解地看着秦王嬴政，猜不出他的想法。

"对于赵、楚等五国联合发兵攻打我国一事，你们可知？"秦王嬴政用他虽仍显幼稚却已经很有威严的声音问道。

大将蒙骜回答："此事臣已知道了，丞相方才已经命臣率领10万兵马去把守函谷关。"

秦王嬴政说："五国联军在这时候派兵前来攻打我国，应该是欺负我幼小，但我认为我们不该徒有防守，而应该予以反击，彻底打败侵犯我国之敌。"

大臣们未曾料到这个小秦王竟然自作主张，不听从丞相的意见，更想不到他竟有如此胆识，欲与五国联军作战。

接着，秦王嬴政又问蒙骜："你知道此次前来进攻的军队有多少兵马吗？"

"五国联军共兵马二十万。"

思考一会儿，秦王嬴政向大臣们庄严地宣布："蒙骜、王翦、桓齮、李信和内史腾五位大将听命，立即出兵作战，各率领五万人马，出函谷关，各带兵抵抗一国。只准胜利，不准失败！"

过去秦国虽然也经常与各国交战，但是，一次派出二十五万兵马的情况很少，更不曾有过一次就派出五员大将的时候。大家面面相觑，惊疑不定。

蒙骜问道："大王决定的事，丞相知道吗？"

秦王嬴政镇定地说："丞相正在病中，这件事就不要再让他操心了，你们就按照我的命令去办。"

五位大将只好领命出征。

五国联军派出的密探把情报汇报给了春申君。

春申君担忧地问："秦王真的派出了二十五万大军？"

密探说："千真万确，他们已经到函谷关了。"

春申君心想，自己虽然指挥五国联军，可加起来也只有十几万。三十六计，还是走为上计，于是他立刻下令，让楚国的军队连夜撤退。

其余四国得知楚国走了，也都各自慌忙退兵。

秦军大胜而归。

一个人成功必定有他成功的理由。秦始皇的一生虽历尽坎坷，但他总是能够高瞻远瞩，向着心中的目标不断前进。高尔基曾经说过："一个人努力的目标越高，他的才能就发展越快。"只有站得高，才能看得远。在这次秦与赵韩五国战斗中，嬴政并没有仅仅考虑眼前的利益——如何退敌，而是将自己的目光投向了更长远的地方，他看到了各国出兵的意图，也看到了自己如果选择坚守会带来长远的不利，于是从长远考虑，秦始皇决定出兵退敌。

可见，做任何事情，态度往往决定高度。目光短浅者，不可能有大的成就。对于苹果落地，常人习以为常，不会去追究其原因，而牛顿因为疑惑而去发掘，最终发现了万有引力定律。在很多人看来，洗衣机只能用来洗衣服，而海尔公司却对其进行改造，洗衣机还可以帮助农民洗地瓜。

人的认知能力受环境影响，一般很难脱离生活的环境。你若想要看得更远，只有站在比别人更高的地方。

站得高，才能看得远。高人之高，就在于他们总是在别人看不到的时候预先看到，别人想不到的地方预先想到。我们身边许多事实表明：想要发现机会，抓住机遇，必须要提高对事物的敏锐性；如此，才能有能力预见事情结果，为各种突发事件做好各种防范措施。一个人的精神境界和价值观念往往影响着他对待事情敏锐性的高低，只有站得高才能比别人看得远。

老子曾说过："为学者曰益，为道者曰损。损之又损，以至于无为，无为而无不为。"任何事情，只有拉开距离去观察，才能看得全面、长远和清晰明了。苏轼也有诗："不识庐山真面目，只缘身在此山中。"人们总是被事物的纷繁表象而迷惑，因为他们目光短浅。所以，我们不妨试着突破短浅的目光，不再执迷于事物之繁杂的表象。

秦始皇东巡行宫

成大事者不可鼠目寸光，欲成大器必须培养长远的目光。"站得高，看得远。"这是一个亘古不变的真理，只有你登上高峰才有看到更远的风景的机会。这句话看似简单，却极富深刻的含义。现实生活中，人们总是只看到眼前的利益，抑或是被当前的困难吓倒。如果能够站在一个更高的平台，视野广阔了，便能摆脱眼前的束缚，更成熟地做出长远的决定，清醒认识面临的困难，并能更好地解决。

找准人生的位置

一个人处于竞争优势的时候，选择韬光养晦，能够减少树敌，让自己获得更加宽松的发展。由此可见，韬光养晦不仅是一种忍耐，更是一种准备，是时机到来前的一种积淀。对于这些，命运多舛的秦始皇深有体会。

秦始皇嬴政出生在赵国，环境险恶，随时都受到死亡的威胁，对于他来说，生存便是唯一的目的。

当他被接回秦国时，他感到了无限的荣光，自己身为皇族的后裔，而父亲又贵为太子，这是多么荣耀的身世啊。

作为一个光荣的皇室子孙，他要继承先人的伟业，把它发扬光大，实现伟大的称霸目标。

当时，秦国经过历代君主的改革和发展，尤其是经过商鞅变法，秦国实力大为增强，已经成为战国七雄中实力最强的一个国家。统一中国是历代君主的愿望，之所以还没统一，主要是还没有出现一个足够强大的国家。嬴政这时的目标就是要完成统一霸业。

当嬴政坐上王位后，他就有强烈的亲政意愿，但由于自己年幼，由仲父吕不韦主政，凡事都要发表高见，自己被架空了，他觉得该给吕不韦一点警告了。

于是，在一次宴会上，嬴政对吕不韦说："相国，你是本王的仲父，本王敬如父母。仲父年纪大了，且在府中歇息歇息，享享福，朝堂之事就不必那么记挂了。"

吕不韦当初是以一个大商人的眼光对嬴政父亲进行投资的，岂能轻易放手？他笑着说："我的身体很好，还可以再帮助你十年呀！"

可以说，嬴政能坐上王位，全是托了吕不韦的福，碍于情面，加之他年纪小，势单力薄，只好忍气吞声，韬光养晦。

嬴政刚登上王位时，朝政大权掌握在吕不韦的手中，少年天子的日子非常不好过，但他只能隐忍下去，因为万一被吕不韦发现自己的野心，自己还没有力量与之对抗，处境就会很危险。

做一个有为君主，这是嬴政的最大愿望。于是，他决定先隐忍不发，积蓄力量，等待机会。后来，机会终于来了，他要放开自己的手脚一展宏图，去实现他多年的理想。

嬴政亲政后，应当说是非常勤勉的，他每天要批阅大量各地上呈的文书，"日览为二十石，不知倦"，而且每天还要和大臣们商讨平定六国的策略，为了帝国的统一事业，他到了废寝忘食的地步。嬴政的这些做法，都是他韬光养晦、积蓄力量，以待时机成熟再向着目标发起挑战的准备。

我们常说，木秀于林，风必摧之。一个人在社会上切忌强出风头。你的言谈举止，都被别人关注，你的朋友、同事、同学或许都在观察和评价你；假设你一直努力，你待人宽厚，你有一定成就，自会有人欣赏，完全不必过分追求别人的注意。一旦实力不足强出风头，只会招来别人的反感与攻击。这么说并非对那些勇往直前、万事当先的人表示否定，只是为了强调把握分寸的重要性，正如古人所说，"始作俑者，其无后乎？"

那么，在我们现实生活中，在我们日常人际关系中，把握怎样的分寸才恰到好处呢？

首先，需要看清自己的位置和角色。对于自己职责范围内的事情，必须毫不推卸地去尽力完成。而与自己工作无关的事情，何不"多一事不如少一事"，无须越俎代庖，去涉及自己不该涉及的事情，更不要以"内行人"、"明白人"自居，以一种高姿态去"指点"别人。就算别人请自己帮忙，也要保持谦逊和温和的态度。

其次，不可对名誉、利益表现得过分期望，不是不可追求，但应该做到含蓄，不可过分表露，可以用自己为人和处世的技巧来获得他人的认可。应该明白，采用迂回的方式比直接了当往往要明智许多，这和作战一样。

凡事都是一分为二的，把握不前不后的分寸，只是说在与同事相处时，在利益和荣誉面前，不过于强调和表现自己，不强出头而损害别人的利益。

第三章 秦始皇对你说个人素质

这样的"不前不后"并不是否定人的进取，在过程中我们不可过分张扬，但是在结果上，即对于自己的前途和发展来说，当然不必不"出头"，而是要敢于在他人前头，努力表现脱颖而出。这时候的自己，必是"众星捧月"、"众望所归"，而不是之前的"木秀于林，风必摧之"。

说起马拉松比赛，大家都很熟悉。在马拉松比赛中，我们可以注意到开始阶段便跑到前头的往往不容易夺冠，冠军总是被跑在第二位置或稍后一点的队员拿走，当然位置太靠后的落伍者同样无缘冠军。这样的一种规律，不仅在马拉松比赛中体现，人生这一赛跑中也体现得很充分，社会上人与人之间的激烈竞争和相处便如马拉松，笑到最后才是最好。

人的一生就是一场马拉松长跑，充满了竞争，能够恰当把握正确的分寸，给自己找一个"明智"的位置，才能帮助自己获得最终的成功。

强者要从霸气中催生自信

霸气，是一种王者风范，舍我其谁；也是一种潇洒的气度，往往胸有成竹；更是一种坦荡的胸怀，总是蔑视丑恶。霸气，也是一种强大的精神动力，它帮助我们在困难面前，相信自己，不畏强权。在通往成功这条道路上，霸气必须伴随我们前行，方能走得更远。

从秦始皇身上，我们也能看到这一点。当年，李斯等人曾建议秦始皇称"泰皇"，嬴政觉得自己功兼三皇五帝，泰皇虽贵，却难以超越三皇五帝，于是他决定从"三皇""五帝"中各取一字，号为"皇帝"，并批准"制"、"诏"、"朕"作为皇帝专用术语。秦始皇开始了中国皇帝和皇权的历史，他利用三皇五帝的威望来抬高自己，他本人也成为一个至关重要和影响深远的历史人物。

秦统一六国之后第一件事就是议帝号，《史记·秦始皇本纪》记载，秦王政下了一道这样的诏谕：

今名号不更，无以称成功，传后世。其议帝号。

公元前221年，这是秦始皇人生中最为辉煌的巅峰时刻，这更是中华民族历史的"统一元年"。

秦王政在灭六国之前，被称为"秦王"。"王"本是周天子的称号。后来，各国诸侯争夺天下，都相继称王。现在秦王政尽灭六国，已不再是一国之王。他的统治地区已经不止秦国，那么，这位居于七国之尊的秦王政，究竟应该有一个什么样的"帝号"？应该具有多大的权力？

秦王政召集丞相王绾、御史大夫冯劫、廷尉李斯等人，在御前会上开始了"议帝号"之事。他在咸阳宫接受文武百官朝贺的时候说："寡人如今消灭了六国，统一了天下，也该换一个名字了；若不更换名号，仍然称'王'，同原先六国的国王还有什么区别？又怎能显示成功，传之后世？"

"名不正则言不顺，言不顺则事不成"，秦始皇深谙这个道理。在进行统一六国的战争中，秦始皇就"师出有名"，向世人宣布了吞并六国的正义性和合理性，理由是韩、赵、魏、楚背叛盟约，燕、齐敌视秦国，所以要全部消灭，并归于秦。

秦国在完成大一统事业之后，地方长期割据导致的差异仍旧存在。秦始皇继续巩固统一，以此为核心，将秦国制度作为蓝本，全面改革政治、经济、文化等各大领域，创建空前庞大和统一的封建帝国。

天下格局已然剧变，为了表现秦始皇前无古人的伟大历史功绩，名号不得不改，以便留传后世。

此时，七十二博士等文武群臣纷纷出谋划策，各自准备了一套方

案。为此，丞相王绾，御史大夫冯劫、廷尉李斯等人召集了几次取名专题大会，终于达成了统一的意见，上奏秦王政，奏书载于《史记·秦始皇本纪》：

昔者五帝地方千里，其外侯服、夷服，诸侯或朝或否，天子不能制。今陛下兴义兵，诛残贼，平定天下，海内为郡县，法令由一统，自上古以来未尝有，五帝所不及。臣等谨与博士议曰："古有天皇，有地皇，有泰皇，泰皇最贵。"臣等昧死上尊号，王为"泰皇"，命为"制"，"令"为"诏"，天子自称曰"朕"。

众臣、博士献上的这一尊号，秦始皇满意了吧！

秦始皇说："去'泰'，着'皇'，采上古'帝'位号，号曰'皇帝'。"

秦始皇为什么要取"皇帝"这一尊号呢？

《史记》说："秦始皇自以为功过五帝，地广三王，而羞与之侔（并列）。"秦始皇以为，他的丰功伟绩已远远超过了三皇五帝，所以，取一"帝"号或"皇"号，不能表示他的功业，所以"集三皇五帝"于一身，称之为"皇帝"。

李斯饱读天下之书，七十二博士也不是凭认识几斗大字就得到这个职位，可是他们殚精竭虑想出来的"泰皇"，秦始皇一句妙语，把这些出类拔萃的人物比得一无是处。

秦始皇"皇帝"尊号的创造，无疑是他的一大创举。

秦始皇已经占有了一个物质世界，七国已经统一，但是中华民族尚有一偌大的精神世界，这个精神世界，靠什么去"统一"呢？秦始皇不可能不考虑这个问题。吕不韦的那本《吕氏春秋》，他一定很熟悉。

《吕氏春秋·贵公》说：

天地大矣，生而弗予，成而弗有，万物皆披其泽，得其利，而莫知其所由始，此三皇五帝之德也。

三皇五帝就是一笔巨大的精神财富，因为它存在于华夏人民的心中。秦始皇创造"皇帝"这一尊号，不仅满足了自己超人的强烈欲望，而且轻易地就占据了另一个精神世界。"皇帝"这一尊号，来源于三皇五帝，但是又高于三皇五帝，这一名称一经创造出来，一直沿用了2000多年，可见生命力之强大。

秦始皇给自己定下了尊号，然后宣布：朕为秦始皇帝。后世以计数，二世、三世至于万世，传之无穷。

秦始皇自称"秦始皇帝"后，为了显示皇帝的绝对尊严，便规定皇帝自己称"朕"。"朕"，原意是"我"的意思，任何人都可以用，可是自秦始皇称"朕"之后，这个字就成了"皇帝"的专用名词。

皇帝有了专门的自称，他所下的命令也应有所区别。于是规定皇帝所下的"命"叫"制"，皇帝所下的"令"叫"诏"。秦始皇还令参谋大臣蒙毅找来玉石工匠，精选一块上等玉石，刻成大印，其上刻"皇帝玉玺"四个大字。他精心设计了这块玉石大印，以防止今后传位有人假冒。

玉玺分为两种，一种叫"传国玺"，玺方四寸，上部勾交五龙，由和氏璧仔细琢磨而成。文曰"昊天之命皇帝寿昌"，乃李斯亲笔书写；另一种叫"乘御六玺"，共有六方，分别为"皇帝行玺"、"皇帝之玺"、"皇帝信玺"、"天子行玺"、"天子之玺"、"天子信玺"。只有皇帝的印才称为玺，只有玺才能使用玉料，玉玺与朕、制、诏一样，都是皇帝的专擅之物，不许臣民使用。皇帝名号和权位确定以后，皇帝的至亲也随之各建尊号，父亲曰"太上皇"，秦始皇定号的当年就追尊庄襄王为太上皇，母亲曰"皇太后"，正妻曰"皇后"。

博士官还在秦始皇的命令下，参照六国礼仪，制定了一套上朝时君臣之间的礼仪，皇帝端居高堂之上，群臣遵从传令官之令趋步入殿拜见皇帝；臣子向皇帝进言或上书，取其名称为"奏"。群臣上书请奏事宜，一律要采用"臣冒昧死言"的格式。

　　无爵的平民百姓在先秦时代也有一系列名称，分为民、氓、庶民、黎民、黔首等不同称呼。"民"与"氓"是作为土著与移民的区别，"庶"为多，"庶民"则是指普通百姓；"黎"和"黔"同为黑色，穿青衣的称为"黎民"，戴青帕的则是"黔首"。普通平民头常戴青帕之，取其意，秦国之民习惯上被称为"黔首"，因此皇帝制曰："更名民曰'黔首'。"

　　秦始皇还开始了避讳制度，皇帝是唯其独尊的，凡是与皇帝有关的事物都应该避讳。秦始皇名"政"，为了避讳，于是将"正月"改为"端月"，不过"端月"的叫法随秦王朝灭亡后不再用，恢复使用"正月"。秦始皇的父亲叫异人，为了巴结华阳夫人更名子楚，为了忌讳秦始皇父亲的名，已经被灭的楚国也改成了"荆国"。

　　避讳作为一种制度古代就有，但是到了秦始皇手中则用法律的形式加以推行，对后人产生了很大影响，产生了家讳、国讳、宪讳、圣讳等，有人还专门为此编书著作，成为一门学问，阅读古代文献又多了一些障碍，说不定评定职称，晋升职务，也可以敷衍几篇文章，真是流风所及，越演越烈。

　　秦始皇不仅觉得自己活着时应该享有至高无上的地位，死后也应该受人尊敬，不能为人随意评论。于是，秦始皇下诏告知群臣："朕闻太古有号毋谥，中古有号，死而以行为谥。如此，则子议父，臣议君也，甚无谓，朕弗取焉。自今已来，除谥法。"

　　秦始皇一句话，永远剥夺了子孙后代及群臣吏民对皇帝一生的功过是非进行评价的权力，实际是只开追悼会不致悼词。谥法开始于西周初年，帝王、后妃、重臣死后，根据一生所作所为进行盖棺定论。

唐人王彦威说：

古之圣王立谥法之意，所以彰善恶、垂劝诫，使一字之褒宠，逾绂

冕之赐，片言之凌辱，过市朝之刑。

谥号可分为美谥、平谥、恶谥。大多数帝王都可分到一个美谥，只有少数暴君得一个恶谥。秦国自开国以来的五六百年，绝大部分国君都有谥号，其中也不乏恶谥。秦始皇废除了这一规矩，所以秦始皇和秦二世都没有谥，形成了中国历史上的短暂空白，汉朝建立之后，谥法又立即恢复，一直到大清王朝覆灭。

谥号的施行，本来是为了彰褒贬，明是非，"大行受大名，细行受细名"。可是越到后来，美谥越多，恶谥越少，罪恶累累的君主也可以得一个平谥，甚至美谥；并且字数也越来越多，宋代到了17个字，清代到24个字。

常言说，"人死罪归"，谥号简直成了一种歌功颂德的方式，由此产生出一篇篇"颂"。早知如此，还不如像秦王朝和武则天的无字碑那样，"不着一字，尽得风流"。

秦始皇认为自己"德兼三皇，功过五帝"，便不失时机地自称"皇帝"。他说："朕在历史上第一个称皇帝，在'皇帝'的前边再加上个始字，叫做'秦始皇帝'。今后子孙做皇帝，就以世数计算，叫做二世皇帝、三世皇帝，一直到千世万世，永远传下去。"

公元前221年后，中国历史在很大程度上就围绕"皇帝"展开了，从而形成中国的皇帝制度。

中国的皇帝制度始于秦始皇。它延续了2100多年，出现过大大小小的皇帝334人，其中《二十五史》本纪中所记载的皇帝就有221人。皇帝制度延续时间如此之长，皇帝人数如此之多，是中国历史的一大特点。

皇帝是封建君主制的一种极端表现，而封建君主制脱胎于奴隶制的等级君主制，是历史发展的必然。皇帝现象不是中国特有的一种现象，全世界都如此，如日本的天皇、英国的女王、伊拉克的国王、俄国的沙皇，当然各国的具体情况并非完全相同，皇帝的表现形式也大不一样，

各有各的特殊性。

一个朝代的皇帝，作为一个历史人物，我们应该去认识他，研究他；而历史的长河里的众多皇帝们，就应该作为一种历史现象来对待。而这种认识和研究，对我们这个民族是大有好处的。

皇帝是封建王朝的最高代表，是封建国家的象征，有一套极其严格的制度对其维护，其名号也有明确的规定，皇帝"自称曰朕，臣民称之曰陛下，其言曰制诏，史官记事曰上，车马衣服器械百物曰乘舆，所在曰行，所居曰禁中，印曰玺。所至曰幸，所进曰御。其命令一曰策书，二曰制书，三曰诏书，四曰戒书"。其亲属称号亦有明确的规定，皇帝之父称太上皇，母称皇太后，子称皇太子、皇子，女称公主，孙称皇孙等等。而其最大的特点是权力的无限大、帝位的终身制和皇位的世袭制。

权力之所以无限大，是因为从秦始皇到清宣统的中国是一个中央集权制封建国家。它不是一般的中央集权制，而是封建专制主义（或者叫封建君主制），就是以皇帝独裁为核心的封建专制主义。

在这种制度下，皇帝被尊为天子，至高无上，集国家最高权力——立法权、行政权、司法权于一身，具有绝对的权力，"君要臣死，臣不得不死"就是这个道理。皇帝不受任何约束，没有任何人能约束他，谏官制度也起不了多少作用。

帝位的终身制和世袭制是封建君主制的必然产物。皇帝制度才可以保持封建王朝的相对稳定。比如唐代延续了290年，清代延续296年。事实上也不可能有什么别的办法来维持和延续封建君主制。这种高度的集中和绝对权力，在中国历史上曾起过积极的作用，促进了一个统一的多民族的中国的形成、巩固与发展。

千百年来，很难有人能够像秦始皇那样有成就，如统一六国那般的壮举，有指点江山、色举宇内的豪气，更不用说是自认功盖三皇、德配五帝的霸气。所以，他可以自称始皇帝，创立帝号，天下唯我独尊。

嬴政做了一些前无古人的功绩，所以他发明了"皇帝"一词，被世人称为秦始皇。

嬴政废除了先前所有的不能够体现他尊贵的礼法，统统按照自己的意志进行了修改，唯一的宗旨就是神圣化、威严化自己的最高权力，实现前所未有的集权，使人人敬畏皇权，不敢冒犯皇帝，从而可以独步天下，唯我独尊，这充分显示了他心中装着霸气。

正因为秦始皇心中装有霸气，他最终才灭掉六国，完成一统山河的大业。

霸气的品性，能使人摆脱停滞不前，赋予人敢于不断改革创新的能力；霸气的品性，使人摒弃骄傲自满，历练克服困难勇往直前的性格；霸气的品性，使人永不拘泥于眼前，培养人"放长线钓大鱼"的本领；霸气的品性，帮人抵制各种诱惑，让人忠于理想一心追求。

一个拥有霸气的人，不仅仅是一种自信的能力，更是一种超越了自信之后君临天下的心态。狮子搏兔，在出击之前，狮子的霸气就足够震慑兔子，这就是霸气给予我们的力量，拥有霸气，就能够将自己的能力发挥到顶点。

古今中外，成大事者，都具有一种君临天下的霸气。诗仙太白，霸气所指，敢以力士脱靴，贵妃捧砚，御手调羹；开创了新时代的毛泽东，意气风发之时，欲与天公试比高；美国现任总统奥巴马，一身霸气，在竞选之前就抛出"如果认为自己会竞选失败，我就不会来参加"的豪言壮语。这就是霸气，这就是君临天下，指点江山的姿态。

作为一种强大的精神动力，霸气总是提醒我们不能甘于"与草木同腐"。

它鼓舞我们，敢于挑战，不甘平庸。

借助它，你可以直登"青云"。

第三章 秦始皇对你说个人素质

借助它，你可以走南闯北，过关斩将，穿越荆棘，实现理想，到达人生之巅！

性格决定命运

雄霸天下

秦始皇有话对你说

虽然性格的形成不能完全归结于环境，但是早年的生活环境的确对一个人的性格有着很大的影响，俗话说，"近朱者赤，近墨者黑"，特别是恶劣的环境对性格的影响就更为突出。一个人的性格对其一生的命运又有着重大影响，因为性格因素无时无刻不在影响着一个人的决策和好恶，因此在很大程度上可以说：性格决定命运。

公元前259年，秦昭王四十八年，秦始皇生于赵国首都邯郸，姓赵名政。当时正是秦赵长平战争刚结束，赵、韩情愿割地请和，秦国收兵，九月秦国又派王陵攻赵。

公元前257年，秦昭王五十年，秦始皇3岁。秦国急攻邯郸，赵欲杀秦始皇父亲——秦质子异人，吕不韦600金贿赂赵国守城官吏，异人逃脱归秦。秦始皇与其母赵姬被留在邯郸，过着寄人篱下、整日担惊受怕的难民生活。

公元前251年，秦昭王五十六年，秦始皇9岁。秦昭王卒，秦孝文王即位，秦始皇父被立为太子。赵国送回秦始皇母子，从此改名嬴政，结束了他少年时代的难民生活。

公元前248年，秦庄襄王三年，秦始皇13岁。其父庄襄王死，秦始皇登上王位，吕不韦统掌朝政。

公元前247年，秦王政元年，秦始皇14岁。韩国人郑国入秦修郑国渠，旨在"疲秦"。平定晋阳叛乱。

公元前239年，秦王政八年，秦始皇21岁。其弟长安君叛秦降赵，很快被镇压下去。

这第一时期的秦始皇帝没有多大的政治作为。1—13岁，他只不过是一个儿童，可是这一阶段是他心理、性格形成的重要时期。而13岁到21岁，是他心理和性格巩固的重要时期。

公元前238年，秦王政九年，秦始皇22岁。四月，秦始皇亲政，镇压叛乱，扑杀太后与所生二子，逐太后于雍城。

公元前237年，秦王政十年，秦始皇23岁。罢吕不韦相，迎回太后，采纳李斯建议，收回逐客令。

公元前234年，秦王政十三年，秦始皇26岁。秦始皇开始了统一全国的战争。

公元前221年，秦王政二十六年，秦始皇39岁。秦始皇统一天下。

秦始皇自号皇帝，称"朕"，天下置郡县，制定一系列统一措施，巡游天下，求仙寻药，移民，修宫殿、长城、陵墓，焚书坑儒，病死。

什么造就了秦始皇这样的性格呢？面对当时情况，无论是吕不韦、异人还是赵姬，心神不安是不言而喻的。这种紧张和不安，无疑会传递给秦始皇这个未出世的孩子。吕不韦或者异人和赵姬都是聪明绝顶之辈，这种遗传因子，必然会对他产生很大影响。他出生之后，秦、赵战争连年不断，作为质子的异人时时有生命之虞，难免忧虑、暴躁，所以当他的父亲或母亲在拥抱和呵护他时，这种情绪也会不知不觉地传染给他。

当公元前228年秦国消灭赵国之时，秦始皇专门去了邯郸，"诸尝与王生赵时母家有仇怨，皆坑之"（《史记》语），那些曾经让他产生怨恨之人，全部被他屠杀，可见那时在他心灵上所留下的强烈印记。

假设异人和吕不韦逃走后，一方面他得到了他母亲和母亲家人的无比宠爱，同时也会受到赵国统治者以及军卒的威胁。这两种截然不同的

待遇在他的幼小心灵中产生出深深爱，也产生出深深恨。当他受到威胁不得不四处东躲西藏的时候，他的母亲和亲人一定会私下告诉他那威武无比的家世和他无量的前程，这真是天壤之别。

要是他一直是位难民，那么他可能成为阿Q，时常说那句"老子原来阔多了"的毫无意义的话。可是当他9岁的时候，他盼望了多年的愿望终于一夜之间变为现实。一方面是外界的挤压，环境的恶劣，另一方面是家人的呵护和内心喜悦，他那少年老成、坚韧不拔的性格不断形成。这种性格的形成不是一次性完成的，而是像油画那样一层一层地逐步涂上去的。

《史记·吕不韦列传》说："赵欲杀子楚妻、子，子楚夫人赵豪女也，得匿，以故母子竟得活。"一个"匿"字，一个"竟"字，把秦始皇在赵国的那种艰难险境活灵活现地表现出来。

婴幼儿时代是人的性格形成的重要时期，人们常说，"三岁看到老"。秦始皇9岁以前一直处在这种环境里，所以他有一种坚韧不拔的品格，嫉恶如仇的心性。为了活命，他曾不止一次忍受着痛苦，逃过不只一次追捕，他为了不发出声响，可能忍着不咳嗽，不出气，但是他幼小心灵中一定不止一次地想：将来一定要报仇雪恨。从留传和文献资料分析，秦始皇的外表是讨人喜爱的。有人对他爱之如命，她的母亲，他的亲人们；有人对他恨之入骨，那些可恶的赵兵，或者她母亲家的那些仇家。

这种环境影响了秦始皇的一生。他为了渡过眼前困境，可以忍气吞声，为的是实现那个梦。秦始皇幼年生活记载可以说是一片空白，但是我们的分析将会被史书的记载所证实。

从以上分析可以看出，秦始皇一生都在为实现他的理想而奋斗，他原本是一个健康正常的人，可是有些人却把他说成抑郁性格的病态人。

赵良《天子的隐秘》说：嬴政早年因容貌丑陋和经历的挫折，不能不对他的心理发展造成严重的创伤，并最终形成我们称之为抑郁人格这样既普遍又特殊的心理行为类型。

什么是抑郁人格呢？它是怎样形成的？

抑郁人格发轫于一种特殊的家庭形态。这类家庭的父母对孩子往往漠不关心，母亲对丈夫不满，她也许从未真想成为一个母亲，因而感到孩子是束缚、累赘和生活的障碍。

秦始皇

张文立《秦始皇评传》说：一个人的性格是在主体和客体的长期相互作用中形成的，是个体各种心理活动特性整合的结果。秦始皇的这种性格，是他一生中主体的意识和社会关系影响的结果。郭沫若曾经从他的病态生理特征分析说："秦始皇在幼时一定是一位可怜的孩子，相当受人轻视，精神发育自难正常，很容易向残忍的方向发展。"这种分析是有道理的。关于秦始皇性格和心理分析，目前成为很多学者研究的时尚。但是由于所据的材料的不真实性，得出的结论难免牵强附会。关于秦始皇的长相和他的早年生活境遇，很多人已经作了一定分析。他的相貌是英俊的，并且得到了她母亲及亲人的细心关怀和照料。他虽然受到赵军及她母亲家仇人的迫害，但也得到了应有的庇护。这种外在凶险，内部怜爱，再加上那随时都可以回到秦国成为贵人的希望，使他心中十分亮堂。他的忍耐，他的委屈，全都是为实现这一梦想，所以他少年老成，充满了对亲人的依恋和对敌人的仇恨。这是他性格和心理形成的基本环境。

秦始皇性格坚强残暴，工于心计，但不乏人情味。他因为宠爱少子胡亥，带着他出巡天下，这才给胡亥创造了一个机会。但是他并不因为宠爱胡亥，把近在身边的胡亥立为太子，而是诏书远在上郡的长子扶苏主持丧事。

当时胡亥已经20多岁，比秦始皇即位时大出了十来岁，可见秦始皇分得清楚什么是亲情，什么叫政治。

秦始皇的母亲曾与他相依为命度过了童年最艰难的时光，他对母亲有一种深深的依恋。当他的母亲与嫪毐叛乱，他果敢地驱逐了她。可是茅焦劝谏之后，秦始皇立即迎接母亲回咸阳。

春秋初年，郑庄公也曾把他的母亲"置于城颍"，因为他母亲历来不喜欢他，并且参与其弟公叔段的叛乱。经颍考叔劝谏，庄公接回他的母亲。

秦始皇对吕不韦也是那样温情脉脉。牵涉叛乱之案，依照秦国连坐之法，吕不韦死罪难逃，可是秦始皇只罢了他的相位。秦始皇已经大权在握，但是他并没有杀死吕不韦，而只叫他迁蜀！

秦始皇的人情味，还表现在对待徐福、李信等人身上。历来人们都认为秦始皇杀人不眨眼，可是事实并非如此。秦始皇统一天下之后，没有杀死一个功臣，这是他的人情味的表现。

秦始皇的性格影响着秦王朝的命运。

秦始皇一生下来就是一个战争难民，由于战争因素，外部环境逐渐恶劣，不得不东躲西藏，但是他得到了母亲和亲人的庇护，心目中时刻瞄着那可能实现的辉煌前程——回到秦国。带着对前程的渴望，不久他就梦想成真了，但此时他的坚定而凶残的性格已经形成，可以说，这种性格影响了整个大秦帝国的进程！秦始皇因而相信，只要不断地进取，没有干不了的事。

他那永不停息的追求，一步步走向权力的高峰，是当之无愧的"千古一帝"！

由此可见，性格决定成败，好的性格能够成就一个人的一生，不好的性格则会毁掉一个人的成功之路，所以在我们的成功之路上，一定要注意培养自己好的性格，克服自己性格中的劣势，用好性格成就自己。

命运是一个古老而神秘的话题，但是当我们一步步揭开命运的神秘面纱，却突然发现一个让我们很是惊讶的答案：性格决定命运。

性格和命运的关系，在很多故事中已经得到了有力的证实。就我们个人来说，要取得成功，就要认识自己，要认识自己的性格，进而对自己的性格取长补短，不断进行自我完善，让良好的性格助力自己的事业，帮助自己取得成功。

要有包容之心

想要干一番大事业，就必须具有海纳百川的气度。做大事，要能容人，更要包容不同的意见和看法，与不同性格、不同出身的人和谐相处，只有这样才能共谋大业。我们的工作和生活中，要面对人和人之间的各种矛盾和纠葛，如果没有宽容的性格，就很难走向成功。

秦王政亲政后，坚持先王"任人唯贤"的政策，广纳贤士。刘向在论及秦一统天下的成因时说："始皇因四塞之故，据崤函之阻，跨陇蜀之饶，听众人之策，乘六世之烈而吞食六国，兼诸侯并有天下。"

这里的"听众人之策"，就是说秦王政能够察纳雅言，尤其是注重广泛利用异国人才来为自己服务。

这里有一个孔子关于鉴别人的"五等理论"，孔子说："人有五类：有庸人、有士人、有君子、有贤人、有圣人。能够鉴别这五类人，可算是真正掌握了治人之道。"

所谓庸人，是指那些做人没有一定准则的人，语言缺乏教养的人。他们不能找到贤主来托付，也不能自理自足，关注眼前利益而不识大体，不知自己所求，跟随大流，没有主见。

所谓士人，是指那些心有所志，有自己的思考方式的人。他们虽不能精通所有智谋，却面面涉及大体；虽不万事俱通尽善尽美，但有自己擅长之事。所以知识不求广泛，但应该了解的一定要理解透彻；话不求多，说了就要条理清晰；做的事情不求多，但要知道自己行事的原因。知道了事情的道理，说话时要抓住重点，行事也知道原因，那么这个人的思想、言行便如生命般是不可代替的，心性坚定不移，富贵和贫贱都不能改变他的品性，这就是士人。

所谓君子，是指那些言行忠信而内心无怨的人，践行仁义而从无炫耀之色，思虑通明而说话谦和通达，忠实诚信，自强不息，这就是君子。

所谓贤人，是指那些品德不背离礼法，行为符合规矩，他们的言语足以令天下效法而不会名累自身，学识可以教化百姓却不会动摇根本。他们可以让天下富裕，百姓却不会因此而聚积财产；让天下人都施舍，百姓却不会因此而贫困。这就是贤人。

所谓圣人，是指那些道德与天地相合，变化无穷，能够洞察万事发生发展的规律，协和万物顺其自然的人。他们能让大道行于天下，使万事万物都体现其情性。他们睿智，光辉与日月相争，犹如有神相助而推行道化，百姓并不知是受到了他的恩德，即使亲见其人也不知他就是圣人。这就是圣者。

这就是孔子关于人有五等的理论，他认为能够鉴别以上五类人，才能够真正精通治人之道。一个好汉三个帮，红花要用绿叶扶，自己心中没有一个标准，就不能找到真正的贤能，也就是所谓贤者。脑子糊里糊涂的领导，帮也无用，又有哪个贤能之人愿意来扶持呢？人有所长，但长于何处，长什么，不清楚这一点就无所谓善任。没有善任，贤能者也就想帮无助，愿扶无法，回报无门。

因此，在用人才的过程中要辨别人的庸与实，是瑕玉还是美石，是否空有经纶而无实能，辨别清楚了，才能掌握好各人的行为特长，那么该用的就用，该舍的就舍。秦王政用姚贾就是这样，他身上存在许多缺点，但瑕不掩瑜，他还是有许多闪光点的，因而秦王政派他出使各国，使之派上用场。

姚贾，魏国人，他出身低微，父亲曾是赵国看管城门的小卒，姚贾本人曾在魏都大梁（今河南开封）行盗，又曾在赵国为臣被逐，最后到了秦国成为秦王政的宾客。

姚贾是怎样得到秦王政赏识出使各国的呢？

据《战国策·秦王策》记载，韩非到秦后不久，秦王政听闻燕、赵、吴、楚四国谋划联合对付秦国，很是恐慌，于是召集群臣宾客六十人前来出谋划策。秦王政说："眼下燕、赵、吴、楚四国预谋合攻我国，寡人国内百事待兴，将士长年在外作战，百姓疲惫不堪，这该如何应对？"

说完，秦王政观察群臣宾客，众人无人站出说话。这时，姚贾启奏秦王政说道："贾甘愿为大王出使四方，使四国放弃预谋，按兵不动。"

贾自告奋勇出使四国，秦王政很是喜悦，便赐给他车百乘、黄金千斤，又赐给他自己的衣、冠、宝剑，助其壮威。姚贾果不辜负厚望，出使后，成功使四国先后放弃进攻秦国的计划，统统与秦国建立友好合作关系。

姚贾说服了齐国、楚国，吓唬了赵国，便想到燕国去。因为他觉得，燕国虽然地处北方，力量薄弱，不足以成大事，但还是安顿一下好，免得以后哪国提出伐秦，他们又急忙参加。不过既然四国伐秦之谋已经破了，姚贾也就不着急了。

他先是回了一趟老家，炫耀了一番，然后才带着金银珠宝北上燕

都，又不费气力地把燕王也说服了。

成功地完成使命后，姚贾回到咸阳，秦王政很是高兴，封姚贾千户，为上卿。

得知姚贾出使归来后受封千户、加爵为上卿的事，韩非很是不以为然，他向秦王政进言道："姚贾携带珍贵宝物，向南出使楚、吴，向北出使燕、赵，三年以来，四国并没有与秦国建立起真正的睦邻友好关系，却用尽了珍珠宝物，姚贾这是借着大王您的威望和国家的财富，为自己建立与外国诸侯的关系，愿大王明鉴。更何况姚贾只是大梁国守门人的儿子，自身低微，还曾经在大梁为盗，在赵国担任官职而被流放，现在大王与如此卑微出身、品行不正的人商议国家大事，谋划大策，韩非觉得这样的人不能够勉励我朝群臣将士。"

此时的秦王政正沉浸在姚贾出使四国所取得的成功的喜悦之中，听到韩非这番话，感到非常诧异，便立即召见姚贾，问道："我听说您用寡人给予的财物私自与诸侯结交，有这样的事吗？"姚贾承认的确有这事。

"竟然真有这事，既然这样，你怎么还有脸面回来见寡人？"秦王政愤怒地问道。

"大王，曾参孝顺亲人，天下没有不愿意将他当做自己儿子的；伍子胥忠心于君主，天下君王没有不愿意纳他为臣的；贞女手工精巧，天下没有人不愿意将她作为自己的妻子。如今姚贾忠于大王，而大王却不明白。姚贾如果不将资财还归于四国诸侯，怎样完成出使的使命呢？姚贾若要不对大王效忠，四国之国王如何相信微臣，与秦国建立友好关系呢？当年桀因为听信谗言，诛杀了忠臣关龙逢，商纣王轻听小人之言而杀害了贤相比干，最终落得身死国亡的下场。大王如果也像他们一样听信谗言，那您身边就不会再有忠臣了。"

姚贾毫无退让，又接着说道："姜太公当年在齐国时曾被他的老伴赶出家门，认为他不治产业。后来他到朝歌以卖肉为生，可是没有人买他的肉，导致案板上的肉腐坏生了虫子；子良任用他，纳他为臣，不久又遭到放逐；后来在棘津垂钓，但鱼都不食饵上钩。姜太公不得不靠出卖苦力谋生，可是没有人雇佣他，然而文王赏识他任用他为军师，最终称霸天下。齐国的管仲，本只是乡里的一名小商贩，后来在南阳隐居，贫困不堪。曾经辅佐过公子纠，不料失败而被俘，沦为阶下囚，然而齐桓公重用他为一国之相，九合诸侯而一匡天下。百里奚曾在虞国沦为乞丐，据说秦穆公把他从楚国用五张羊皮赎了回来，重用为相，凭借他的谋略终于在诸侯中称霸。咎犯曾经在中山国为盗，晋文公率士兵在城濮与楚国大军交战之时，却任用他为统帅，最终在城濮获得全胜。明主用人，不在乎他是否有污点，不计较他是否曾经有过错，只是视察他是否对自己有所用。所以，只要是有能力为国家作贡献的人，即使遭到他人的诽谤，都不会听信；而对那些徒有虚名而无半点功绩的人，不会予以赏赐。这样的话，群臣便不再敢用虚名来求取功名利禄。"

秦王政认为姚贾讲得很对，便再次派他出使四国。《战国策》所载姚贾的一段自我表白和纵论古今，实际上是总结了历代君主在用人问题上正反两个方面的经验，并提出了在执行用人唯贤路线时，只需视其能否为国立功，为己所用；而不能求全责备，听信流言。姚贾的议论，秦王政深以为然。这番议论的意义，不在于姚贾因此而免受责难，而在于它对秦王政在兼并六国的战争中坚定地执行用人唯贤的路线上起了重要的作用。

纵观姚贾行动，其实很简单，就是用金钱打通六国君臣之心，使之相互离间，从而达到目的，姚贾正是看中各国君臣的弱点，以秦国的富足来取得天下财富，这不仅是姚贾的目的，更是秦王政的目的，所以他能重用姚贾。

人无完人，古人中有许多修身的典范，但是真正成就一番大业的，

却不一定是那些圣贤，相反，有一些瑕疵的人，无论是生理上的缺陷，还是道德上的不足，也可能发挥自己的力量，改变世界。而我们要做的，就是包容他人的瑕疵，能够和有瑕疵的人和谐相处。

因此在用人或者结交朋友等方面，不要抓住别人的一点不足而无限放大，进而拒绝这样的人的融入，相反，要全面认识一个人的能力，包容他的不足，创造有利条件，将其正面的东西用到最大，发挥到极致。

古人云："同声则异而相应，意合则未见而相亲。"对此，司马迁在《史记·吴王濞列传》中进一步阐述："同恶相助，同好相留，同情相成，同欲相趋，同利相死。"对于人才而言，能否得到任用并且一展壮志，既要逢时，更要逢人。所谓："明主之所导制其臣者，二柄已矣。二柄者，刑德也。何谓刑德？杀戮之谓刑，庆赏之谓德。为人臣者畏诛罚而利庆赏，故人主自用其刑德，则群臣畏其威而归其利矣。"

秦王政就是懂得包容的人，他的用人标准是不求全责备。一个统治者要识辨人才，要包容人才的缺点，必须给予他一定的职位和机会，让他充分施展自己的才能，而且在其失败之时，要包容他的失败，要给予

秦皇求仙入海处掠影

充分的理解与信任。古语云："有大略者不可责以捷巧，有小智者不可任以大功。""大器不可小用，小士不可大任。""所学者非世之所可用；而所任者非身之所能为。"

我们当代人的发展同样要面对不同的人，要面对处理各种不同的人际关系，这时就要求我们心存包容之心，与人和谐相处，以获得更大的发展。

第四章

秦始皇对你说 用人之道

　　人才是立国之本，任何英明的统治者都深谙此道，尤其是开国之君。秦始皇在启用人才上开一代先河，身边聚集了一大批精英。秦始皇是统一中国的第一个皇帝。后世有人说他暴戾，但是，他能成就如此令人羡慕的事业，只靠暴戾是难以达到的，应当看到的是，他之所以成就如此霸业，和他用人的战略眼光和爱惜人才密不可分。

用人不计出身

不管身处哪个朝代，想成就大业，人才都是最重要的，能否成功关键要看你重视人才的程度，俗话说："得贤者得天下。"人才的成才之路各不相同，人才的出身也不同，那么如何对待人才的出身问题？秦始皇以他的用人之道告诉我们，用人不能计较其出身。

秦始皇收揽了秦朝当时最优秀的人才，有着如同历代开国君主同样的威信。他聚才有方，用才有道，尽显君臣之礼，君臣相得益彰，共同谋略国家大事。在众多人才之中，有一批军事政治素质极高的战将和得力助手；也有能够出谋划策、运筹帷幄的智囊团；还有敢于直进谏言的臣子、能说会道的说客。

对于秦始皇来说，自己能够成就帝业，离不开这些人的辅佐。秦始皇作为千古一帝，有恢弘气魄和雄才大略，又与身边的谋略之士在互动过程中相得益彰，同时他也有驾驭能臣的能力。在这些优秀的辅臣中，有一个人有着十分重要的地位，他就是李斯。作为一名优秀的政治家，他颇具才能，处于秦始皇第一助手的地位近30年，堪称王霸之佐。

李斯原本是楚国上蔡地区的普通平民，年轻时，担任郡府小吏。李斯是一个很聪明的人，胸怀大志。据说，他在担任乡间小吏期间，曾目睹厕中一群老鼠偷吃肮脏的食物，当遇到人来狗撵之时便仓皇而逃，他又观察仓中之鼠，"食积粟，居大庑之下，不见人犬之忧"。

看到这些，李斯心中万分感慨，喟然而叹："人之贤不肖譬如鼠矣，在所处耳！"其意是如果一个人想要荣华富贵，想要出人头地，必须努力提高自己的社会地位。而他只是一名小吏，就像这厕中之鼠，身份卑微，穷困潦倒，所有人都能欺负，自己却没有能力还手，所以他必须奋力跻身社会上层，改变这种境地。

于是李斯决定学习仓中之鼠，为自己选择良好的居处，一心追求功名。他立志学习"帝王之术"，决心做富贵之人，辅佐君王。他知道想要成就大事，必须向名师学习，于是他长途跋涉、一路艰辛来到齐国，拜儒学大师荀子为师，学习帝王为政的知识，以此来改变自己的处境，提高社会地位。

荀子之学，以孔子为宗，与儒学相融合，综合百家思想。他的思想融先秦礼治、法制、无为而治三大思潮之精华，荀子在此基础上提出了更为全面和实用的思想政治体系。

李斯是一个善于审时度势的智谋之士。几年的时间过去了，由于天性聪敏，学习刻苦，再加之名师精心点拨，李斯很快成为荀子的得意门生。在这期间，他致力于研究管仲、申不害、商鞅等人的著作和思想，学到了辅佐帝王所必需的一身本领。这一切，对于他以后从政有着重大的影响。

学成归来，李斯于是开始思虑自己的出路。他应该到哪里来显露自己的才能，得到功名利禄呢？他明确地分析了当前形势：如果投奔楚国，又考虑到楚考烈王昏庸无能，将来必定没有好的出路；如果投身赵国，又想到赵国战事连败，战乱太多；而北燕东齐，也不是好的归宿。山东六国都面临危机，军事衰弱，在那里容不下自己来建功立业。李斯放眼当前的天下，唯独西方的秦国，国家富强，兵力强大，有并吞八荒之势。考虑到这些，李斯辞别老师，决定投靠秦国，向西来到了咸阳。李斯的这一重大决定，事实证明了他的决定是完全正确的。

临走之前，李斯的老师荀子问他去秦国的原因，李斯回答说："想要干一番事业，必须把握好时机，如今各国争相称霸，恰恰是能够立功

成的好时机。在这些国家中，秦国野心最大，最有能力一统天下，也是我最理想的去处。人生于世间，最大的耻辱莫过于卑贱，最大的悲哀莫过于贫困。如果一直身处卑贱贫困之中，只会被人看不起。读书人不能有所作为，也非不爱名利。因此，我想要到秦国去实现自己的目标。"

公元前247年，李斯来到秦国。当时，秦始皇因为年幼而没有接管权力，权力都在太后赵姬和仲父吕不韦的手上。而吕不韦主持国政后，沿袭战国"四公子"的做法，广揽天下名士。这对李斯来说是天赐良机。他经过一番努力，上下打点之后，前往相府，拜见相国吕不韦。吕不韦此时也正是用人之际，便让李斯作为一名舍人留在门下。

李斯是有才之士，很快脱颖而出，经吕不韦举荐，被命名为侍郎，并有了接触秦始皇的机会。在此期间，李斯看到天下形势已发生重大变化，他认为，秦对六国而言已呈压倒优势，应不失时机地出兵歼灭诸侯，促成帝业。因此，他想乘机进谏秦王政。可是秦王政并非轻易可见，他只能日复一日地苦苦等待。

有一天，李斯终于等到了一个机会。他一见到秦王政，就迫不及待把自己的"帝王之术"抛了出来。借此机会，李斯与年轻的秦王探讨天下大事，分析当前格局，提出了自己的一套策略，以此来收服诸侯，吞并六国，创建帝业。他一番鸿篇大论，激起了秦王强烈的雄心壮志，李斯因此博得了秦王的欢心，并被擢升为长史。

从此，李斯成功地获得了参议军国大政的权利。秦王政按照李斯的谋划，综合运用军事、外交、间谍等手段对付各国诸侯，收买各国大臣，刺杀名士，离间君臣关系，等到时机成熟便一举歼灭。据史书记载，从秦王政元年至九年（前246~前238年），秦国大规模采取军事行动，仅针对魏国就有六次，魏国遭到了秦的毁灭性进攻，势力大削。借助于这一策略的正确实施，秦王政振长策而御宇内，续六世余烈。也正因为这一谋略的成功，李斯在秦国成功获得一席之地，成功成为秦国一名客卿。

客卿其实是春秋战国时代的一种官职，级别为卿，而受到客礼相待。在秦国历史上，有很多外来人才都曾经获此职位，并得以建功立业、留名青史。从此之后，李斯辅佐秦始皇，纵横天下，日理万机，协助秦始皇完成统一大业，建立秦朝。李斯的"帝王之术"，在秦国得到了充分的运用，他是以法家思想为主，同时兼具儒家的一些思想特点。在当时来讲是具有进步意义的，"灭诸侯，成帝业，为天下一统"的战略构想紧紧地将李斯和秦王政连在一体。在秦王政的智囊团中，李斯是一名关键人物，最终成为秦王政身边具有重要影响力的助手，他超人的才干和谋略，在历代宰相中，罕有匹敌者。

就自身内在条件来说，李斯的成功是凭借他的个人才华。早期李斯虽以"仓鼠"自比，但却不是尸位素餐。他先为秦出谋划策，帮助完成统一六国大业，之后他又提出郡县制，统一度量衡和文字，为秦帝国的政治、法律、文化的建设作出了不可估量的贡献。

但是，如果李斯没有秦始皇这个能识"千里马"的伯乐，他的梦想就不可能实现。李斯成功的外在条件是当时强秦欲吞并六国的形势和秦始皇要达成一统天下的野心。秦始皇遇到李斯，对他充分信任。两个人珠联璧合，李斯才有了施展才华的机会。

所以，李斯从荀子那里学成帝王术后，从一个上蔡的"闾巷布衣"，靠着自悟的"成功哲学"和从荀子那里学来的"帝王术"，终于成了大秦帝国的丞相，用他自己的话说"可谓富贵极矣"。

古人云："廊庙之才，盖非一木之枝也；粹白之裘，盖非一狐之皮也；治乱安危、存亡荣辱之施，非一人之力也。"自古以来，成就帝业者，必有霸王之佐；辅成霸业者，必有王佐之才。

自古以来，人们深刻体会到人才竞争、驾驭群臣与驾驭天下的内在关系，以及君臣辅佐的重要性。帝王一心想要成就帝业，于是招揽王霸之士；而众多王霸之士想要成就自己，就必须借助于成就一位帝王。

李斯就是这样一个人。他想成就一番大事业，所以在来秦国以前，他就发明了一套成功哲学，他认为：一个人有没有出息，就如同老鼠一样，完全由自己所处的位置决定。凡是有出息的人就要像仓鼠那样身居高位，享受舒适的生活。

这也是李斯身于著名思想家、儒学大师荀子门下，和韩非子一起苦攻"帝王之术"的原因。

李斯谋深如海，为秦王献剪诸侯、灭六国、成千古帝王之策；他才高齐天，替秦王确定郡县制、统一文字、货币、度量衡，在兼并六国、统一天下的大业中立下了不可磨灭的功绩。

如今的领导，应该努力去做一个像秦始皇那样的能识"千里马"的伯乐，善于去发现那些有潜质而埋没的人才。为此，我们首先应做到闻其声察其行。善于用人者，应该有自己独到的见解，保持清醒的头脑，不为他人和外界杂事所干扰。虽然大多数人难免都会人云亦云，"马太效应"时时存在，有人说好，说好的人就越多；有人说不好，也会有人跟随说不好。但是人才在不被人发觉的时候，"马太效应"对他起不到任何作用。加上别人对他吹捧得不到什么好处，因此，往往人们称赞潜在人才都是比较真诚的发自内心的。对于用人者来说，一定要注意那些被人称赞的普通人，因为这样的普通人很可能就是你苦苦寻找的"千里马"。

用人还应该鼓励他们公开讨论自己的观点和建议。此举可以增加其对领导的信任。公开鼓励他，可以显示他的建议受到你的重视，为了有所表现，他必更乐于创新。

用人还应该做到观其行，识其志。一个人的行为，体现着一个人的追求。每一个人，一旦进入了自己希望进入的角色，就会为了保住角色而多少带点"装扮相"。而那些处在一般人中的人才，他们既无失去

角色的担心，又不刻意寻觅表现自己的机会，所以，他们一切言行都比较质朴自然。领导若能在一个人才毫无装扮的情况下透视出他的"真迹"，而且这种"真迹"又包含和表现出某种可贵之处，那么大胆起用这种人才，十有八九是可靠的。

放下身段，礼贤下士

礼贤下士是用人者必须要具备的素质，人才都有自己的尊严，所一个人要笼络人才，首先就要尊重人才，只有放低身段，礼贤下士，才能真正得到人才的支持，为自己的成功奠定人才资源。

秦王活着的时候，很少有人敢于谈论他的相貌，在当时，这样做无疑是很犯忌的。秦王生性暴躁，在位时间愈长，便愈专横。亲政以来，死于他屠刀下的人已经不少，谁还敢去以身犯险！

偏就有一个魏国人，于秦王撤销逐客令后不久来到咸阳。在得到秦王的接见以后，他便公开向人谈论秦王的相貌，说秦王是"蜂准、长目，鸷鸟膺，豺声"，就是说秦王长着一个高鼻子和一双长眼睛，还有一个猛禽胸脯一般的鸡胸，说话的声音像豺叫一般。综合这副相貌和秦王的言谈举止，他又进一步评论了秦王的为人："秦王为人少恩而虎狼心，居约易出人下，得志亦轻食人。我布衣，然见我常身自下我。诚使秦王得志于天下，天下皆为虏矣。"他的结论是"不可与久游"，很快便逃走了。

这个魏国人，就是杰出的军事家尉缭。

尉缭来到秦国的目的，也是因为认准了秦国必然要一统天下的趋势，到这里来施展平生所学，一逞抱负，所以他初谒秦王，立刻就提

出了有关统一决战的具体问题。尉缭认为，决战的形势对秦国是极为有利的，同秦国比较，其他诸侯疲弱得如同郡守县令，任何诸侯都无法单独同秦国抗衡，那样做无异于以卵击石。因此，尉缭担心山东六国会再结联盟，合纵击秦，他说："臣但恐诸侯合从，翕而出不意，此乃智伯、夫差、湣王之所以亡也。"（《史记·秦始皇本纪》）向秦王敲响了警钟。

尉缭所列举的历史事件，秦王是熟悉的。春秋后期，晋国出现了赵、魏、韩、智氏、范氏、中行氏"六卿执政"的局面，晋国公室的权力被六卿瓜分了。后来，智氏的智伯（名瑶）一度控制了晋国朝政，他便联合韩和魏攻赵，把赵简子围困在晋阳一年多。赵简子秘密派人去策反韩、魏；韩、魏也怕灭赵后智伯会攻灭他们，于是与赵联盟，反过来灭了智氏，三分其地。

夫差是春秋后期吴国的君主，他的父王阖闾是因同越兵作战受伤而死的。所以夫差念念不忘杀父之仇，终于打败了越王勾践。此后夫差得意忘形，也要称霸中原，同晋国展开了大战，勾践乘机纠集力量，兵发吴都，灭掉了吴国。

田齐湣王的时代去秦王不远，他曾同秦昭王搞连横，欲共同伐赵，并分别称东帝、西帝，因此田齐的国势一度很强盛，特别是在齐湣王灭宋之后，直接威胁到楚国和三晋，秦国也很担心能否抑制住齐国发展的势头。为了各自的利益，燕、赵、韩、魏、秦五国联军在著名军事家乐毅的统率下伐齐，攻入齐都临淄，齐湣王也被人杀死。

秦王很赞同尉缭的看法，虽说单独一国诸侯不足为虑，倘若他们联合起来，对秦国的统一事业将带来很大威胁。历史上秦国曾多次遭到山东各国的合纵进攻，使秦国遭到很大损失。因此，如何避免合纵形势的形成，是一个关乎成败的大问题，秦王很愿意听听尉缭的意见。尉缭的方法倒也简单，他劝秦王"毋爱财物，赂其豪臣，以乱其谋，不过亡三十万金，则诸侯可尽"（《史记·秦始皇本纪》）。

尉缭的建议简便易行，收效却可能很大：花费几十万金，就能破坏六国可能有的合纵，还能因此造成各诸侯间的不和，以及各国内部君臣的不和，并能减轻秦军正面的压力。于是，秦王欣然接受了尉缭的建议，同时，对尉缭处理军事问题的能力也很赞赏。在其后同尉缭的接触中，秦王发现尉缭对用兵之道有很精深的研究，是个不可多得的军事战略家。秦国不乏身先士卒、勇冠三军的将才，所缺的是尉缭这样的满腹韬略、运筹帷幄的军事领袖。在统一决战即将全面爆发之际，尉缭的到来，无疑会大大增强秦国制定正确军事战略的能力。

因此，秦王对尉缭恭敬有加。为了留住人才，秦王真正做到了礼贤下士。秦国由弱到强由小到大的发展历史告诉他，一个缺乏人才并且疏于礼聘人才的国家，不可能走向强盛，只会日益衰败。秦国素有善于选任客卿的传统，如今，这种传统又在秦王政的言行举止上得到了鲜明而生动的体现。他接见尉缭之时，坚持以平等之礼相待尉缭，不要说在隆重场合才服用的衮冕，就是弁服，以及其他一切可以标志其地位身份的服饰，秦王都不再穿戴，而是坚持穿与尉缭穿一样的衣服，在饮食上也同尉缭一样，不摆秦王的架子，以此表示对尉缭的尊敬和对人才的渴望。

然而，秦王没有想到，就是他的这些举动将尉缭吓跑了。当时的社会是个等级森严的社会，人们安于在等级造就的统治秩序下生活，僭越固然属大逆不道，过分的谦恭就下也会使人疑惧，因为在当时，这些都是不正常的。认真地说，尉缭对秦王的判断是非常准确的："诚使秦王得志于天下，天下皆为虏矣。"不过，这是专制主义的封建政治所造成的悲剧，起决定性作用的，绝非是什么蜂隼、长目、鸷鸟膺之类。

尉缭跑了，一个对秦国、对缺乏军事指挥经验的秦王都十分重要的军事家跑了，秦王该怎么办呢？

尉缭不辞而别，秦王急忙派人将他追回来，"固止"——把他强留在秦国，并正式任命他担任国尉之职。国尉是秦武职之首，负责全国武官的任命黜陟。国尉的爵位虽不甚高，但非常重要，秦国历史上，非军事名家不能担当此职，例如昭王时期的武安君白起，勇猛善战，被任以国尉之职。由此也可见秦王对尉缭的看重。

对于尉缭的建议，秦王在统一过程中也下令具体实行了。于是，负有秘密使命的秦国使者们怀揣着金银珍宝，分道前往六国，想尽千方百计去贿赂收买那些位居要津的显贵"豪臣"，离间他们的君臣关系，离间六国之间的关系，使他们彼此之间充满了疑惧、猜忌，无法致诚缔交，戮力拒秦，唯知战其可亲，而忘其所敌。而秦国则得以利用六国之间的矛盾，竭力使之扩大化，最终将六国各个击破，一统天下。所以，尉缭的建议并非只是简单的离间计，而是事关统一全局的一项军事战略规划。李斯的离间计侧重于为秦国延揽人才，堵塞敌方人才的来源，并挑拨其君臣关系，着眼点比较低，远不如尉缭建议那般高远，那般具有全局性。宋朝人何去非在《备论·六国论》中总结六国为秦所灭的教训时说：秦国只有一个，土地面积和兵力分别只占六国的五分之一和十分之一，六国拥有足够的抵御秦国的实力，然而最终灭于秦国，是因为"其祸在乎六国之君，自战其所可亲，而忘其所可仇敌"，使"秦人得以间其欢而离其交"。可见，尉缭的战略性建议，在秦国的统一决战中起了重要作用。

另外，史学界的研究表明，秦国在统一前对其他诸侯国作战的过程中，使用的战略和策略，同尉缭的军事思想十分吻合；秦始皇陵兵马俑的布阵形式，同《尉缭子·兵令》所述军阵形式相同。这些都表明，尉缭亲自参加了秦统一战争中的决策活动，在军事指挥方面担负了重大的责任。作为秦国尉，尉缭成为秦王最重要的军事助手。

然而，真正的英雄还是23岁的秦王政，是他发现并破例重用了尉

秦始皇雕像和长城

缭，使这位杰出的军事家留在了秦国，没有为山东六国所用。此事看来偶然，实际上却是由于秦王继承了秦国政治领域招贤任贤的开放传统所致。这个事例说明，无论在什么领域，封闭则绝少成就。尉缭是魏国人，然而魏君却不能用之，终使其为敌方所用，这是历史留给后人的教训。

统一决战的形势完全成熟了。雄才大略的秦王政，在尉缭和李斯的协助下，制定了具体的统一六国的战略：先将位于秦国正面的韩国吞并，然后消灭南北两翼，最后兵进东方，灭掉齐国，完成对华夏的统一。

尉缭是辅佐秦始皇成就帝业的主要功臣之一。他无愧为王霸之士，是一个难得的人才，他的政治、军事、外交谋略符合当时的实际情况，有利于秦国从内政、外交、军事等各方面全国规划、部署并组织统一战争。

当今时代，竞争的根本是人才的竞争，一个人无论是为了提升自己，

还是谋求自己团体的发展，都必须结交有才能的人。而一个人要结交人才，首先就不能恃才傲物，或者因为自己的地位而拒人于千里之外。

有句话说得好，财富不是朋友，但朋友却是财富，这句话局体现出了人的重要性。结交人才，就好像交朋友，正所谓则犹如淘金，沙尽始得金。君子在家里，要行为厚道；在外面，要交友贤人。而贤人就好像沙子中的宝贝。所以对于人才，我们一定要倍加珍视。

秦始皇有着非同常人的用人的眼光、胆识和手段。在与人相处时，他表现得张弛有度，有时候是一位很有人情味的君王。秦始皇曾为了争取到尉缭，不惜降低自己帝王之尊，平等待之。对秦始皇的为人，尉缭屡有微词，秦始皇帝却不予计较，他不但没有降罪于尉缭，反而继续大力笼络他。倘若是别人，秦始皇必定会诛其三族，但是对于尉缭，他例外待之，可以看出他在用人上表现出的非凡气魄，这不是常人所能比的。

秦始皇有着博大的胸襟，重贤任能，不拘一格，很好地贯彻了韩非子法家的任人唯贤的治国方针。在任用人才方面，他出色的方略，促进了大业的完成。因此秦始皇才能剪灭六国，建立起中国历史上第一个封建王朝。

当代的领导者和管理者也要做到礼贤下士，像吸纳所有河流的大海一样，将人才纳入自己的队伍中来，让人才都为自己的成功而努力，这样才能获得更大的成功。

求贤若渴，成就大业

现今社会，已经不是个人单打独斗的时代，我们要面临的竞争，将是团体的、集团的竞争，在这种情况之下，竞争就会演变成人才的竞争，这时候，一个人是选择嫉贤妒能，还是选择求贤若渴已经不言自明了，不善选贤任能，不是一个成功的领导。

秦王嬴政自从亲政以后，更加刻苦地读书学习了。有一天，他看到了两篇文章，一篇叫做《五蠹》，另一篇叫做《孤愤》。他很快就被这两篇文章深深地吸引住了，一连看了好几遍，看到高兴处，甚至还拍案叫绝。

在《五蠹》中，作者把五种人列为国家应该严厉打击的对象：

首先是儒家学者，他们宣扬过去的仁义道德，怀疑当今的法律，动摇君主的决心；其次是四处游说的纵横家，利用谎言进行欺骗，为谋取私利而出卖国家利益；还有墨家的游侠们，携带刀剑行走天下，随意触犯国家的法律；此外还有国君身边的近臣，搜刮钱财，造谣诽谤有功的人；另外就是那些到处经商的人，他们为了挣得不义之财，囤积居奇，剥削农民。

这五种人，都是国家的害虫，作为一个国家的君主，应该对他们严厉打击并消灭。

秦王嬴政一边看，一边感慨地说：“要是能结识这两篇文章的作者，即使死了也没有什么可遗憾的了！”

一直陪伴在秦王嬴政身边的李斯开口说道：“大王，我认识这个作者，而且还很熟悉。”

嬴政非常兴奋，急忙问：“他是谁？他现在在哪里？”

“禀告大王，他就是我的同学，名字叫韩非，是韩国的公子。”

“你再为本王详细地介绍一下他的情况好吗？”

“韩非和我同时都在荀子门下学习过。他学习很刻苦，知识也非常渊博。韩非赞同管仲、商鞅的法治学说，并且逐渐形成了自己的一套理论，主张依法治理国家。理论核心是法、术、势的结合。”

秦王嬴政更加感兴趣了，又问李斯："什么是法、术、势？你再仔细给我讲讲。"

李斯回答道："'法'就是要依法治理国家，法律必须严明。韩非曾经说过，如果一个国家没有法令，或有法不依，那么就是尧舜那样的贤君也不能管理好国家。他认为在法律面前，应该人人平等，贵族、大臣也不能有特权。只有实行法治，百姓才不敢犯上作乱。"

秦王一边听一边思索着："依法治国，的确不错。一个国家要是没有法律，一定会大乱的。"

"那么'术'呢？"秦王嬴政让李斯继续讲下去。

"'术'就是国君要有治国的谋略和手段。他认为国君应该头脑灵活，根据具体的情况处理各种不同的问题。"

秦王不住地点头，赞同地说："这话说得也很有道理。时期不同，国君治理国家的方法也要不同，比如现在，本王要采取的治国方略是要努力兼并六国，做事的重点是对外，是军事作战。如果将来统一了天下，那么治理国家的重点也要有所变化。"

李斯趁机恭维秦王："大王您的头脑确实非常灵活，制定的方针策略也十分英明，所以不久的将来您一定会一统天下的。"

"你再讲讲'势'。"秦王没有在意李斯的恭维，他此时的头脑里、心里想的全是关于治理国家的策略。

"'势'是指君王的权势。韩非主张君王要有权势、权威，要令出即行。君王如果没有权威，国家就会群龙无首，也会乱成一团。"

"他的这些治国主张真是太好了，与本王的想法不谋而合。李斯，现在秦国正需要这样的人才，你一定要想办法，把韩非请到秦国来！"秦王嬴政的眼中充满了渴慕和急切。

李斯俯首说："大王这样重视人才，我一定会为大王想办法。不过，韩非是韩国的贵公子，性格孤傲，为人清高，不太容易请动。"

秦王嬴政急忙说："只要他肯来，什么条件都可以答应，我们不惜重金。"

李斯奉命来到韩国，见到了老同学韩非。

"老朋友啊，又见面了。我是来给你道喜来了。"李斯笑着对韩非说。

"我哪里有什么喜事？韩国现在国力衰弱，大王又听不进好的意见，没有人愿意听我说的话，前途渺茫啊。倒是你，在秦国一帆风顺，秦王又很尊重你的意见，你可以施展你的才华了，听说你现在已经身居高位了。"

李斯趁机说："既然你在韩国如此不如意，不如跟随我一同去秦国吧。秦王看了你写的文章，非常赞赏，因此特地派我来请你，你有什么条件，秦王都可以答应。而且你到了秦国，秦王一定会重用你，你就可以施展自己的本领和抱负了。"

"我是韩国贵族，世代受国家和君王的恩惠，我怎么能背叛他们呢？再说，秦国现在对我国虎视眈眈，总想吞并韩国，我怎么能去帮助秦国，为秦国做事呢？"

韩非拒绝了秦国的邀请，而且态度异常坚决。李斯只好回国向秦王禀报。

听了李斯的汇报，秦王嬴政有些懊恼："好言相请他不给面子，那我可就要来硬的了。李斯，你现在给我起草命令，我要派大军兵临城下去请他，看他来不来？"

李斯没有动，他觉得用这种方法邀请人才不太妥当。

"你怎么还不行动，难道你认为这种方法不妥吗？本王其实也不想这样，可是本王实在太想得到这个人才了。你难道还有别的办法吗？"秦王望着李斯说。

李斯低头想了想，说："臣也实在想不出别的什么办法了，韩非这个人，实在是又倔强，又高傲。"

秦王嬴政立刻派出大军浩浩荡荡地奔向韩国。

秦国的大军还没来到韩国边境时，韩王就已经惊慌失措了，急忙派使臣向秦国大将求和。

秦国大将说："讲和可以，但要答应秦王一个条件。"

"什么条件？请讲。"

"让韩非跟我们回秦国，我们大王要见韩非。"

听了使者回来的汇报，韩王立刻答应了秦国的要求。国君都已经同意，韩非想不去也不行了。他只好带着悲伤和愤怒跟随秦国军队来到秦国。历史事实证明，这场战争最终的受益者还是秦王嬴政。

秦王嬴政渴求贤才，但是这种派大军去请贤才的做法，在历史上还真是不多见。

人才的力量是伟大的，人才有谋事之才、谋略之才、将帅之才、栋梁之才。一国人才的众寡优劣直接影响着国家的兴衰存亡。一代又一代的人中之才在各自的历史时期里不辱使命地完成了自己的角色，推动了社会的发展。

经过商鞅变法而变得富强的秦国，作为当时的国君，秦始皇深深地认识到，人才对一个国家的重要性，尤其是一个有着经世之才，其思想可以统治天下的人。观其言而知其行，所以当他看到韩非的著述，就知道他绝对是个人才，而为了这个人才，他绞尽脑汁，费尽心机，甚至不惜大动干戈了——他要打劫这个人才为自己所用。

但凡成就一番事业的人，总是很珍视人才的，求贤若渴的领导也很多，周公曾一饭三吐哺，周文王也曾恭请姜尚于河畔，燕昭王千金买马骨……然而，像秦始皇这样，公然大兵压境，好像打劫一样，只为一个在自己国家都不受重用的书生。韩国人要是知道真相，不知道会不会笑话秦始皇的大动干戈。但是无论如何，秦王得到了韩非，虽然最终没有得到韩非真心的归附，但韩非所推崇的法家思想，却在秦国得以发扬，也正因此，秦国才日益强大，最终一统天下，造就了一个前所未有的王朝。

纵观历史，求贤若渴是成就大事的人所必备的素质，现代人在自己的人生规划中，也应该看到人才的作用，对于有能力的人才，一定要用尽办法，为己所用，只有这样，才能不断壮大自己发展自己。

敢于破格提拔

作为领导，在用人上不能够畏首畏尾，对于有才能的人，可以忽略一些条件破格任用。在我们的生活中，总会有一些限制，无论是明文规定，还是人们的思维定势，都会限制我们的决策。尤其是在人用人上，对一些有特殊能力的人要破格提拔，以实现他们的才华。

公元前244年，燕太子丹入秦为质。秦相吕不韦准备派遣将军张唐去燕为相。张唐为秦将，曾带兵重创赵国，赵王对他恨之入骨，悬重赏要他的人头，而去燕为相必须经过赵国，所以张唐以病推辞。吕不韦也明白其中原因，不好强迫，只得怏怏不乐，回到相府。

吕不韦府内有一个叫甘罗的人，是原秦国丞相甘茂的孙子，只有12岁，但是聪明绝顶。他看到吕不韦满脸不高兴的样子，就问："您心里有什么不顺心的事吗？我可以给您解解闷气。"吕不韦将自己请张唐去燕为相之事说给甘罗听，随口说自己因此不悦。

甘罗说："这么件小事，您竟这般生气？让我替您去劝劝他吧！"

吕不韦生气地骂道："去，去，一边玩去！我亲自去劝他，他都不肯，你一个小孩也想凑热闹？"

甘罗说："古时候，项橐7岁就能开导孔子，我现在已经12岁了，您应该叫我去试一试，不行了再骂不迟。怎么动不动就骂人？"

吕不韦看到甘罗语出惊人，忙说："你能够说服张唐去燕国为相，我可以封你为卿。"

于是甘罗以吕不韦门客的身份去拜见张唐说："大夫的功劳与武安君白起比起来，哪一个大？"

张唐说："武安君白起打胜仗的次数，连记都记不清了，攻地夺城不计其数。我哪敢跟武安君白起比功呢？"

"你是不是真的这样想？"

"当然是！"

"应侯范雎得到秦昭王宠幸，文信侯吕不韦受到当今秦王宠幸，哪一个更受宠？"

"应侯不如文信侯受宠！"

"你是不是真的这样想呢？"

"当然是这样想。"

甘罗慢条斯理地说："秦国准备攻打赵国，应侯派武安君白起为将，武安君不去，被赐死在距离咸阳只有十里的杜邮。而今文信侯亲自请将军去燕国为相，而你却敢不去，我不知道你将死在哪里？"张唐听了甘罗的话吓得冷汗直冒，脸上变色，忙说："我听小先生的话！"随即到吕不韦门下认罪，准备行装欲去燕为相。

甘罗说服了张唐之后又对吕不韦说："张唐听了我的话答应去燕国，那也是不得已。他心中的确害怕赵国抓他，赵王曾下令全国，有人能抓到张唐，赏赐一座百里之邑。请您借五乘车给我，我先到赵国为张唐疏通疏通。"

吕不韦奏知秦王政说："昔故相甘茂之孙甘罗，年纪虽小，但是名家子孙特别聪敏。张唐称病不肯去燕为相，我亲自劝说都不顶用，甘罗去和他一谈，张唐就答应了，忙来谢罪。现在甘罗又请求替张唐先去赵国疏通疏通，请大王您派他去吧！"

秦王政召见甘罗，只见甘罗个子不高，长得眉清目秀，犹如图画一般。秦王政心里很高兴，即派甘罗为使去赵国。

吕不韦问："你见到赵王准备怎么讲？"

甘罗说："我要先看赵王喜欢什么，害怕什么，看准机会再和他说话。讲话如同湖中之波，随风而变，哪里可以事先决定？"

秦王听了很高兴，交给甘罗百乘轩车宝马，百余仆从，出使赵国。

赵悼襄王早已听说秦、燕联盟，十分担心两国联合进攻赵国，突然听说秦国使臣到来，自然喜出望外，亲自到都城郊外迎接。

不料使者竟是一位髫龄少年，赵悼襄王心中暗暗惊奇，忙问："过去为秦国打通三川的人也姓甘，那是使者什么人？"

甘罗说："我爷爷。"

"小先生贵庚几何？"

甘罗意识到赵悼襄王有不客气之嫌，即以先声夺人之气说："比孔子的老师项橐还大5岁，12岁了！"

"秦国没有年龄更大点的人来当使臣吗？怎么轮到了你，这么年轻？"

"秦国人才济济，秦王用人，量才录用，全看需要。德高望重，委以重任；年少才疏，任以小事。在下年轻，所以出使到了赵国。"

赵悼襄王见他机智灵敏，仿佛春秋时期晏子使楚故事，话中带刺，不敢小觑，便转入正题问："先生光临敝国，不知有何指教？"

"我这次是充当和平使者的。大王一定知道，燕王喜已将燕太子丹送到秦国为人质了吧？"

"听说了。"

"张唐将军将出任燕国丞相，这也知道了吧？"

"知道了。"

"事情不是很清楚了吗？燕秦联好，互不相欺，赵国就危险了。"

"秦国和赵国联合，其意图何在？"

"赵国夹在秦国和燕国之间，两国联合，对赵国哪里会有什么好处？不瞒大王说，秦王是为了扩大河间的领土。由于赵国还算强大，必须联合燕国才好办事。当然如果赵国能够同秦国搞好关系，燕国也就孤立了。那时大王想如何对付燕国，秦国都可以采取中立，不闻不问。"

"既然秦国已经先跟燕国联合，怎么又肯背燕亲赵呢？"赵悼襄王迫不及待地问。

甘罗说："秦燕联合是为扩展河间领土。大王不如割让河间五座城池给秦国，满足秦王的这个愿望。我回去向秦王禀告，使秦王命张唐不要去燕国，将燕太子丹遣送回燕，反过来与赵国和好。赵国去攻打弱小的燕国，秦国袖手旁观，赵国又岂止夺取燕国五城呢？"

赵悼襄王慑于秦燕联合的威胁，答应了甘罗的请求，将河间五城的图籍交给秦国，馈赠甘罗许多贵重礼品，求他促成秦赵友好。甘罗成功地完成使命，回到了秦国。

秦王政高兴地说："河间领土，靠一个孩子而扩展，你的智慧比你的身材高大得多。"

秦王政封甘罗为上卿，又将原来甘茂的田宅赐给了甘罗。秦王下令张唐不去燕国为相，张唐因此深谢甘罗。

第二年，赵国大举进攻燕国，夺取城市30座，又将11座献给秦国。秦王政兵不血刃，增添了大片领域。

甘罗年方十二，就已经凭自己的智慧周旋于王侯之间，并且不费一兵一卒使秦国得到16座城池，官封上卿，这在中国历史上可以说是绝无仅有的。

可以说没有吕不韦的善于识人，没有秦王政的敢于用人，甘罗一小小少年，没有任何社会地位，纵有雄才大略，也难以有用武之地，也就不可能立下大功了。

自古英雄出少年。甘罗是秦朝著名的少年政治家，小小年纪就表现出了不凡的胆略和智慧。吕不韦善于识人，并敢于把他推荐给秦王政，而秦王政也敢于用人，让这样一个年纪轻轻的少年担当重任，出使赵国，使得甘罗建立了具有传奇色彩的功绩，在历史上留下了一段佳话。

用人直接关系到事业的成败，能成大事者多半是靠运用他人的智慧与才能赢得优势并最终取得成功。因此，重用有才能的人，让他们为自己效忠，这是一项非常重要的帝王之策。

不拘一格，不问出身，知人善用，让每个人都充分发挥出他们的积极作用，这是领导者必须具备的素质和才能。秦始皇能够统一中国，靠的是他有丰富宝贵的人力资源。正是因为有一大批人才帮他打天下，巩固皇权，他才能够在短短十几年的时间里，统一六国，并获得秦始皇的称号。

人才选拔，要符合其独特的运行规律，既要充分发挥人才的创造力，又能营造一种公正、开放的人才环境。这一切，都需要领导人摒弃唯唯诺诺的做法，在尊重规律的基础上大胆行动。

大胆用人，小心求证，是出色领导者都应该具备的素养，要做到知人善任，这两个一个都不能少。概括起来，我们首先应该做到大胆授权，激发人才潜能。充分授权，是发挥人才价值、提升竞争力的重要管理举措，也集中反映了用人上的胆魄。虽然下属有充分的自主权，但并不意味着他们和领导脱了节，事实上有效的授权管理需要领导人充分了解部属的工作，这样高层仍然能够掌控大局，把握方向。其实，许多领导人紧握手中权力，不善于大胆授权，恰恰是没找到如何做好监督、考核的工作，所以对下属不放心。

之后我们应该做到"人才不问出处"。"英雄莫问出处"，成为许多普通人的理想奋斗准则。无论出身何处，只要是人才都应放手让下属

第四章
秦始皇对你说用人之道

135

去施展才华，当他确实违背了工作的主旨之时，你再出手干预，将他引上正轨。只有将下属的积极性全部调动起来，管理者的事业才能迅速获得成功。

最重要的是，对于那些才华横溢、能力突出的人，在某些方面，达不到提拔任用的标准，这时，就要考虑破格提拔任用。破格任用会激发当事人的才华，更会让那些优秀的人才看到希望，激励他们展示自己的才华为领导者所用。所以，睿智的领导者在用人的时候，一定不能忘记适时破格提拔人才。

放开手脚用人才

任用人才，一定不能畏首畏尾，不能心存疑虑，对人才时用时休，这样不仅不能给人才以充分的展示空间，还会造成人才的离心离德，使得人才的才华得不到施展，领导者得不到应有的利益，最终导致人才的流失。

秦始皇时代的君臣关系，可以说是两千年来最好的时期之一。秦始皇用人的眼光、气度和手段，远过于汉唐宋明其他君主，也只有唐太宗可比。秦始皇在用人上有足够的胆略与气魄。

用人要知人善任。人都会有自己的长处和短处，领导者应各尽所能，各得所需，以量才而用为原则。用人之术总结起来不过八个字，"信任、理解、包容、支持"。在纷乱不已的战国，秦始皇能够统一天下，除了先王积累的实力以外，他能重视人才、量才而用，也是其成功的一个重要原因。

秦始皇的用人策略被后人所高度评价，世以秦皇为严，而不妄诛一吏也。由是言之，秦皇之与孝武（汉武帝），则犹高山之与大湫也；其视孝文（汉文帝），秦皇犹贤也。

敢于放手任用，这是秦始皇用人的最大特点。他把二十万大军放心地交给李信，将六十万大军交给王翦，将三十万大军交给蒙恬，但从不设置权限来阻碍他们的权利，也从不干预他们如何作战。

年轻气盛的李信，率二十万大军攻打楚国，最终失败而归。而秦始皇并没有因此而惩罚他，不再用他，而是继续任用他，派他与王贲一起攻打燕国，最终李信不负于他，俘虏燕王立下功劳。可见，有着宽广胸怀的秦始皇，非常人能及。

统一大业完成后，我们不得不佩服秦始皇的一点是，他并没有像刘邦和朱元璋那样铲除六国遗留，也不像宋太祖那样施用阴谋诡计，杯酒释兵权。发现骨干和选拔人才一直是秦始皇一个长期的战略任务，他利用各种机会进行这一工作，从不停止。法家思想中任人唯贤的思想和治国方针在他这里得到了很好的贯彻，他重用人才，不拘一格，重用文法吏，彻底除清了贵族势力。

吕不韦是秦始皇政治生涯中唯一被杀戮的。除了吕不韦之外，他与他的臣子将士们关系很是融洽亲密，视他们如心腹，在国家统一后一直重用。李斯就是一个很好的例子，他一直是秦始皇的得力助手，30年来，都保持这种很好的君臣关系。秦始皇重用李斯，用人不疑，李斯也尽职尽责，并且李斯的女儿还嫁给了秦始皇诸子，儿子都娶秦始皇公主为妻。毫无疑问，秦始皇一朝在历代王朝中，政治核心层的稳定性最高，他身边人才辈出，应有尽有。

此外，当时的时代也决定了秦始皇重视武将，他朝中名将辈出。对于武将，秦始皇都极力给他们创造良好的战胜条件，这让众多大将都战功卓著。他将军事大权大胆授予将士，对于武将出兵作战过程从不过分干扰。这样的条件，使得秦国武将都能充分发挥自己的特长，灵活应

变，不断取得胜利，也因而帮助秦始皇完成了大一统事业。

所以，一个领导者必需具备容才的雅量，才能真正做到用好人才。当时，荆轲刺秦王时的助手高渐离在荆轲失手被杀后流亡民间，秦始皇爱惜他的音乐才华，赦免了他的罪，命他为宫廷乐师。郑国是敌国奸细，潜入秦国被发现后，秦始皇不但没有诛杀他，反而重用，让他主持完成了著名的水利工程——郑国渠，大大增强了秦国的经济实力。秦始皇能做到这一点，不愧为"千古一帝"的称号，值得学习。

但是，人人都有不足之处。在秦始皇的一生中，用贤能还是用小人，始终是一对不可回避的矛盾。就算是用小人，也需要秦始皇有足够的气魄，因为小人难防，小人做人处事不厚道，常以不良手段达成目的。世界上最难的事情是与人打交道，尤其是和小人打交道，更需要一种智慧。

秦始皇在位期间，宠信赵高，使这个卑鄙小人成了颠覆秦王朝的幕后黑手。他又宠爱自己的小儿子胡亥，为秦朝的灭亡埋下了灾难的种子。其实，每个地方都有小人，与小人相处，稍不谨慎，会吃大亏；学会分辨小人，非常重要。一个人若想有所作为，就必须学会与小人打交道，否则就会有被伤害的危险，那就得不偿失了。这正是秦始皇身上的软肋。

知人善用并不简单，问题不在于人，而在于怎么用。每一个人都有自己的长处，细心观察，身边不乏人才，就看你怎么去任用他们。善于任用比自己能力强的人更需要一种伟大的胸襟，作为领导来说，必须有宽大的胸怀，能够容纳人才，能够任用比自己厉害的下属，才是明智的领导。

事业要发展，人才最关键。用人，必须放开手脚，不磨磨蹭蹭，疑神疑鬼。要用好人，第一，要做到"不看你身在何方，而看你能力强不强"；第二，要做到"不看你是谁的人，而看你品德行不行"；第三，要做到"不看你资历有多老，而看你干得好不好"。

古人云："非成业难，得贤难。非得贤难，用之难。非用之难，任之难。"懂贤、用贤、任贤是成就帝王霸业的主要条件。领导人犹如一个设计师，为自己和下属创造发挥才能的最好的环境和条件。从领导者的角度来说，有效的授权是成功领导的一个显著标志，从被授权和其他员工的角度来说，领导授权又是领导者民主和信任下属的象征。授权不仅是提高管理效率的一个有效方式，而且是提升领导者形象的一个有效途径。

秦始皇的这种用人大胆的精神，来自他对自己控制力的自信，对将领的了解和信任以及自己的慎密谋略。大权在握，适当地、大胆地放权给将领，让他们体会到他们是在与自己一起为共同的理念和使命奋斗着，他们必定会"士为知己者死"。

我们现代人也要向秦始皇学习，在用人上，一定要做到胆大心细，对一些信任的人才，就要放开手脚，大胆地给他们权力，给他们创造属于自己的舞台，只有这样才会让人充分发挥自己的才能，为用人者的成功奠定基础。

让竞争对手为我所用

个人的智慧和精力是有限的，统治一个国家、把经济抓好，必须借助专业人才的力量。一个国家的领导者要在人力资源管理上花费更多的时间，为国家发展寻找合适的、优秀的人才。而优秀的人才不一定都是自己的人才，但是即使是竞争对手的人才，如果能够为自己的发展带来利益，同样可以大胆的让他为自己所用，为自己的发展贡献力量。

一个国家，只有科学地用人，才能使之尽展其才，才能使国家得到健康的发展；只有人才专业化，才能使国家在竞争中保持领先，才能使国家后继有人，积蓄后劲和财富。在战争年代，秦始皇除了重视武将之外，还高度重视专业化人才。有一个水利人才我们都很熟悉，那就是前文提及的郑国。郑国渠自从建成以来就一直发挥着很大的作用，这与秦始皇当年的正确决策、重用专业人才也是分不开的。

韩国与秦国接壤，国力微弱，无法与秦国抗拒，秦国攻打楚国，经常利用韩国借道，战事完毕回国之时，趁机对韩国进行攻击掳掠，韩国深受其害，战乱不断。此时，面对秦国强势的进攻，韩国为保护自身，无奈策划了一条"疲兵之计"，以此来拖住秦国。

韩国派出了一名优秀水利专家，名为郑国，来劝说秦国修筑一条大渠。一旦动工修渠，秦国就要投入大量的人力、物力、财力，战事就会被耽搁，韩国也能因此暂时安全。十年前，秦国蜀郡李冰主持治理岷江水害，修建了闻名的水利灌溉工程都江堰，从此蜀地千里沃野，成为秦国的大粮仓。于是韩国想出了这样一个计谋，让秦国修渠，来拖住战事，而因此获益的秦国，定能在韩国的游说下再次动工修渠。

不出所料，韩国的推测是正确的，精通水利的郑国被吕不韦看中。他提出在关中地区修一大渠，然后取泾河之水灌溉关中平原的建议，吕不韦认为这个想法不仅切实可行，而且可以预见到获取不亚于都江堰的利益，因而郑国成功被留下。

郑国经过一段时间的实地勘察后，将修渠蓝图献给了吕不韦审定：这项工程是战国水利工程技术上的一大发明，为关中地区后世的大规模兴修水利工程开创了成功的先例，是一项充分利用小河水利资源的横绝工程。最后，郑国的这份修渠蓝图得到了吕不韦的认可。于是，秦国又一项伟大的水利工程于秦始皇元年（前246年）正式动工，奠基仪式由相国吕不韦亲自主持，其庄严隆重可想而知。

然而，当这项费时十年的浩大工程已经进行大部分的时候，最惯使用间谍、情报战术的秦国很快就探明郑国原来不过是韩国的一个奸细，而他劝说秦国修渠之策，也是一条恶毒的疲秦之计。

　　得知此事的秦王嬴政非常生气。因为前面有嫪毐事件，又有吕不韦事件，现在又发现郑国是间谍，心中很是气愤。他命令立即将水工郑国逮捕问罪。

　　很快，郑国就被带到秦王嬴政面前。这时，郑国好像什么也不怕，他说："虽然我是被韩王派来鼓吹修渠、借此疲弊秦国的。但是，大王你可明白，我劝说秦国兴修水利工程，其结果只能为韩国延缓短短几年被灭亡的命运，可对秦国来说却大不一样。"

　　"怎么个不一样？今天你要说出个道理，我不仅不追究你的罪责，反而继续重用你。"秦王嬴政马上问道。

　　郑国并不相信秦王说过的话，反正是一死，于是接着说道："如果此渠修成之后，大王之国衣食丰足，百姓吃穿不愁，再也不惧旱涝荒灾，再说目前工程已接近竣工，而且秦国人力物力并没有什么消耗，利益却增加了不知多少倍，这难道对秦国没好处吗？"

　　事实确实是这样，韩国的疲秦之计虽然拖住了秦国，韩国可以再苟延残喘数年，但渠成之后，对秦国来说将是一项利国利民的不朽大业，秦国也会因此而更加富强。

　　秦王嬴政听了觉得很有道理，虽然郑国是间谍，但也就不再追究了，让郑国继续修这个渠。此事充分显示了秦王嬴政对于专业人才的重用程度和心胸之豁达大度。由此可见，秦王嬴政身上的确具有一般凡夫俗子难以企及的远见卓识和大家风范。

　　郑国为了回报秦王嬴政的不杀之恩，对工程的设计与施工也就更加精心了。郑国渠建成之后，灌溉面积高达4万多顷（约合现今280万亩），秦国的大本营——关中平原于一夜之间仿佛变成了一座粮仓，从

而奠定了秦国强大的物质基础。

另外，秦始皇的求贤若渴，还可以从他试图收用高渐离的事情来证明。上一篇文章曾提及，当时，秦始皇知道高渐离是荆轲的好友，但是高渐离的音乐才华让他为之倾倒，于是他不顾危险留用高渐离。

像高渐离这样的人才，无疑是每一个帝国都急需的。因此，秦始皇将高渐离收到了身边，并且一再容忍了他的刺杀，直到实在无法挽回为止。

总而言之，在用人方面，秦始皇具有博大的胸襟。承认他人的长处，才能得到他人的帮助，成就事业最关键的，就是要有人能够帮助你，乐意跟你工作。无论统一六国，还是巩固江山，秦始皇始终把人才放在经营管理的重要位置。

人才价值，以用为本。有大略者不问其短，有厚德者不非小疵。要破除论资排辈、求全责备的观念，唯才是用，唯才是举，大胆使用优秀人才。

从古至今，人才都是最重要的财富，有作为的君主深刻地明白这一点。而那些昏庸的君主，总是会将进忠言的人赶走。君王能够名垂青史，也正因为他们礼贤下士，重视人才。懂得如何珍惜人才的君王，往往会流芳千古；而那些只爱听顺耳谗言的昏君，只能遗臭万年。

观古鉴今，现代的用人者不可小气，将人才划分敌我。没有永远的敌人，没有永远的朋友，只有永远的利益。这句话不仅能够解释各种竞争关系，同样能够用在人才利用上，只要能够为自己的发展创造利益，那么就没有什么仇人和朋友之分，甚至仇敌也可以为自己所用。

忌用影响自己发展的人才

我们谈到了用人要大胆，要敢于放手，甚至可以不计较人才是敌是友，但是有一点我们一定要注意，那就是对于阻碍自己发展的人才，无论他多么才华横溢，都不能给以任用，这是一个底线。

雄才大略的秦王政，在尉缭和李斯的协助下，制定了具体的统一六国的战略：先将位于秦国正面的韩国吞并，然后消灭南北两翼，最后兵进东方，灭掉齐国，完成对华夏的统一。

秦王政十三年（前234年），赵国又遭到秦军的猛烈攻击，被秦军斩杀了十万军卒，还丢掉了平阳（在今河北磁县东南）和武城两座城池，损失惨重。大约与此同时，韩国也被秦军刀光所笼罩。

韩之先祖与周同姓，姓姬，后属晋，至韩武子为晋国大夫，受封于韩原（今山西芮城），因以封地为姓。春秋末至战国初，晋国公室衰微，六家卿大夫瓜分晋国政权。公元前403年，韩与赵、魏三家通过周考烈王的册命，正式成为诸侯，晋君反而成为他们的附庸，史称"三家分晋"。到公元前376年，三家干脆灭掉了晋君。

韩国最先建都在阳翟（今河南禹县），公元前375年，韩哀侯灭郑，把国都迁到了新郑（今河南新郑县），其辖境包括今山西东南部和河南的中部、南部。韩国地处天下腹心，西与强秦为邻，东与魏国接壤，南有地广人众的楚国，被诸强包围，偏偏在地势上又无险可依，因此经常遭到其他诸侯国的攻击，在战国七雄中实力最弱。

韩国最危险的敌人，是有"虎狼之心"的秦国。

　　韩非，韩国"诸公子也"，也是贵族之后，他素喜"刑名法术之学"，下了很大的力气去钻研法家的学说。韩非曾同李斯一起在楚国兰陵随荀卿学习，李斯承认韩非比他学得好，造诣很深。

　　韩非是个热忱的爱国者。他亲见自己的祖国积贫积弱，日益沉沦，外有强秦虎视，内有悍臣弄权，亡国之危已迫在眉睫。于是多次上书给韩王，针对韩国所迫切需要解决的一系列现实问题，陈述了自己的政治主张和对如何改变现状的意见。然而，昏庸无能的韩王不识人才，根本不理睬韩非的主张。韩非满腔的爱国热忱被冷落，又因口吃，不善言谈，于是将其所有的悲愤和忧愁皆倾注于笔端，埋头著述。《史记》本传说韩非"疾治国不务修明其法制，执势以御其臣下，富国强兵而以求人任贤，反举浮淫之蠹而加之于功实之上。以为儒者用文乱法，而侠者以武犯禁。宽则宠名誉之人，急则用介胄之士。今者所养非所用，所用非所养。悲廉直不容于邪枉之臣，观往者得失之变，故作《孤愤》、《五蠹》、《内外储》、《说林》、《说难》十余万言。"这是说韩非针对现实的社会问题，对以往的思想文化遗产进行了研讨和批判，创立了自己的政治学说。

　　后来，韩非撰写的文章传至秦国。秦王读了《孤愤》、《五蠹》等篇章以后，兴奋而又颇为遗憾地叹道：我若能见到此人，同他来往，就是死也不冤了！见到秦王这副神情，侍立于侧的李斯告诉他：这些文章的作者是韩国的韩非。正如前文所言，秦始皇恨不与韩非一见，于是立刻下令兵发韩国，索要韩非。

　　按正常的思路，韩非必将受用于秦，然而事实却与之相反，秦王并未"信用"这位他渴慕已久的法术家。原因之一是，秦王又读到了韩非的新作——《存韩》，这是一封上秦王书，主旨是反对秦王伐韩。

　　关于《存韩》的写作时间和地点，目前还有不同的看法。有人认为是在秦王政十年（前237年），韩王得知秦欲先攻韩国，便与韩非商量"弱秦"之策，韩非于是亲自韩国上书秦王，要求存韩。不过，传世《存韩》附有秦王对《存韩》的意见和李斯的奏对之言，其中有"韩客之所上书"和"非之来也，未必不以其能存韩也为重于韩也"的话，证明了《存韩》是韩非写于入秦之后。

秦王发现，同韩非的其他著述不同，《存韩》不提如何为君驭民，只讲现实中的诸侯之间的纵横关系——利害关系，并且竭力要使秦王相信，作者本人绝对是站在秦国立场上的。《存韩》的内容大致是：一、韩臣服于秦几十年，老实得如同秦国的郡县一样，秦不应放着最大的祸患赵国不打，而先去伐韩；二、韩国君臣面对强秦攻击，会同仇敌忾，抵御敌人，故秦不可能迅速灭韩。若只拔一座韩城便退兵，"则权轻于天下，天下催我兵矣"；三、如此则韩必叛秦，魏必起而应韩，有利于据齐以与秦为敌的赵国，增强了合纵之势。于是，秦击赵而不能胜，退而攻韩而不能拔，军卒常年作战，疲于奔命，则"秦必为天下兵质矣"——成为天下的箭靶子了。四、韩非建议秦王派人使楚，争取楚、魏两国"从韩而伐赵"，赵便不能为患于秦了，然后，"韩可移书定也"。

灭韩以除心腹之患，是几朝秦国君臣战争实践的经验之论，也是秦王政君臣经过深思熟虑之后，所制定的统一战略的重要组成部分。对秦王政而言，存韩就意味着全部统一战略必须改变，意味着有可能大大延误统一战争的进程，这是秦王君臣所绝对不能同意的。更使秦王警惕的是，这种迂腐之论——包括秦不能在一年内灭韩的策略竟然出自对天下形势有着准确把握的韩非之口！很明显，韩非是在为韩国的安危着想，而不是为秦国的利害上书。秦王已经看出，在欲用于秦和存韩弱秦这一对矛盾中，韩非明显地选择了后者。为了证实自己的判断，秦王令李斯谈谈对《存韩》的意见，李斯亦云"非之来也，未必不以其能存韩也为重于韩也"，表达了与秦王相近的看法。

韩非如此表现，让秦王怎样"信用"他呢?

其后不久，又发生了这样一件事。

四年前，秦王喜得军事家尉缭，采纳了他的离间山东诸国关系，破坏其合纵图谋的战略性建议，曾派出不少智能之士到六国去完成这项使命，姚贾即是其中之一，上文我们提到过。

姚贾成功离间了各诸侯后，秦始皇对其封千户，并以之为上卿，韩非知道此事之后，很快向秦王表达了姚贾不可信，并说了其一堆坏话。而秦始皇先是罢免姚贾，后姚贾为自己开脱，一番话又赢得了秦始皇的信任。

很显然，韩非这样做目的绝不单纯，如果说韩非是在有意破坏秦王颠覆六国合纵的计划，目前还缺乏证据。从史籍记载来看，韩非的确是将攻击矛头对准姚贾个人的，是以莫须有的罪名向秦王进谗，诬告姚贾，近似于人身攻击，所以郭沫若先生在《十批判书》中说韩非"揭发别人的阴私，专作人身攻击，这正是韩非的告奸主义实践"。应当看到，韩非的诬告，又的确在客观上造成了对秦国执行离间六国关系的战略计划的破坏，在一定程度上使负有此项使命之人心怀疑惧，惟恐获罪，不敢放手去做；甚至不愿接受命令，出使六国。

秦王由此对韩非更感不快：自己险些听信了他的谗言，冤枉了忠臣。但是，可能秦王自己也十分不明白，韩非为什么如此痛恨姚贾？

这个问题，也许我们可以代替秦王作答。读过《韩非子》的人都会有这样一个印象：韩非对问题的分析，特别是所作的结论，都是斩钉截铁，不容更改，极富于霸气。世上有两种人最富此种表现：一种是坚信自己所说所为皆无比正确的人；一种是长期受人冷漠，心灵倍受压抑，心理遭到极大扭曲，因而逆反心态极强的人；韩非兼二者而有之。因此他一面坚定地肯定自己，一面更为坚定地否定别人，除了对秦王不敢臧否以外，余者皆不入其法眼："申子未尽于术也"，"申不害不擅其法"；"商鞅未尽于法"，"以其富强资人臣"。韩国的人才不消说了，未入秦时，韩非便瞧不起秦臣；"夫慕仁义而弱乱者，三晋也，不慕而治强者，秦也，然而未帝者，治未毕也"。"治未毕也"，大概是间接讥消秦臣不忠国事吧。即使是在狱中的绝笔《初见秦》中，韩非还端着天下第一大才的架子，不容置疑地写道："秦战未尝不克，攻未尝不取，所当未尝不破，开地数千里，此其大功也。然而兵甲顿、士民病、蓄积索、田畴荒、困仓虚。四邻诸侯不服，霸王之名不成，此无异故，其谋臣皆不尽其忠也！"临死还骂倒了所有的秦臣！至于那个曾为梁之盗贼赵之弃臣的姚贾，受到韩非的攻击，便不足为奇了。

韩非如此横蛮，公然诬告秦臣，后者当然也不会淡然处之。李斯、姚贾遂联名向秦王告韩非"终为韩不为秦"，留着他有害无益，放了他也会对秦国不利，要求秦王将其诛杀。秦王认为他们所言极是，便将韩非下吏治罪。韩非在狱中上书秦王，"悉言所闻"，无非是指责秦臣为国不忠，多次坐失消灭六国的良机，他希望能面见秦王，进献一统天下之良策，若其策无效，他甘愿服刑殉国。这篇上书即为《初见秦》。

秦王一统天下的良策早已制定，当然不可能去倚赖韩非。但是，秦王很欣赏韩非的治世之道和为君之论，希望能再向他请教可能是出于这个考虑，秦王后悔将其投入狱中，便派人去赦免他，然而韩非已经吞下了李斯送来的毒药，自杀而亡。

成大事者御人的一个重要策略就是能够人尽其才。人才都希望发挥自己的才智，展现自身的价值，给他们发挥的平台，他们肯定会紧抓不放，尽心尽力效劳。君王在用人的同时也是在控制人，适当的好处是对这种控制极为有效的粘结剂。秦始皇能在七国间纵横驰骋，很大一部分就是因为他能够网罗人才，虚心纳谏，听取有建设性的建议，积极采纳。

然而无论在什么时候，总有一些人，他们会为自己的利益而想方设法的运作，如果，他们的方向和自己的方向是一致的，那么不妨给他想

要的利益，满足他的欲望，只要总的方向不偏离即可。但是有些时候，他们的方向直接影响到了发展的大局，那么，无论他们是多么的才华横溢，也不能重用，更不能让他的计划影响到发展的大局。

韩非的死，罪不在秦始皇，但是韩非即使不死，秦始皇也只是会利用他的思想，而不会用他的人来影响自己的一统霸业。

每个用人者都会面对着一些用人的难题，一些人才，他们在一定的条件下，不再为了团体的发展而努力，而是为了个人的私欲或者其他的情况，而在阻碍着全队的前进，这时候，用人者就要痛下决心，清除这些阻碍发展的因素。

有这样一个例子：某企业，在创业之初，一些员工兢兢业业，为企业的发展立下了汗马功劳，也实现了自己的价值，在企业中都居于管理的位置，但是企业发展遇到了瓶颈期，停步不前不说，甚至还有下滑的趋势。该企业的领导经过调查最终发现了问题所在，一些有功劳的老员工，以功臣自居，越发变得怠惰、懒散，带头抵制企业的管理政策，处处为了自己的私利着想，这些人严重阻碍了企业的发展。痛定思痛，该企业的领导最终痛下决心，裁撤了一大批的老员工，并从企业外部引进管理人员，从新员工中提拔优秀者，企业风气为之一变，重新焕发了生机。

古今同理，我们在发展的时期，在通往成功的道路上，在任用人才上，都应该注意这样的问题，避免此类事件发生。

第五章

秦始皇对你说 竞争

当年仅13岁的嬴政坐上了秦王宝座，他面临的是一种空前绝后的严酷形势。在外部局势上，秦国面临着一统中华的时代潮流；在秦国内部，嬴政面临着皇权四分五裂的混乱局面。经过一系列的角逐与浴血争夺，嬴政一步一步地艰难前行，慢慢地将竞争对手一一消除，最终走到了千古一帝的顶峰。作为生活在竞争异常残酷时代的我们，又该从秦始皇的竞争之道中学习些什么呢？

时机来临，果断出击

在我们的竞争过程中，有些时候，会有那么一瞬间，形势变得对我们非常有利，对于这个瞬间，我们称之为时机。时机总是转瞬即逝，因此，我们要在时机来临时抓住时机，果断出击，才能走向成功。

嬴政很早就登上秦王的宝座，但我们都知道，当时他只是一个名义上的国王，太后赵姬和仲父吕不韦掌握着大权。

据史料记载，嬴政八年才亲自执政，表面上看，阻碍嬴政掌权的问题是他的年龄，只有等到行了冠礼后，嬴政才能亲自掌握大权。

八年这漫长的岁月中，嬴政眼睁睁地看着自己眼皮底下两大政治集团不断壮大，逐渐发展成了阻碍自己掌权的两座大山；在这八年的漫长岁月中，嬴政还经历了与自己的兄弟反目成仇。形势之凶险，嬴政年龄越大感觉越明显，这压力在一天天加重。

短短数年的时间，吕不韦这个精明的濮阳商人一跃成为秦国的第二号人物。当时，嬴政年幼，加之对吕不韦信任有加，因此，吕不韦可以随便出入宫廷，与皇帝和太后讨论国家大事。名义上是商议，事实上却是一切都由他说了算。从此，吕不韦青云直上，要风得风，要雨得雨。

当时的赵太后，也就是嬴政的亲生母亲，30多岁的年纪就成了寡妇。她原本是歌妓出身，哪能习惯长期寂寞的生活。而吕不韦又长期在她身边，两人难免做出些丑事来。为了避免此事被外人知晓，吕不韦把太后身边的宫女全部换成了自己的。

秦王这时只是个少不更事的年轻人，对太后和吕不韦的所作所为并没有放在心上。时间一天天过去，吕不韦渐渐老了，他心里比谁都明白，作为人臣的他，与太后私通，这样做的后果是非常危险的，而且秦王慢慢长大成人了，纸里包不住火，一旦事发，他呕心沥血建立起来的事业就将前功尽弃。

当时，吕不韦深感自己的行为不妥，他想了半天，终于想到了一个两全其美的办法，他决定给寻找一个替死鬼，这个人就是前面提到的嫪毐。

在那个时代，有钱有势的人都喜欢养一些闲人。三教九流，龙蛇混杂，什么样的人都有。当时，有一些不三不四的人经常到吕不韦的门下混饭吃，这些人中有个浪子叫嫪毐，身强力壮，又风流成性。

一天，老谋深算的吕不韦召嫪毐做了自己的舍人，然后开了一次乐舞会，吕不韦故意让嫪毐当众显示。最后，吕不韦送了一件礼物给太后，这件礼物就是嫪毐，太后甚是欢喜。接着，吕不韦用重金收买了主持宫刑的官吏，拔掉嫪毐须眉，装扮成受过宫刑的样子，让他冒充宦官，天天陪伴在太后身边。如此，太后便日日与嫪毐鬼混在一起，和吕不韦渐渐疏远了，而吕不韦也终于得到解脱。

时间一天天过去了，太后已怀有身孕，这样的丑闻可谓惊天动地。如果消息传出去了，必会惹来杀身之祸，也很可能会遭到诛九族之灾，太后也惊恐万分。可是嫪毐并无一点惧怕，他的野心愈加膨胀，和太后私下商量，等到秦王嬴政死了，他就让自己的儿子继承王位，自己享受天伦之乐。

为了掩盖自己怀孕的丑闻，太后以异人的母亲夏太后去世一事为由，令人四处发散消息，说自己的宫闱不吉利，需要暂时居住在宫外，才能逢凶化吉，结果最终连宫外的人都知道了这件事。此事非同小可，没有人敢得罪吕不韦和太后，更不敢去向皇上告密。因此，秦王嬴政对

第五章 秦始皇对你说竞争

此事并不知情，便同意了太后居住在宫外。

对于嫪毐来说，他凭借太后，由一介庸夫扶摇直上：首先被封为长信侯，得到山阳（今太行山东南地区）作为封地，后来又把河西（今陕西东南部）和太原（今山西中部）二郡收为己有，变成了秦国十分显赫的权贵。有了这样的实力，嫪毐开始结交官吏，网罗党羽。嫪毐封侯享国，俨然一人之下万人之上。

在宫外的几年间，这个荒淫的太后又生了两个男孩。随着时间的不断推移，嫪毐的政治、经济实力极度膨胀，权势的显赫使他的政治野心进一步扩张，他开始干预起国政来。据《战国策》记载：嫪氏集团的影响已遍及了整个秦境，其实力足以和相国吕不韦并驾齐驱。

在这激烈的斗争中，秦王嬴政已长大成人。公元前238年，他已经22岁了，按照当时的传统，秦王室要为他举行加冕典礼。可这时，嫪毐的野心最终超出了与太后所约定的极限，他要提早对嬴政动手了。

举行加冕典礼时，秦王政走进宗庙，头戴王冕，身悬长剑，在礼赞官的赞颂下，虔诚地向祖先行礼致敬。从此时起就象征着秦之命运将系于其身，秦王政将要亲政了，他要按照他的方式来治理国家，安抚百姓，统一天下。

加冕后，按照秦王朝的惯例，秦王政大宴群臣，这其中当然也少不了长信侯嫪毐。在酒席上，他与中大夫颜泄边饮酒，边赌博。嫪毐连输数局，趁着酒兴赖账。颜泄也醉了，见嫪毐赖账，坚决不同意。

嫪毐胆子愈发大了起来，说话也越来越嚣张放肆，他丝毫不将朝廷的大臣放在眼里。他在与颜泄争吵时，竟然开口大骂，宣称自己是秦王嬴政的继父，对颜泄进行威胁。颜泄听到此话，酒立刻就醒了许多，吓得拔腿就跑，嫪毐追他不放。这时，恰好碰上秦王嬴政过来，颜泄惊吓至极，叩头请罪。

秦王嬴政是一个遇事先冷静三分钟的人，他一句多余话也没说，首先令左右把颜泄带到蔚年宫，细问其中缘故。颜泄索性把嫪毐喝酒时的全部话语添油加醋地复述了一番，最后还说："实际上嫪毐不是宦官，他假装受宫刑（即阉刑），偷侍太后，现有二子，深藏宫中，不日就要篡位。"

事情败露后，嫪毐十分惶恐。于是他找到太后说："事已至此，只有调遣卫士攻打蕲年宫。"

太后问："守宫卫士会听我的命令吗？"

"用太后玉笠充当国王御宝，谎称'蕲年宫有贼'，秦王下令救驾。"嫪毐答道。

太后没了主意，只好一切依嫪毐而行。嫪毐用太后玉笠急调各宫卫队和附近县乡农民，直到次日上午，才把蕲年宫包围起来。叛军由卫士、宫中骑兵、少数民众和嫪毐的门下食客仓促组成，企图进攻蕲年宫，杀死尚住在雍城蕲年宫中的秦王嬴政。

这个时候，正是考验秦王嬴政应对政治危机才能的时刻，嬴政没有辜负上天赋予他的责任。他处世不变，指挥自若，他认为这正是除掉嫪毐的最佳时机，不趁此时，更待何时。他悄悄拿出兵符，遴选精细之人去令昌平君带兵速来雍城。他命令前来救驾的昌平君和昌文君调集手中兵马，先发制人，进攻嫪毐，一举破敌，割掉了秦国政治中的一个毒瘤。

事后，对生母赵太后，秦始皇也没有轻饶。他不仅把赵太后与嫪毐生的两子装入麻袋，乱棒打死，同时将她幽禁于雍城的禯阳宫。

面对与自己作对的敌人，秦王政第一次使出了他的残酷手段，他下令：车裂嫪毐，夷灭三族。嫪毐被真正阉割，伤势痊愈之后，使其赤裸在城内游行，从而消除了有关太后淫乱之言，然后将嫪毐车裂而死。嫪毐集团合伙之人，如卫尉竭、内史肆、缸戈竭、中大夫令齐等二十余人，都被斩首示众。针对那些追随嫪毐多年的小人物，一部分被处以三年劳役，剥夺其余4000多户家族的爵位，并发派他们迁到房陵（今湖南房县）。

所以，我们说，成功者要懂得忍耐，他们总是在等待最佳时机。一旦时机来临，便要立即抓住，要做到绝不手软，主动出击。正所谓"机不可失，时不再来"，能够把握好时机，乘势出动进攻，这是作为成功者必有的素质。在机遇还不够成熟之时，要善于忍耐，必须不动声色，将自己的想法隐藏起来，以免引起对手的注意力，暗中则要为自己积聚能量，待时机成熟，一举攻破。

在当时，秦王朝内部形成三股强大的政治势力：以秦王嬴政为首的王党，以吕不韦为首的相党，以嫪毐为首的后党。秦王政未亲政以前，相党与后党形成对立。秦王政面对相党和后党两个集团的嚣张气焰，一直未动声色，只是因为时机没到，机会一来，他便一举瓦解了嫪毐集团。

不仅如此，我们前文中所说的嬴政的弟弟成蟜叛乱，这也是对嬴政是否为帝王之材的考验。

所以，对于夹在权力之间的嬴政，他在掌握权力之前，更多的选择只有忍耐，然而，这忍耐并不代表者软弱，他只是在等待时机。

在时机来临时，秦始皇并没有退缩，他抓住机会，果断出击，解决了嫪毐这个毒瘤，也是对天下人的一种宣告：自此以后，他要将属于自己的权力，悉数夺回。

正是秦始皇这一次主动出击，一战成名，也将自己的实力展示给了世人。人有时就要这样，在机会来临之前，默默地充实自己，让自己不断壮大。等时机到来之时一定要做到：不鸣则已，一鸣惊人。

雄霸天下

秦始皇有话对你说

步步为营，走向成功

我们的竞争对手中，会有一些实力雄厚的，也许我们一时难以一决雌雄，不能毕其功于一役，这时候，千万不能够操之过急，而应一点点进行较量，用各种途径蚕食对方，步步为营，直到实力对比出现转机，最后一击成功。

一国不容二主，一山不容二虎。当秦王政在政治上成熟后，他与大权在握的吕不韦之间的斗争就不可避免地展开了。年轻的秦王政再一次显示了权力斗争的天赋。

秦王政与吕不韦之间的矛盾，既有统治思想方面的，也有权力方面的，引发矛盾的导火线就是关于秦王政的"后父"问题。

嫪毐在被审讯时，招供说出他进宫之事全是吕不韦的主意。就这样秦王政抓住了吕不韦的把柄。由于嫪毐事件的败露牵连到相国吕不韦，秦王政深感吕氏集团对秦国君权的威胁，就打算乘机诛杀吕不韦，一并清除吕氏集团。但是，考虑到吕不韦曾辅佐过先王继位的卓著功勋，再加上为他游说的宾客辩士纷沓而至，均为他说情："吕不韦辅佐先王，有大功于国，嫪毐供词，仅是一面之语，不可因此就治吕相国的罪。"经过深刻的利弊权衡后，秦王政觉得吕氏不比嫪毐，吕不韦在秦国有深厚的根基，如果操之过急，反而会搬起石头砸自己的脚，因此，他暂时按兵不动。

秦王政继承秦国王位以后，吕不韦的权势进一步扩大。吕不韦不仅官居相国，而且拥有威望很高的"仲父"尊号。他不但食封大邑十万

第五章 秦始皇对你说竞争

户，而且家奴万人，财力雄厚，是秦国首屈一指的富翁和政治暴发户。

当时各国盛行"养士"之风，魏国的信陵君，楚国的春申君，赵国的平原君，齐国的孟尝君，号称"四公子"，都有着数以千计的食客，名冠诸侯。吕不韦认为，秦国如此强大，养士反不如关东诸侯，这是秦人的羞耻。于是招养门客三千，让他们每人著写见闻，然后为他集论成书，这样秦国吕氏的书就可包罗天地万物古今之事，压倒东方诸子百家之说。这就是《吕氏春秋》。

吕不韦的黄老思想与秦王政的法家思想，是他们政治主张存在分歧的一方面。吕不韦在《吕氏春秋》之中主张清静自定、与民休息，体现出包容诸子百家的气度。而秦王政则一心追求五霸之业。当他看到韩非的《孤愤》、《五蠹》，立即惊呼："嗟乎，寡人得见此人与之游，死不恨也！"可以推想，秦王政十分反感吕不韦的那套治国方略。

吕不韦主张"君虚臣实"，君主的任务是给臣子制定明确的职责，放手让臣子任凭他们的智慧和能力各尽其责，实际上是"无为而治"。简单地说，君主驾车，臣子拉车，各行其是。而秦王政却是一个事必躬亲的人，《史记》、《汉书》都有记载，说他做了皇帝依然"躬操文墨，昼断狱，夜理书"，真是日理万机，这一点与墨子的主张极为相似。吕不韦主张"无为"，秦王政主张"躬亲"，做起事来双方自然互相抵触。

吕不韦与秦王政的另一分歧是对国家体制设置的看法。吕不韦主张分封制，秦王政主张郡县制。

吕不韦曾受秦庄襄王封号文信侯，食邑洛阳十万户，所以他主张分封制符合自己的利益要求。但是吕不韦所主张的分封制与西周的分封制并不相同。吕不韦的分封制是一种递级分封，他的具体构想是"择天下之中而立国，择国之中而立宫，择宫之中而立庙"，中央宗主国以方圆千里为准，然后四面辐射，形成一个递相管理的网络。

根据秦代的交通条件、交通工具、通讯设施等多方面因素，为了进行有效统治，这倒不失为一个可行的蓝图。但是秦始皇统一中国之后，实行的全部是郡县制，可见两人的政治主张是尖锐对立的。

吕不韦主张贤人政治，而秦王政却力主严法酷刑，这是两人的又一大分歧。

吕不韦在《吕氏春秋·用民》篇中说："威不可无有，而不足专恃。威愈多，民愈不用。"秦王政却专任狱吏，狱吏得以宠幸。赵高便是其中突出的一个例子。

因此，两人之间这些尖锐的对立，发展到一定阶段，必然会反目为仇，势所难免。对于当时的秦王来说，统一权力，把权力全部掌握在自己的手中，是秦始皇统一天下、唯我独尊之前，不得不做、必须要做的事。

尽管吕不韦对秦王政意义重大，不仅是名义上的"仲父"，还可能就是他的生父，是秦王政真正的大恩人。可是秦王政要完全实现自己的意志，大权如果掌握在吕不韦这样的人手里，他是绝对不放心的。因为吕不韦在秦国长期有心经营，以吕不韦的功绩、威望和才能，对秦始皇权力的威胁非常大。因此秦王政除掉吕不韦是必然的。当然秦王政与吕不韦政治主张上的严重分歧，也是秦王政必须除掉吕不韦的另一个重要原因。

除掉嫪毐集团的第二年，即秦王政十年（前237年），秦王政已经牢牢掌握了国政大权，站稳了脚跟。相国吕不韦的问题也到了必须解决的时刻了。秦王政也知吕不韦对先王、对自己都有大恩，所以人可以不杀，但权力不能不夺，为了独揽朝政，他免去了吕不韦的相位，接着又把吕不韦遣出都城，命其回到他河南的封地洛阳居住。

可能是因为吕不韦为秦国所建立的功绩，赢得了人们的尊重；也可能是他所施行的内外政策，获得了较多的支持和理解，所以，即使吕不

第五章　秦始皇对你说竞争

韦回到洛阳，仍有享不完的荣华富贵，列国听说吕不韦回到封地，纷纷遣使问安，争相授以相位，使者不绝于道。

《史记》中有这样的记载："诸侯宾客使者相望于道，请之。"

正是因为这个原因，吕不韦在洛阳的一年时间里，不断有诸侯、同僚、下属、宾客前来拜访，送礼请安，这当中也不可避免地谈论起一些国事。这些情况当然也传到秦王政的耳里，秦王政的内心开始不安起来，并且由不安逐渐转变为焦虑。秦王政看到了吕不韦在关东六国的影响力。他觉得吕不韦还有很大能量，他害怕吕不韦为其他诸侯国所用，对秦国造成威胁。

聪慧过人的吕不韦自然早就明白秦王政的心思，知道自己面临的危险，他做事当然滴水不漏，不让秦王政抓到任何把柄。究竟怎样给吕不韦定罪呢？权力斗争的天才秦王政自然是有办法的：史书上的记载是"恐其为乱"。说白了，就是我不放心。这确实是强词夺理，但是权力斗争的本质就是成王败寇，主动权在强者的手中。

秦王政亲自修书一封，派专使送达，书中说：

你有什么功劳，封赏十万户？你与秦国有何关系，号称"仲父"？秦国给予你的赏赐实在是太多了。

逆乱，实由你起，寡人宽恕不诛，让你安享清福。但是你不知悔过自新，又与诸侯私通，实在有失寡人厚望。你与全家迁徙巴蜀，以一城给你养老送终！

吕不韦接到秦王政的书信，真实的心路历程后人已无从知晓。

吕不韦饮鸩而亡，结束了天才商人的传奇人生。

吕不韦死后，他的许多宾客偷偷地为他办理丧事。秦王政知道后，又下令："凡是吕不韦门下的吊唁者，如原籍为晋地的，逐出河南，迫其迁回原籍；如果是秦地的，凡六百石以上为官者，一律消除爵禄，迁徙房陵。"结果把吕不韦全家男女老少籍没官府为奴。并大力搜查吕不韦的宾客，有的驱逐出境，有的削夺爵位，有的流放边郡，同时还宣布："从今以后，如果有人再像嫪毐和吕不韦那样把持国道、图谋不轨，一律照此例籍没全家为奴。"

这一年，已是秦王政十二年（前235年）。从此，秦始皇大权独揽，彻底肃清了自己行使君权的障碍。在排除了后顾之忧后，他就把视线移向了统一关东六国的大业。

在清除吕不韦的事件中，秦王嬴政真正做到了步步为营，它一点点，一步步，将吕不韦架空，继而免职，继而流放，最终取得了这场斗争的最终胜利。

推古知今，这也让我们联想到二战时期的法国总统戴高乐，在当时法国沦陷之后，流亡海外，组建了流亡政府，继续组织抵抗。但是，当时英美等国，并不承认戴高乐的政权及其领导地位。戴高乐也是凭借着步步为营的策略，一步一步击败对手，获得了法国的领导权。

首先，戴高乐将英美的大国意志予以拒绝，自己选择走到幕后继续控制领导权。之后戴高乐因为和国内的傀儡政权严格划清界限，获得了人民的支持，实力不断增强，英美扶植的领导人日益显得孤立。接下来，他宣布建立了一个流亡的政府，并将一些大国傀儡排除在外。最终，英美扶植的代理人丧失了斗志，选择向戴高乐辞职，戴高乐第一时间将这消息公之于众，得到了事实上的承认。于是戴高乐终于得到了法国的领导权。

万事万物的成长，都需要一个规律，当刚刚破壳的小鸟，望着外面的大千世界，急不可耐地想从巢里爬出来飞向蓝天时，只会"啪嗒"一声，掉在地上摔得奄奄一息。成长，是需要时间来打磨的。创业起步，就要忍受，要忍受屈居人下的不甘和寂寞，等到你有了足够的资本，翅膀足以翱翔蓝天时，再享受英雄的自豪感和成功的愉悦。

巧做渔翁，离间对手

鹬蚌相争，渔翁得利。在我们的竞争过程中，许多的竞争者之间都会有利益的冲突，这时候，以一种渔翁的姿态，挑起竞争对手之间的矛盾，就不失为一条妙计。

战国七雄中，赵国是仅次于秦国的强国，名将辈出，士卒如云，曾多次同其他诸侯国合纵，重创秦军。因此，秦国君臣都把赵国当做最大的敌人，不敢掉以轻心。

秦昭王之时，赵惠文王欲兴兵攻燕，苏秦之弟苏代恰在赵国，他对赵王说："臣来赵时经过易水，见一只河蚌张开蚌壳晒太阳，而鹬啄其肉，蚌即闭壳而钳住鹬喙。鹬说：今日不雨，明日不雨，你就会死。蚌也说：今日不放，明日不放，你成死鹬。两下里各不相让。一个渔翁看到这情形，便把鹬、蚌都抓住了。苏代劝赵勿伐燕，以免强秦坐收渔翁之利。

秦王政亲政以后，对赵国的方方面面进行了仔细的调查和研究，他发现，赵国除了君臣隔膜、将佐不睦以外，还有一个很大的弱点，即赵国同他的东北邻国燕国不能相容，经常兵戎相见，相互攻伐，即使在休战时期，也是貌合神离，勾心斗角，就像苏代所说的：鹬蚌相争。

自长平大战后，赵国损失了几十万军队，大伤元气，全国上下无不切齿痛恨秦王。后来，策动长平之战的秦昭王死了，燕王喜便派他的丞相栗腹带着五百金去邯郸，为赵孝成王祝酒，表示祝贺，同时以此加强两国的友邻关系。对赵、燕两国而言，这本来是一件好事。但是，燕国的君臣，似乎特别怀念燕昭王时国家殷富、扫荡齐城的那段历史，盼望着能再现昔日的辉煌。栗腹在赵国发现，赵之青壮年皆死于长平，下一代还未成年，他觉得这是一个使燕再振雄风的天赐良机。回国后，栗腹向燕王喜报告了这个情况，并建议讨伐赵国。燕王君臣闻报，大喜，仗着自己人多，以五敌一，决定进攻赵国。赵军虽然青壮年很少，然而士卒富于作战经验，将领指挥得当，人多势众的燕军不是对手，栗腹的部队被名将廉颇击败，苏秦所率燕军也被赵国大将乐乘打败，反而将燕都包围，燕王喜只得灰溜溜地同赵讲和。

秦王政即位以后，赵、燕两国的关系又趋紧张。秦王政三年（前245年），赵悼襄王上台，亲信大将乐乘，令其取代廉颇；廉颇一怒之下，率所部打跑了乐乘，自己也投奔魏国去了。这个事件给赵国带来了很坏的后果。两年后，赵派李牧率兵攻燕，连克武遂（今河北徐水县遂城）和方城（今河北固安县南）两座城池。燕王喜派名将剧辛攻赵，欲乘当时赵数败于秦军，而廉颇不在赵国的时机，重创赵军。赵国则派著名军事家庞煖为将，一举歼灭燕军两万人。

秦王政十一年（前236年），远在咸阳的秦王得到一个非常重要的消息：赵、燕两国关系又趋紧张，赵国派庞煖将兵攻燕，连克燕城数座，并继续向燕腹心推进。秦王判断赵国国内必然空虚，决心利用燕赵的鹬蚌之争使秦国得利。遂果断决策，派王翦和桓齮、杨端和两军以救燕为名，率秦军疾攻赵国。果然不出所料，赵国对秦军的攻袭没有准备，国内兵力又严重不足，无法组织有效的抵抗。王翦一军出上党，很快攻占了阏与（今山西和顺县）、镣阳（今山西左权县）。桓齮和杨端和所率秦军也很顺利地占领了赵国的河间六城。不久，桓齮又攻占了邺（今河北磁东）和安阳（今河南安阳）。上党郡和漳河流域已完全为秦军所控制。

捷报一道接一道地飞向咸阳，秦国君臣兴奋不已。战争的考验和为

第五章 秦始皇对你说竞争

161

政的实践，使年轻的秦王很快成熟起来。此次战役表明，秦王比较注意分析敌我双方的运动态势，善于利用六国间错综复杂的矛盾关系，主动而迅速地捕捉战机。对于一个统一决战的最高指挥者来说，这是不可或缺的战略控驭才能。

秦王政十三年（前234年），秦军气势正旺，赵国兵势不振，秦王再作决策，派将军桓齮攻赵。桓齮行动迅速，指挥秦军迅速东进，将武城（今河北磁县西南）和平阳（今磁县东南）两城团团包围起来，发动猛攻。平阳和武城皆位于赵都邯郸之南的漳水边上，一东一西，扼邯郸南方要冲，为门户所在，地理位置十分重要。赵王急调10万精兵，派扈辄为将前去救援。双方在平阳外围展开了激战，结果，赵军全部被歼，扈辄也死于秦兵的长戈之下。

阿房宫

平阳之战是统一前最大的一次战役，赵国的有生力量在此役中再次遭到沉重打击。秦王接到捷报，兴奋不已，立刻起身离开咸阳，前往距前线不远的河南视察，他决心趁热打铁一举灭赵。第二年，屡战屡胜的桓齮又奉令攻赵，麾军自上党出发，翻越太行山，向赵进攻，夺取了赤丽、宜安（今河北藁城西南）。就在秦军正欲扩大战果，挺进赵之腹心之地的时候，赵国也在加紧调兵遣将，企图挡住秦军，苟延残喘。

秦王政十八年（前229年），31岁的秦王再次抓住战机，下令大举攻赵。秦军兵强马壮，士气高昂，分两路攻入赵境：王翦率上党秦军由西向东，直下井陉（今河北省井陉），再由北而南，威逼邯郸；杨端和率河内（今河南省黄河以北地区）秦军由南而北，直扑赵国腹心，进围邯郸。

此时的赵国，因连年兵燹和地震、饥馑，致使民不聊生，怨声载道，兵员严重不足，原有的君臣隔膜、将佐不睦的矛盾也更加突出，已然失了战斗力。但赵王迁困兽犹斗，派武安君大将军李牧和将军司马尚带兵在邯郸外围拼死抵御。李牧是战国时期罕见的帅才，攻守全能，特别擅长打防御战，当年他在雁门镇守边关之时，就连势如飙风的匈奴铁骑，面对他的铁桶一般的防线，也是一筹莫展，难以再前进一步。眼下，面对秦军的凶猛进攻，李牧和司马尚竭尽心智，苦心筹划，团结全军，成功地将两路秦国大军挡在邯郸外围达一年之久，连王翦这般威名赫赫的大将，对此也是无计可施。

自公元前233年起，秦军三次攻赵，前两次均遭惨败，第三次攻赵又遭到顽强的阻击，无法挺进邯郸。而给秦军造成如此大麻烦的人，竟然都是——李牧！秦王开始明白了：若论提百万之军纵横沙场，攻必克，守必固，百战而不殆者，李牧足以称之，秦军将领无人能及。因此，秦王不打算调换前线将佐——王翦尚且束手无策，其他将领更可想而知了。秦王更不愿久围邯郸，因为那样做固然可以切断邯郸同外界的一切通道，困死李牧，但短时间内是无法办到的。若围城时间加长，迫使山东各国认清形势，再次合纵，共同对付秦军，形成赵反击于内，诸侯合击于外的态势，或者诸侯联军干脆直捣咸阳，"奋六世之余烈"的统一决战就将遭到全面失败。这样的局面，秦王是无论如何不愿见到的。

矛盾的焦点集中在李牧身上。秦王决心剪除李牧，拔掉这颗统一

之途上的大钉子。强攻不行，唯有智取。秦王想起过去曾获得的一则情报：当年廉颇投奔魏国以后，魏王并没有信用这位老将。后来因赵国数败于秦兵，国无良将，赵王打算重新起用廉颇；廉颇也想为国重披征袍，再上疆场。当赵王的使者到魏国来看望他的时候，廉颇在席间"一饭斗米，肉十斤"，又披甲上马，驰骋一番，表示自己尚未老迈，仍可为国效命。但是因为使者接受了仇恨廉颇的赵王佞臣郭开的贿赂，便向赵王做了假汇报；廉将军虽然年纪大了，但胃口还很好；不过，与臣坐间，一会儿的功夫就解了好几次大便。赵王听了，以为廉颇已然老迈，不堪驱驰，遂不再召用。

这则看似无用的已显过时的情报，给秦王很大的启发，他派人潜入邯郸，以重金贿赂郭开，行反间计，声言李牧和司马尚在此国难当头之际，不想君王之所想，不急国家之所急，欲谋叛赵国而去。愚蠢的赵王迁听了郭开的报告，不做任何调查，便信以为真，派赵葱和齐将颜聚两个无能之辈取代李牧和司马尚。李牧以国家利益为重，抗拒王命，不交兵权。赵王迁遂派人秘密捕杀了李牧；司马尚也被临阵免职。

秦王政略施小计，只花费些许金钱，便拔掉了使几十万秦军都束手无策的大钉子，扫除了统一之途上的一大障碍。事关中国命运的大决战，又可以顺利进行了。

李牧一死，秦军在王翦及杨端和的指挥下，重新发动了海潮般汹涌的攻势。三个月内全歼赵军，杀死赵葱、攻占了邯郸，并在东阳（今邯郸以北、太行山以东地区）生俘了自毁长城的赵王迁以及颜聚。只有赵公子嘉在一些宗室大臣的护卫下逃往代郡，后自立为代王。赵国基本上灭亡。秦王政在以邯郸为中心的地区设立了邯郸郡。赵王迁被押往秦国，秦国将其放逐到房陵（今湖北省房县）。据说他后来满怀亡国之痛，作"山水之讴"以寄托故国之思，闻者莫不流涕，只是为时已晚。

这一年，是秦王政十九年，即公元前228年。

战役刚结束不久，秦王政也回到了阔别二十多年之久的邯郸城。这里是他的出生地，实际上也是他的故乡；他来到人世后最初的九年，就是在这里度过的。其中有长达五六年的时间，为了躲避赵人的追杀，秦王政曾随母亲一起东躲西藏。而今，原来的小逃犯一变而成为赵人新的主宰者，重又返回故地。我们无从知道秦王政由此会生出什么感慨。历史只告诉我们，秦王政在邯郸下令，将曾经同母亲家有"仇怨"的人统统抓起来，全部活埋！

还有一个人，即秦王政的母亲，此刻也应当出现在邯郸城内。她之所以引起后人种种怀疑和猜测的历史，有许多就是被这座邯郸城所赐。然而，她没有回来。《史记·秦始皇本纪》这样写道："秦王还，从太原，上郡归。始皇帝母太后崩。"

秦赵之战，从表面上看，赵国是亡于军事失利，而导致军事失利的重要原因在于君主昏聩，权臣当道，众将不和，致使李牧冤死，赵国良将尽丧，军心涣散。秦始皇利用反间计，派人携重金到邯郸收买赵国大臣郭开为他所用，让郭开想办法把李牧除掉。

秦始皇还将赵国君臣戏耍了一回。灭赵后，秦王封卖国的相国郭开为上卿，并让他对败国君臣宣读罪状。狐假虎威的郭开将他原来的同事和下属吓得屁滚尿流，然而在行刑之时，却第一个拿郭开开刀，郭开没想到他的脑袋会先从脖子上掉下来。这就是卖国贼的最终下场。

秦国用了八年的时间攻破赵国，其中一个重要原因就是他们制定并实施了正确的战争决策——先是让燕赵不和，两个联盟国进行内耗，然后不惜重金买进吞并自己的竞争对手，然后巧妙利用对手，使之为我所用。

首先来看一开始的燕赵之争。无论什么时候，鹬蚌相争，两方都不会获得好处，尤其是在像秦国这么虎视眈眈的渔翁站在旁边的时候。而对于秦国来讲，燕赵之间的不和，简直是天赐的良机，挑起鹬蚌争斗，成了秦国的计谋之一。

在日常生活中，我们都会面对许多对手，但是在细细筹划之后，就能发现，这些对手虽然都会针对我们，但是他们彼此之间也是有利益之争的。这时，如果可以让对手彼此争斗，陷入一种彼此消耗的境地，那么对我们来说就是有利了，因此如何巧妙地将自己扮演渔翁的角色，就是我们所要考虑的了。

接着是利用反间计来瓦解敌人。在赵国的内部，存在着不同的利益集团，并且在相当长的时间里，这些集团在彼此争斗，形成了内耗的局面。而秦始皇正是利用这些争斗，用反间计，离间了李牧和赵王，使得赵王自毁长城，将国内最后一位能够抵抗秦军铁骑的将军除掉了，在替李牧感到惋惜时，我们也得学习秦始皇这种离间对手强大自己的计谋。

也正是秦王这种巧做渔翁，离间竞争对手的计策，使秦国版图越来越大，实力越来越强，以至独霸全国。由此可见，在竞争中，当自己实力雄厚时，离间对手不失为利用对手的好方法。

雄霸天下

秦始皇有话对你说

寻找借口，适时动手

自从开始竞争的那天起，我们就要面对许多竞争对手。可以说竞争对手有时候也是我们的导师，它能教会你做人、做事的诀窍。当竞争对手处心积虑地思考如何战胜你时，你不同样也在处心积虑地想办法战胜他们吗？这样一来，你便可以借助智慧和实力前进。

"风萧萧兮易水寒，壮士一去兮不复还。"两千多年过去了，荆轲刺秦的故事不断被演绎。正当秦赵大战犹酣之际，为了挽救燕国的危亡，燕太子亲自导演了脍炙人口的历史故事"荆轲刺秦王"，而这恰好给秦始皇提供了一个消灭燕国的机会。

燕国是秦始皇彻底吞灭的第四个大国。春秋战国时期，燕国先是位列十二诸侯，后又跻身七大强国，也曾强盛一时。燕国最值得夸耀的功业莫过于燕昭王变法图强，几乎将齐国灭掉。

后来随着时间的不断推移，战国中后期，燕国染指中原，多次参与合纵攻秦，与齐、赵互有征伐。在秦始皇统治时期，燕赵之间战事不断，秦国相继介入其中。秦始皇十九年，秦国的将军王翦攻破赵国，俘虏赵王，占领了赵国的全部国土，继续向北进军，到达燕国南部的边界，寻机渡过易水伐燕。

说起燕国，在这里有必要介绍一下太子丹。他本是秦始皇孩提时代的挚友。当初太子丹也在赵国做质子，与秦始皇是幼年伙伴。当秦始皇被立为秦王之后，太子丹质于秦，而秦始皇待之甚薄，不加礼遇。太子丹备遭凌辱，怒火中烧。

秦王政十五年（前232年），在秦国做质子的燕太子丹，从秦国逃回燕国。

恰在此时，燕太子丹在秦国的好朋友樊於期畏罪潜逃到燕国。老师鞠武得知此事，力主要把樊於期送走，既可以保他的命，又不给秦国一个进攻燕国的机会。燕太子丹没能接受老师的意见，认为："朋友有难，自己虽然不能出手相援，但也绝不能落井下石。"

鞠武看到太子丹没能接受自己的意见，就向太子丹说："田光有勇有谋，你可以找他，商量一下。"

田光去拜访太子丹，太子丹就向田光问计说："秦燕两国是势不两立的，请先生给我想个办法，缓解燕国的亡国。

田光说："田光三十年前或许还可以像太子描述的那样。可时过境迁我也无能为力啊。"

太子丹又说道："先生能慧眼识人，希望先生为太子丹举荐一位能够力挽狂澜之人。"

田光说："老朽有一位朋友，他名叫荆轲，应该可以担当此任。"

太子丹在田光临走时说道："希望先生不要把今天的事情讲出去。"

荆轲，祖上是齐国人，姜姓庆氏，人称庆卿，后来因参与内乱被逐杀，改姓为荆，移居燕国。喜好读书击剑，为人慷慨侠义。

田光见完太子丹回到家把这个消息告诉荆轲。田光告诉荆轲以后就自刎而死。荆轲前来拜见太子，告诉他田光已经死了，并转达了田光的临终之言。太子丹双腿跪行，泪流满面，拜了两拜，过了好一会儿说道："我之所以告诫田光不要泄密，是想实现计划罢了。现在田先生用死来表明他没有泄密，这哪里是我的本意啊？"

太子丹休息一会儿，回过神来对荆轲非常恭敬地说："我认为，要是能够得到天下最勇敢的人出使秦国，用重利来引诱秦王，秦王贪图利益，我们就能实现心中所想了。要是能够劫持秦王，逼迫他把侵占的全部诸侯的土地归还的话，如同当年曹沫劫持齐桓公那样，那就更好了；万一秦王不答应这个要求，那就杀死他。此时秦国大军还在国外作战，若国内又大乱的话，秦国之君臣一定会相互猜忌。趁此时机，诸侯就可以联合起来，合力打败秦国。我希望你能够接受这一重任。"荆轲听了以后，长久无言以对。

过了好长时间，荆轲神情严肃地说："我这样一个才能低劣的人，恐怕不能完成这个任务。"荆轲拒绝了太子丹，太子丹便顿首作揖，直向荆轲磕头，再三要求荆轲接受这个重大的使命。

"我答应你。"荆轲无奈，冷冷地看着太子丹说道。于是荆轲被太子丹尊为上卿，给予极高的待遇，享受最好的住房、食品和奇珍异物。

秦始皇十九年，赵国被秦国所灭。燕太子丹十分惶恐，急忙向荆轲请求说："秦国军队迟早会渡过易水，我想要长久地侍奉您，但恐怕并不如我所愿，我能怎么办呢？"

荆轲说："如果我现在走，秦王会接见我吗？如果想要见秦王，一定要带上能打动秦王的东西，才好接近秦王，有下手的机会。要是根本就见不到他，我怎么能完成任务呢？现在秦始皇正在全力缉拿樊将军，赏赐黄金千两，万户封邑。我要是能得到樊将军的项上人头和燕国督亢的地图，将这些一起献给秦王，我才能够接近秦王，报效太子。"

太子丹迟疑，回答："樊将军当时走投无路，前来投奔于我，我哪里忍心为了一己私利而出卖他，您还是想想别的办法吧！"

荆轲知道太子丹不忍心伤害樊将军，便私下里去找樊於期，对他说："您父母和同家族的人都被秦王杀害了，秦王对您也太狠毒了。现在又听说他要取您的头颅，取您首级者悬赏黄金千两并万户封邑，您有什么打算？"

樊於期仰天长叹，泪流满面地说："我每次想到这些，就彻夜难眠，只是不知道如何才能报仇罢了。"

荆轲说："我现在有一个建议，不但可以解除燕国的祸患，而且可以为您报仇，您看怎么样？"

樊於期走上前拜拜了两拜，说："请先生不吝赐教。"

荆轲严肃地说："希望能得到将军的首级，进献秦王，秦王必定很高兴，就会接见我。到那时，您的大仇可报，燕国遭受的耻辱也可以洗刷了。将军可有这番心意？"樊於期听完以后，毫不犹豫，立即刎颈自杀。樊於期的人头到了荆轲的手里。

燕太子丹等人一行白衣素冠，到易水边为荆轲送行。此时的易水边芦苇深深，随风摇曳，天地一片雪白。

高渐离击筑而唱曰：

风萧萧兮易水寒，壮士一去兮不复还。

风萧萧兮易水寒，壮士一去兮不复还……

　　荆轲至秦，通过秦始皇的宠臣蒙嘉向秦始皇进言："燕国愿举国为内臣，给贡职如郡县，还送来了樊於期的人头。"秦始皇闻之大喜，决定身着朝服，设九宾之礼，在咸阳宫接见燕国使者。

　　荆轲等人奉命晋见，荆轲端着盛有樊於期的人头的匣子，秦舞阳拿着督亢地图。秦舞阳拿着地图，进了秦廷，看见秦廷内戒备森严，武士成林，走到台阶之下，面如土色，两腿哆嗦。秦舞阳的表现把所有人的目光吸引到自己的身上。荆轲急忙笑着解释说："我的随从只是小地方长大的粗人，没见过大场面，更没见过天子。希望大王能够原谅他，让他上殿完成使命。"

　　秦赢政看了看荆轲镇定自若，看看秦舞阳面如土色、浑身发颤，说："荆卿把地图献上殿来。"荆轲把匣子放下，从秦舞阳手中取过地图登上大殿。亲自为秦王打开卷轴地图，地图完全展开后，露出了荆轲早已准备好的匕首。

　　秦始皇看见地图中间的匕首，陡然一惊，但那时候已经太晚。荆轲的左手抓住了秦始皇的袖子，右手攥着匕首，直接刺向秦始皇的胸膛，但没能刺中。秦始皇拼命地拽撕，左边的袖子都被拽了下来。秦始皇挣脱了荆轲，拔腿就跑，荆轲紧追其后。秦始皇伸手拔剑，剑身太长，卡在剑鞘里了，只好绕着柱子逃跑。群臣惊慌失措，由于突然发生出人意料的事，一个个都失去了常态。在这个紧要关头，御医夏无且把背上的一个盛了中药的药囊解下来，对着荆轲就扔过去。荆轲在追的时候隐约觉得有一个东西冲他过来，就闪了一下，放慢了脚步。秦始皇乘机拔出剑，冲着荆轲直砍，第一剑砍中了荆轲的腿，荆轲一下子就瘫倒了。荆轲靠着柱子仰天长笑，台下武士上来，乱剑齐下。

荆轲尸横殿上，秦始皇坐在宝座上，面对着荆轲横尸的地方，愣了半晌才说："无且爱我，赏二百金。"

荆轲刺秦王不成，反而为秦始皇提供了出兵的口实。秦始皇下令增兵伐燕。燕、代也合兵抗秦。两国之兵难以抵御强大的攻势，被王翦、辛胜、李信等秦将打得落花流水，四处奔逃。

秦王政二十一年（前226年）十月，蓟城失陷，燕王喜与太子丹退守辽东。逃到辽东以后，燕王喜觉得这件事是太子丹引起的。燕王喜采纳代王赵嘉的意见，主动将太子丹的首级献给秦国，希望能够缓解秦王政的愤怒，让燕国能够苟延残喘。但他不知道秦国灭燕是既定方针，是大势所趋。

秦王政二十五年（前222年），秦始皇发动军事行动，派王贲为将，统帅重军，挥师北上，攻取辽东，俘获燕王喜，燕国灭亡。

可见，当我们面对强大的竞争对手，需要有正确的态度，以学习、进取的心态加入竞争，超越自我，最终超越对手，站在行业的前列。荆轲刺秦失败之后，让秦始皇增强了防范意识。从此以后，被秦始皇灭的六国的人，一个都不能接近他，人人都可能是刺客。同时，荆轲刺秦也加速了燕国的灭亡。

荆轲刺秦，主要是为了阻挡秦国攻打其他小国。无论是退兵之计，还是缓兵之计，都是荆轲为了帮助燕国解除围困，更是为其他诸侯国所做的一次努力。虽然最终没有获得成功，但这事件让后人感受到了几千年来民众对强权的仇视。

任何人无法否定的是，真正能帮助你成功，给予你坚持到底的勇气，激励你并让你昂首阔步向前的不会是顺境和优裕的处境，也不是朋友和亲人，恰恰是那些常常令你遭受痛苦的打击和挫折，也可能是死神，这些可能是敌人，也是给予你的挑战。秦始皇的经历正是一个很好的证明。

其实，现在有很多人正在经历着种种苦难，遭受着种种挫折和打击。这的确是一个人的不幸，可是人们也惊奇地发现，正是这些"围追堵截"催生一批杰出人物，正是这种人为的困难成就了他们，这些苦难对于他们来说，是上天的一种恩赐。所以，对那些竞争对手，我们要学会主动适应，主动突围，在战胜对方的过程中强壮自己，发展自己，有朝一日，一定能破茧而出。

利益决定伙伴

在竞争之中，决定竞争者之间关系的往往不是所谓的友谊和仇恨，而是隐藏在竞争底层的利益。我们在竞争中也要认识到，利益才是最终决定敌我关系的要素，关键时刻，就要抛弃感情中的敌我之分，用利益来衡量自己的对外关系。

秦王政确定了攻赵灭韩、联魏、结交燕楚、中立齐国的战略目标后，便派蒙武以秦国富商的身份前往齐国首都临淄，开展中立齐国的活动。

到了临淄，蒙武便向秦国派驻在齐国的内线了解齐相后胜的一些情况。

内线告诉他，后胜这个人胆小贪财，这在齐国是出了名的。齐国的老百姓都看不起他，朝中也有很多大臣反对他，嘲笑他当政所采取的政策是"乌龟政策"，遇事头一缩，就什么都不管。对付他这样的人，既可以采用利诱的手段，也可以采取威胁的手段。

蒙武从内线那里进一步了解到，现在的齐国由于30多年没有战争，物阜民丰，国库充实，国库里的粮食吃不完，以致很多都腐烂了，钱库

里的铜钱用不完，以致穿钱的绳索都腐烂断了。民间的市井小贩都穿上了珠鞋丝袜，有钱人更是夜夜笙歌，极尽奢华之能事。现在的齐国人享乐惯了，所以人人厌战惧战，听到说国事、谈战争就摇头避席。年轻人好逸恶劳，很多苦脏累险的活都没有人干，幸好有魏国和赵国那些因战争逃到齐国的难民来干。整个齐国的军备相当松弛，自后胜担任丞相以来，每年春秋两季的军事训练都敷衍了事，战备设施落后，很多武器装备还是很多年之前的。

一段时间后，在内线的安排下，蒙武带着贵重的礼物前去拜见齐相后胜。后胜在丞相府秘密接见了蒙武。

蒙武说明来意，后胜说："秦王的好意老夫心领了，您的重礼老夫也不敢收，全都拿回去吧。"

蒙武见后胜开口就拒绝，便强笑着说："相国真是太客气，谈事不成，主客的礼仪还在啊，这些薄礼只是聊表敬意而已。"

"黄金千斤，无价白璧十双，再加上那么多奇珍异宝，可以说是价值连城，还能算是薄礼吗？老夫不是不想要，而是不敢要。"后胜的脸上浮现出微笑。

"既然如此，相国能否说出个中原因，也好让在下回去向秦王交待。"蒙武的口气仿佛有些绝望。

"蒙先生可以转告秦王，齐国主战派势力转强，老夫一人无力回天。"后胜依然保持着微笑。

"这么说来，相国是主张和秦国修好的？"蒙武看到了一线希望。

"天下人都知道，先太后在世时，齐国与秦国的交往非常谨慎，与诸侯的来往也非常讲信用，所以，齐国虽然与贵国交好，却不受诸侯的怨恨。齐国政策的着眼点是极力与民休养生息，轻税薄赋，藏富于民，所以齐国才能有今日的太平局面。现在，先太后已经去世，齐国如果继续遗世独立，但求自保，在贵国各个击破的战略进攻面前，迟早是要灭

亡的。"后胜叹了口气说。

蒙武说："这只是赵、魏等国歪曲我国的宣传而已。事实上我国也一直想像贵国那样与民休养生息，藏富于民，之所以出兵于赵，实在是迫不得已。譬如，先前赵国挑拨我们大王与长安君兄弟相残，现在又一再煽动上党地区的民众造反叛秦。赵国三番五次地向我国挑衅，我国不得不出兵对付。"

"既然如此，那么贵国一再攻打韩、魏，又是出于什么动机呢？"后胜出语犀利，但脸上始终不失笑容。

蒙武回答说："既然要讨伐赵国，就要借道韩国，并且要防止魏国从侧翼袭击我们，因此，对两国象征性出兵，也是不得已之举。"

"如此说来，贵国的不得已太多了！"后胜笑着说。

"相国明鉴，在下并非舌辩之士，我国的军事行动的确是不得已之举，老百姓都想过安定的生活，谁也不想大动干戈，战争毕竟是要死人的，我国的老百姓和贵国的百姓一样，都非常珍惜自己的生命。"

两个人相视而笑，气氛比先前缓和了许多。

趁着气氛缓和之机，蒙武对后胜说："相国知道，我国并没有征服天下的野心，而且也没有这个实力，尤其是齐、楚两国都是强国，国力远在我国之上，最多是三分天下而已。事实上，我国对贵国一向都是很尊重的，所以昔日齐灭宋，秦国并没有干预，希望相国也不要插手秦、赵之间的恩恩怨怨。这样，齐、秦两国共存共荣，临淄将来会比今天更加繁荣，相国自然也就成了为民兴利的太平宰相。这可是件两全其美的事呀。"

后胜当然听得出蒙武的话绵里藏针，摇头苦笑着说："先生不要着急，我也想为齐国的老百姓谋太平，但我的确有些无能为力。据说，朝中的主战派人士预定要在这几天弹劾本相，民间也有不少老百姓在街头请愿配合。这些事已经够让我烦心的了。"

"齐、秦两国一向和睦相处，世代交好，两国君主也交情匪浅，要是有人胆敢在朝中捣鬼，相信齐王一定会支持相国的，因为只要相国在位，齐国就能天下太平。"

"先生不妨安心在临淄城逗留一段日子，到处走走、看看，等这几天的风潮过了再说吧，我本人一向崇尚和平。"

"那就有劳相国了"，蒙武顿了一顿说，"不过，对于老百姓，有时候也不能过于迁就他们"。

"谨奉先生之教！"

蒙武起身告辞。

一个月后，齐王在偏殿秘密召见了蒙武。齐王主动向他表示了歉意，说因为国内多事，相国日理万机，虽然早知道他来了，但不便召见，如今政策已定，齐国将继续坚持对秦友好的政策，不过，齐国得先听听秦国能够给齐国提供哪些方便。

蒙武临行时已获秦王授权，必要时可以便宜行事，于是在与齐王及后胜经过一番讨价还价后，双方达成了一致：秦国保证齐国的安全，齐国保证不反秦，不支援任何反秦的国家等等。

协议达成后，相国后胜在齐王的支持下，罢免了朝中的反对派，让他们充任闲职。同时，他又以齐王的名义颁发诏命：禁止街头打闹滋事，禁止游行示威，违令者格杀勿论。

蒙武圆满地完成了任务，行动也不必再像来时那样隐秘，齐王公然设宴招待了他，并由众大臣作陪。临走时，丞相后胜又为他设宴饯行。

蒙武派出快骑，日夜兼程，将这里的一切飞报秦王政。

中立齐国是秦王政兼并天下前最重要的外交活动。蒙武奉命出使齐国，不辱使命，圆满地完成了秦王政交给他的任务。在这次外交活动中，秦国利用齐国贪图安逸。力求苟安的心理，威逼利诱，拉拢齐国，最终让齐国答应保持中立，不插手秦、赵之间的纷争。这是一次非常成

功的外交活动，齐国拒绝支援赵国，无异于釜底抽薪，事实上，赵国自长平之战以来，元气大伤，一直处于被动防御的局面。如今，一旦失去了齐国支援，更是难上加难了。

从这里可以看出，秦王政在发起兼并战争前，是非常善于审时度势的。在东方六国中，赵国的军事战斗力是最强的，齐国的经济是最富裕的，而齐国处在赵国的东边，如果它要支援赵国，秦军根本无法切断其补给线。赵国连年战乱，无法恢复社会生产，尤其需要在粮草方面得到补给。因此，只要秦国中立了齐国，就等于孤立了赵国。虽然中立的齐国并未出一兵一卒帮助秦国，但它的中立在无形中已从战略上配合了秦国，中立关系实际上变成了战略伙伴关系。正是这种关系的确立，才加速了赵国的灭亡，加快了秦国统一天下的进程。

这不由让我们想起十九世纪，英国首相帕麦斯顿告诉我们的一句话："没有永远的敌人，也没有永远的朋友，只有永远的利益。"这也成为了当今世界政治外交的金科玉律。然而早在秦始皇嬴政时期，就对这句话应用得淋漓尽致了。

在兼并战争中，秦国和齐国注定会是敌人，但是秦王嬴政并没有

始皇庙

摆出一副如狼似虎的样子，而是跟齐国想方设法建立了相当于合作的联盟伙伴关系，这就使得在兼并战争中，秦国处于了一种没有后顾之忧的位置。

我们从秦王政的兼并策略中不难看出，在现代社会中，一个人的发展必须抛弃单兵作战和个人英雄主义的思想，否则，就会成为众矢之的，四处树敌，在一片围剿中败下阵来。比如在商业竞争中，高明的经营决策者一定会为企业寻找强有力的战略合作伙伴，使企业在市场竞争中不孤独，有靠山，进退自如，立于不败之地。

第六章

秦始皇对你说

　　谋略，是一个古老而永恒的话题。它永恒经典，却常用常新；它源于战争、政治斗争，又关乎人类生活生存的点滴。谋略是运用一种积极的思维过程，要动用精神力量和物质力量，创造出一种可以致胜的条件，谋略所追求的效果就是以最小的代价赢得最大的胜利。每个人的成功都需要谋略，秦始皇的成功与他的谋略是分不开的，这也是历史给予我们的启示。

制定周密可行的计划

凡是预则立，不预则废。讲的就是我们所有的发展过程都要有一个计划，没有计划是很难走向成功的。但是计划的制定也要谨慎，首先，计划要切实可行，其次，就要周密详实，只有这样的计划，才能帮助自己获得成功。这一点在秦对外征伐中表现得十分突出。

当年嬴政虽然年幼，却有与生俱来的对外征伐的本性。在对外征战这个问题上，君臣之间有着惊人的一致，彼此之间的配合也非常默契。吕不韦独揽行政大权，蒙骜等人则在外统兵作战。

吕不韦认为，秦国自穆公以来一直采取扩张主义政策，早已被各诸侯国视为公敌。现在若不趁各国元气大伤之际，加快征战步伐，各个击破，一旦让他们在几年内喘过气来，总结教训，恢复国力，再联合一致对付秦国，对秦国绝对是一场灾难。所以，秦军必须趁各诸侯国，尤其是韩、赵两国疲惫不堪、对秦军战斗力感到恐惧之时，一鼓作气，将它们坚决、彻底、全部、干净地消灭掉，使天下归于一统。

为了推进对外战争的顺利进行，吕不韦一方面加强情报战、宣传战、心理战，收买各国权贵，另一方面又在解决兵源、军费和后勤补给等方面，出台了一系列政策措施。

在以往的征战中，秦军每攻占一个城市，大都会采取安抚政策，让占领区的民众尽快安顿下来，并释放俘虏还乡，充实劳动力，种植粮食，部分供应军队的需要。但是到后来，秦军发现占领区的民众对秦军的敌意太深，反抗情绪太强烈，常常是今天归顺，隔两天就起来造反，秦军不得不分军平乱，顾此失彼，疲于奔命。

于是，吕不韦一改以往的做法，秦军每占领一个地方，他就把俘虏中的老弱伤残赶往敌国，造成敌国经济负担和社会混乱，而将身强体健的俘虏编入军队，在秦军的监督下担当攻城拔寨的先锋队。作战勇敢的，按秦军将士的标准，对他们论功行赏。

在由俘虏组成的军队里，主要将领都由秦国人担任。为了安全起见，秦军统帅常用赵国人进攻楚国人、楚国人攻韩国人等方式，使这些军队深入异国敌境，不再有二心，几经打磨后，这样的军队也会成为骁勇善征的主力军。用吕不韦的话来说，这是以天下之兵取天下，而不再是单凭秦国的力量去与天下诸侯对抗。

在战争的初期，秦军的补给线比较短，军队所需粮食和后勤补给全由秦国国内供应。但是随着战线的延伸、占领区的不断扩大，秦军的补给线越来越长，补给工作也越来越困难，再加上各诸侯国对秦军的入侵采取了"坚壁清野"的策略，撤退时，开仓放粮，让老百姓带着粮食逃难，带不完的则一把火烧掉，这样一来，秦军每占领一个地方，常常面临着军粮难以为继的窘境，粮食问题成了让前方主将感到头痛的问题。

针对这种情况，吕不韦决定采取"因粮于敌"的策略。他下令将敌国中的老弱伤残尽量赶向敌国的未占领区，节省秦军的粮食消耗。对于那些中轻度伤员、并未丧失劳动能力、却又不能继续作战的战俘，则分给他们田地，让他们耕种，根据收成按比例收取赋税。对于敌国中的贵族、地主、思想顽固分子，则将他们编成农耕队，让地方官员用鞭子监督他们种田，除了保障他们简单的生活所需外，所生产的粮食全部上交充作军粮。在占领区整补或休养备战的秦军，边操练边耕种，收成除自给外，余粮由政府收购。干得出色的，按照战功的标准给予奖赏，干得非常差劲的，则等同于作战不力，予以惩罚。

这样一来，占领区的粮食产量大增，秦军的粮食供给得到了保障。

此外，吕不韦还下令在各军事要地设置谷仓及军需站，大量囤积粮食和军需品，以备民间不时之需及日常军用补给所需，并修筑粮道，提高军需补给的速度，增强补给的安全性。

在对占领区的管理上，以前秦军每攻占一个地方，通常是通过笼络原有的分封贵族或地方势力，按照其固有的行政体系管理被占领区的老百姓。这样的方式有利于尽快恢复被占领区的社会秩序，但也容易导致这些人聚众造反。当秦军继续向前攻击时，他们率领民间的武装力量骚扰秦军后方，攻击秦军的补给线，甚至公然打起反秦的旗帜，和本国军队里应外合，攻击秦军，常使秦军陷入进退维谷、腹背受敌的困境。吕不韦一改以往的做法，秦军每占领一个地方，他就打乱原有的地方行政体系，设置郡县，将原来的统治阶层全部作为战俘处理，并将原有的官吏职责分开，官掌权，吏做事，职权非常明晰。被占领区的行政官员由占领军临时派人兼任，等情势稳定后，再由秦王派人接替。而吏一级的办事人员则由原来地方上的人员担任，尽量保持职位不变。

开始时，派出去的官员多半是秦国人，后来随着占领地区的扩大，秦国的官吏已不够分配，再加上被占领区的民众对秦国人敌意太深，秦国官员容易遭到民众的反抗。于是，吕不韦就从能力出众的客卿中选拔人才出任地方官员。

一般而言，在准备攻打某国某地之前，吕不韦会事先训练一批该地区或近邻地区的亲秦人士，等到该城被攻打下来以后，就派这些人前去接收和组织地方政权。这些人和当地老百姓的语言相近，风俗习惯相似，容易被占领区的老百姓所接受。同时，因为他们完全是在秦军的支持下才走进仕途的，所以一般不会带领老百姓聚众造反，背叛秦国。

通过制定和实施一系列行之有效的措施，被占领区逐渐被秦国同化，成为了秦国的一部分。这使秦国在政治、军事和经济战略上对各国都取得了绝对优势。在这种背景下，秦军加快了对外征战的步伐，取得了一系列辉煌战果。

秦王政元年，晋阳反，将军蒙骜率兵平定。

二年，麃公率军攻占魏国的卷城，斩首三万。

三年，蒙骜率军攻打韩国，夺取十三座城池。同年十月，他又率军进攻魏国的畼城、有诡。

四年，秦军攻占畼城、有诡。

五年，蒙骜再次率军攻魏，占领酸枣、燕城、虚城、长平、雍丘、山阳等二十余城，设为东郡。

六年，韩、魏、赵、卫、楚五国联军击秦，攻占寿陵。秦国出兵拒敌，五国联军不战而退，攻灭卫国。卫国国君率领残军败将逃至野王，借助山区险要的形势阻击秦军，以屏卫魏国的河内地区。

秦军的战果一天天扩大。与此同时，国内矛盾也出现了微妙的变化。在庄襄王临死前指定的几位顾命大臣中，王龁、蒙骜也相继去世，吕不韦成了唯一在世的顾命大臣。秦王嬴政在一天天长大，在对外征战不断传来捷报的同时，这位早熟的少年控制朝政的欲望越来越强烈，君权和相权的矛盾日渐激化，一场变故不可避免地即将到来。

毫无疑问，在嬴政尚未亲政前，吕不韦确实是秦国的擎天大柱，他不但迅速恢复了秦国的国力，而且为秦国的兼并战争制定了可持续发展计划，很好地解决了秦军的兵源问题、粮食及后勤补给问题，使秦军在对外征战中不再有后顾之忧，得以肆无忌惮地蚕食、鲸吞敌国的领土，使秦国的版图一天天变大。秦始皇亲政后，这些可持续性发展战略得到了进一步贯彻落实，直到统一天下。所以，这也是其经略智慧的体现。

秦王嬴政之所以能顺利统一天下，一个重要的原因在于他尚未亲政时，善于经营的吕不韦就为他制定了一系列可持续对外作战的政策和措施，很好地解决了军粮补给和兵源问题，使秦国的对外征战能够马不停蹄地进行下去，使得东方各诸侯国在秦国强大的军事打击面前只有招架之功，没有还手之力，甚至连喘息的机会都没有。秦军的可持续性作战引申到商海博弈中，可以理解为企业的可持续性发展，一个实现了可持续性发展的企业，往往更善于发现商机，更善于挖掘市场潜力，更有市场竞争力，从而做大做强。

所以说，计划，是人生开始的第一步。人们无论做任何事情都是要有一个详细的计划，才能得以去实现的。对于任何人来说，每一个人都有自己的计划。工程师有自己工程的计划；商人有商人的生意上的打算；老师有老师的教学计划。那么，青少年也要有自己的学习计划。

这也许就是人生，只要你心中有一个完整的计划，不管是在工作还是学习上都能做到顺利顺心。做任何事情，心中有了周密的计划，对自己的工作有一个科学的规划，能够帮助自己顺利实施决策，取得成功就会容易许多。反之，要是自己没有一个很好的计划，你做任何事情都会无从下手，要处理的事情也将会杂乱无章。

善于运用谋略

"上兵伐谋"是出自《孙子兵法》的一条战略计谋，说的是用兵的最高境界是使用谋略取得战争的胜利。上兵伐谋不仅是军事谋略，在我们现代的商场竞争中，同样适用。我们在竞争中，要善于运用谋略，以谋略取胜，从而达到不战而屈人之兵的效果。

秦国与周围几个诸侯国之间的战争是穿插进行的，边打边谈是秦国统一天下的重要手段。

在战国中期，七雄争霸的特点之一是弱肉强食，当时秦、齐两国都是东方强国，是可以互相抗衡的两个国家。

有关历史资料曾记载了两国交战时的一些情况。

公元前298年，秦、齐战争爆发，齐国联合韩、魏，攻入秦国函谷关，直逼咸阳，秦国只好割地求和。

公元前288年，秦、齐相约称帝。

当时秦国虽然已经很强大了，但它声誉不佳，许多国家都不愿意与它合作，而喜欢与齐国交往。秦昭王怕齐国闹事，就有意拉拢齐国。秦国暗地里还采用了离间计，使齐国与其他各国的关系处于僵持状态。

齐王是一个比较保守的人，胆小怕事，常被秦国的蝇头小利搞得晕头转向，从而上当受骗。秦国与赵国交战时，齐王中了秦国的离间计，不愿出兵救赵就是一个生动的事例。

秦王政派人用大量金钱贿赂齐国奸臣，这些奸臣在齐王面前说了不少有关赵国的坏话，致使齐国坐山观虎斗，看着昔日盟国被秦国占领了。

正是这场战争在某种意义上决定了其他国家被秦国灭国的命运。如果秦国当时灭不了赵国，那么就不可能继续顺利推行吞并其他各国的计划。

秦、赵之战开始后，赵国被秦国所困，齐国许多大臣就劝齐王答应赵国的请求，派兵援救赵国，但齐王却否决了。此时，齐国大臣名周子者早就识破秦国的计谋，他前去劝齐王说："齐、赵交情颇深，大王千万不要与赵国断交，这样就中了秦国的离间计，在这关头，臣还是认为我国应该出兵救援赵国。"

齐王回答："秦国已经允诺此次战事不会殃及我国，只是秦赵两国之间的战事，我们为什么惹火上身呢？"

周子说："我劝大王还是帮赵国一回吧，他们现在处境困难，为秦所困，缺乏粮草，还是借给他们好。"

齐王问道："要是我不给赵国供给粮给，后果会怎样？"

"那我们正好中了秦国的离间计。"

"可能是这样吗？"

"大王，请三思。赵国与齐国相邻，从地理位置上来讲，赵国是我们齐国的保护屏障，赵国灭亡了，我们还能自保没有危机吗？"

"你说得太严重了吧！秦王说过，不会与我们为敌，这是有言在先的。"

"这是不可能的事，赵、齐两国的关系犹如牙齿与嘴唇的关系，唇亡则齿寒。"

齐王只是坐着，眯眼听周子的劝说，心中不以为然。

周子接着说道："今天秦把赵国灭了，明天就轮到我们齐国了，此事重大，万万不能拖延呀！"

此时齐王站了起来，走到窗台前，望着天空思索着，窗外风不停吹着，屋里很凉快，宫女们在后院来回走动，这一切都很美好。

周子也站起来，立到窗前，对齐王说"大王，救赵一事请速定夺，不宜推迟啊。"

齐王欣赏着美女，很不耐烦，挥挥手说："不要着急，容我再想想。"

周子说："我们应该去救赵国，以像捧着已经漏水的瓦缸或者烧干的锅那种心情，确切地说，救赵国的同时也表现出了我们崇高的勇气。若能击退秦国军队，便能显示我们的实力强大，凭借勇气援救围困中的赵国，凭借实力击退强势的秦国，你没有想到这些，却为了自保，吝啬一点粮食，这样是大错特错的。"

齐王仍无动于衷。他对周子说："你不要管这事了，去办你自己的事吧，这事我自有考虑。"

齐王没有援助赵国，秦王政当然很高兴，他抓紧时机，在赵国孤立无援时，调动大批兵力围攻赵国，致使赵国全面崩溃。

秦王政忙于消灭其他国家，但他对齐国仍是有防备的，为了稳住齐王，他对齐王格外亲热，装出一副十分友好的样子。齐王却看不透秦王的用意，根本没有把秦国当做敌人看待。

秦国发动这场战争已近十年了，在这十年里，秦国已先后灭了五个国家，六国中只有齐国还存在。这时秦王政开始准备向齐国动手了，令人遗憾的是齐王仍执迷不悟，没有看出秦国的本来面目。

秦王政很有心计，将大批军队开到齐国边境，按兵不动，却派人送信将齐王恭维了一番，然后说为了免除战争给人民带来的灾难，希望齐王以大局为重，向秦国称臣。

齐王亲眼看到秦国消灭了其他五国，他没有想到秦国会回过头来再灭齐国，他读完秦王政的信，怎么也想不通。他对大臣说："我们齐国向来不愿与秦国为敌，在战乱中，我们也没有帮助别国打过他们，如今秦国却出尔反尔，这怎么解释……"

有大臣说："秦国已大兵压境了，打不打呢？"

齐王思前想后，三天不理国事，不见任何人，到了第四天，他却突然对众臣说："近日，我们与秦国关系紧张，我准备亲自去与秦王交谈。"

众臣不理解他这次突然要入秦的用意，因此都不好表态，于是他就轻车从简，朝秦国驶去。他一走，人们才知道他是到秦国称臣去了。雍门的司马追上齐王，挡住了去路。齐王大怒，他说："你想干什么？"

司马说："请大王息怒！"

齐王瞪着眼睛问："你到底想干什么？"

司马说："我有话想对你讲。"

齐王说："讲吧！"

"我们为什么拥立你为大王？是为了国家？还是仅仅为了立王呢？"

"是为了国家。"

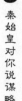

"既然是为了国家才立王，那么大王你为何要到秦国去称臣呢？"

"我这是迫不得已。"

"不是的，齐国山河还在，难道我们就能白送给秦国？"

"秦国这么强大，我们不是对手。"

"还没交手，怎么能有这样的想法？"

"你们是清楚的，这是现实！"

"还是请大王别去秦国了，齐国民众都不希望你走。"

齐王思绪万千，他思索了一会儿，才让车夫调头，重返国都。

齐王回宫后，即墨大夫急忙入宫跪在地上对他说"臣听说大王想去秦国称臣，心里十分着急，如今你不去了就好，我们就有希望了。"

齐王问："希望何在？"

"秦国虽然强大无比，但如今我们齐国的土地还有数千里，披铠戴甲的士兵也还有数十万，三晋的人们没有一个愿意去为秦国服务的。"

"是这样吗？"

"当然。"

"那你说我该怎么办？"

"你可以收留这些国家的流亡的大夫，他们聚集在齐城南边，让他们率兵与秦军交战，收复失地，保护民众。"

"他们愿意吗？"

"依我看没有问题。如果你能重用他们，不但齐国失地可以收复，而且还可以提高大王的威信。"

齐王听取了他的建议，派兵应战。

这个举措是英明的，可是齐王用错了人。此人正是前文提到的后胜，他是齐王身边的一个大臣，为人圆滑，喜欢说谎，早已被秦国收买。

后胜到前线后与秦国军队保持着密切联系，主动退让，致使大片领土被秦军占领。他还谎报军情，将秦军说得强大无比，劝齐王与秦国和谈。

齐王至此仍抱着和谈的思想，不严密布防，不训练军队，而且将和谈权交给了后胜，这样一来虽说前线无战事了，但秦国对齐国的威胁仍很大。齐王听信了后胜的话，首先从思想上解除了武装。

和谈当然是没有好结果的，在人们的骂声中齐王才改变了计划，决定用武力解决问题。可是为时已晚，早已马放南山的齐国军队怎么抵挡得了秦国军队呢？

公元前221年，秦国军队气势汹汹地开进了齐国，齐军毫无应战能力，不到一个月，偌大一个齐国就被秦军全面占领了。

秦王政将齐王软禁起来，几天之后这个齐王就离开了人世。秦王政在着手治理齐国时对他的部下说："齐王无能，是自讨苦吃，如果他前几年与各诸侯国联手，我们也不会这么容易地得到这个国家啊！"

随着最后一个国家齐国的灭亡，秦国终于完成了统一中国的使命。

最上等的用兵方法是以计谋取胜，其次是以外交手段取胜，最下等的是攻城取胜。孙子"上兵伐谋"的思想闪着智慧的光芒，秦王政灭齐国，就是"上兵伐谋"的典型例子。

谋略的最高境界，就是在竞争中充分运用谋略来达到自己的目的，以最小的损耗，达到最大的利益，就是所谓的不战而屈人之兵的效果。

在历代战争中，不乏以谋略攻城取国的战例，但是秦始皇这一伐谋之计确是非常成功的，值得我们详细分析。不得不说，他考虑到了实际情况，那就是齐国富足而久未动兵戈，和已经接近腐朽的齐王统治，使得齐国已经承受不住大秦铁骑的兵戈但是如果对齐国强施兵戈，使得齐国人人自危而奋起反抗的话，那将是秦始皇不愿意看到的场景。秦国在连年的征战中，虽然磨砺出一支铁一样坚强的队伍，但是不能忽略的是，在连年的征战中，秦国的军队也遭受了不小的打击，刚刚倾举国之兵进行了伐楚战争，军队需要一段时间的修整，并且大秦还面临着北方

匈奴和南方百越的威胁。

其次，齐国因为其地理位置的优越性，饱受鱼盐之利，而且因为齐国并未处于战争的中心地带，所以经济上并未遭受什么破坏，而齐秦一旦兵戈相见，难免会对齐国经济造成打击，这对秦王来讲，好比自己的国土受到损失一样，因为在平定五国之后，齐国也已经犹如秦王的囊中之物了。秦王最希望看到的就是让自己的财富尽可能的减少损失。

第三，秦王和自己的手下都看到了齐王的腐败堕落，更重要的是，他手下还有一个无能而贪婪的相——后胜，这就使一向以金钱瓦解各国的秦王有了很大施展空间。

最后，在当时，秦国虽然连年征战使国内遭受了一定的损失，但是在征战中，也造就了一支足以威慑天下的虎狼之师，这在极大程度上成了秦王的伐谋之计的筹码。

于是一段兵不血刃、"全国"而取之的历史就此书写了。联系我们现实的生活，在一些时候，越是处于强势，越要考虑各方面的问题，筹划怎么将自己所付出的代价降到最低。这也是秦始皇要告诉我们的道理。

对外扩展，由弱至强

我们在走向成功的过程中，一定会经历一个慢慢扩张的阶段，这时，必然会涉及到和竞争对手进行争夺。在面对竞争对手时，我们要确定一个原则，那就是由弱至强，先易后难。秦始皇的对外扩张战略正是遵循了由弱至强的道路。

秦王政是个勤于学习、善于学习的君王。在他登上王位的前后，他都很注重学习历史。在他确立以统一天下为己任的那一刻，便专注地研究了自秦穆公以来的攻防政策。

秦穆公称霸时代相当于晋国献公到文公时代。晋献公在公元前655年，消灭虢、虞两国，占领桃林关（今河南灵宝以西，陕西潼关以东）和黄河茅津，使秦国东方门户函谷关直接暴露在晋国眼前。晋文公时又攘白狄，占领今陕西延安以东到黄河沿线的广大地区，称为西河。很显然，桃林关、茅津和西河地被晋控制，于秦国发展相当不利。秦穆公在位期间曾致全力夺取西河。

公元前651年，晋献公死，宠姬骊姬之子奚齐继立。晋国大夫里克、邳郑等联合杀死奚齐，准备另立献公子重耳为君。但晋国另一大夫荀息则拥立骊姬另一儿子卓子为君，里克等又杀掉卓子和荀息。晋国一时混乱无君。这时逃亡在外的晋公子夷吾以割让河西八城为条件，请秦穆公将他护送回国。河西之地一旦得手，秦则有了防御东方诸侯的黄河天险，穆公欣然应允，于是拥立夷吾为晋惠公。

晋惠公坐稳晋国宝座以后，并没有履行与穆公达成的割让河西八城的协定。秦穆公受到愚弄很不甘心，六年后，率师伐晋，战于韩原（今山西芮城），秦生房晋惠公而还。但是穆公考虑到灭晋条件尚不成熟，留惠公太子圉于秦为人质，释放了惠公，不久，穆公又嫁宗室女于太子圉，以便控制太子圉。

公元前637年，晋惠公死，太子圉私自潜逃回国，为晋怀公，怀公不依附秦国。这时晋献公另一个儿子重耳流亡到秦国，穆公以太子圉之妻妻之，派人刺杀太子圉而拥重耳为君，是为晋文公。晋文公在外流亡十九年，政治阅历十分丰富，在位期间重用赵衰、狐偃等忠臣，改革内政，实行"救泛振滞，匡困资无，轻关易道，通商宽农，懋穑劝分，省用足财"的政策，从而国力强盛，发展成为新的霸主。

秦穆公三番五次地拥立晋君，干涉晋国内政，其目的是要控制晋

第六章 秦始皇对你说谋略

191

雄霸天下

秦始皇有话对你说

国，至少要得到河西之地。但晋文公时代，晋国却空前强大，穆公事与愿违，反而被晋控制，成为晋文公的附庸。

公元前629年，晋文公病死，秦穆公乘机伐晋的盟国郑，结果消息泄露，晋国设伏于殽山袭击秦军，使秦军数万人全部覆没。此后三四年间，秦晋连年开战，其中彭衙、王官两役，双方各有胜负，未能决出雌雄。至公元前621年，秦穆公病死之时，秦国仍未能得到河西之地。

穆公之后，康公、共公先后而立，十六年间对晋战争多达九次，都是承继穆公遗策。这个时期秦国改变了单纯的军事进攻策略，采取了联楚制晋的策略。公元前611年，秦康公出师帮助楚国消灭了位于巴楚秦三国之间的大国庸。庸本是秦楚两国的必争之地。从秦楚关系而论，秦得庸，则可蹑楚国脊背；楚得庸，则可窥秦国腰腹。从秦楚各自发展而论，秦得庸可席卷商、析而兵临东周，反之，楚得庸则可通武关而击晋。秦助楚灭庸以后，为了加强秦楚联盟，共同对付晋，竟将庸拱手送与楚。以后的桓公、景公、哀公时代，秦国都奉行联楚制晋的政策。在春秋的时候，秦国的东方目标是晋，但对晋战争所取成果不大。

至战国初年，秦厉公、共公、躁公、怀公、灵公、简公、惠公、出子几代国君在位，秦国君臣不睦，王位争夺频繁，晋国像当年秦国干涉晋国朝政一样干涉秦国内政，秦国一度为晋所制。但是到了秦献公时，晋国被韩、赵、魏三家瓜分，魏国分得与秦毗连的河西之地，直接阻挡着秦的东方门户，这时秦国的东方政策就由晋转向魏。公元前383年，秦献公将都城从雍（今陕西凤翔）迁到栎阳（今陕西临潼栎阳镇）就是加强对魏战争的结果。此后献公多次与魏开战，公元前366年，秦大败韩魏联军于洛阳，接着于公元前364年深入魏国本土河东，在石门（今山西运城西南）和魏大战，斩首六万，两年后又在河西少梁大败魏军，收河西庞城为己有。

秦孝公时把都城从栎阳迁到咸阳，以"据天下之上游，制天下之

命"。公元前354年，秦孝公乘魏赵战争之机，出师魏国，元里一战，大败魏军，斩首七千，夺得河西少梁之地。接着围破安邑、固阳，迫使魏国割让河西部分土地，迁都大梁。孝公死后，惠文王继位，继续加紧对魏的蚕食，最终迫使魏国交出上郡十五县河西的所有城邑，至此黄河以西的河西地全部归秦国所有。

全部占领河西地是秦国几百年来的梦想，它的占据使秦国处于极为有利的战略地位。这时，秦西、北两面没有强敌，南有秦岭与巴蜀、楚国相隔，东依黄河、函谷一线天险，可将各诸侯国拒之河关之外，形成一个进可取、退可守的军事地理环境，从而为秦国进一步扩张兼并奠定了雄厚的基础。

但是秦取河西以后，下一步兼并却失去了目标，对外方略显得举棋不定。秦昭王时代首先准备彻底消灭魏国，在公元前274年和次年两次进攻魏都大梁，由于魏国位当中原要冲，它的灭亡直接关系韩、赵和齐，所以各国增援魏国，秦未能达到灭魏目的。此后，穰侯魏冉专权，其封邑在陶（今山东定陶），为扩大其私人势力，魏冉采取越韩、魏而攻齐的外交方略，由于路途遥远，亦未见效。穰侯被逐以后，秦昭王又采用范雎提出的远交近攻策略，结交齐楚燕，准备一举消灭赵国。公元前260年长平之战后两年，秦即大举进攻赵都邯郸，由于楚、魏来救，秦又未获成功。总之，秦取河西之后，失去了前进目标，因而四处出击，多方尝试，最终无功而返，延缓了统一的步伐。

秦王政经过刻苦学习，认真研究，感到要加速统一步伐，必须及早确立战略目标，锲而不舍，才能成功。

为此，秦王政召集了御前会议。参加者为丞相王绾、国尉尉缭、廷尉李斯，将军王翦、蒙武及有关文武大臣。

秦王政在讲过开场白之后，李斯抢先发言说："当今天下，唯秦雄强，六国皆虚弱不堪，这是自穆公、献公、孝公、昭王以来数百年兼并

蚕食的成果，大王幸承先辈伟业，自当发扬光大，混一区宇。可是六国一旦联合，则积弱成强，后果不堪设想。依臣之计，当集中优势兵力，瞄准弱国，一举歼灭，如此则一战而定威，可令诸侯臣服于秦。"

秦王说："卿所言极是，不过先君昭王以来，灭国方略一直举棋不定，卿以为当以何为先？"

李斯说："依臣之计，当以韩为先！"

秦王问："此话怎讲？"

李斯于是有条有理地道出了灭韩的理由，他说："昭王时代范雎废穰侯之后，提出远交近攻的方针，把战略矛头重点指向三晋，三晋之中又以韩为目标。范雎曾讲过：'秦韩两国地形如同犬牙交错，韩国对秦而言，仿佛一条大蛀虫藏在树木之中，随时有从中发难的危险。天下不发生变故则已，一旦发生变故，为患最大的肯定是韩国。'所以范雎曾请求昭王彻底消灭韩。秦昭王也一度采纳范雎意见，加大对韩的军事进攻力度。伊阙一战大败韩军，韩举国上下，闻风丧胆，至大王即位之初竟出'疲秦下策'。依臣之见，昭王若在位时间更长，韩为秦所灭是无疑的。大王承先祖之业，当趁热打铁，消灭韩国。"

秦王政点头称是，并问众人有何补充。尉缭则换了一个角度，从经济和地理上论述了先灭韩国的理由。他说："东方六国之中，韩国最为贫弱。其国境内崇山峻岭，沟深路险，中原所谓'五谷'在韩只有麦，老百姓贫困潦倒，大都吃藿菜汤和麦饭，只要年成稍微不好，就连糟糠都吃不饱，这个国家的人民长期处于饥饿之中。再说，韩国国境狭小，方圆不过千里，占领这样的国家，战线不会拉得太长，也便于统治。韩国是夹在赵魏两国间的长条形国家，大王出兵攻荥阳，则可切断巩、成之路，使韩国南北不通，首尾不能相顾。对大王而言，攻取这样的国家，胜利的把握相对较大一些！"

李斯接过话头，最后作总结性的论断。他说："韩号称天下枢机，灭韩可以说是牵一发而动全身。灭韩南可制楚，北能慑燕，东胁齐赵，西则夹击魏。再则，灭韩还可从根本上解决大王所最担忧的合纵抗秦格局。韩国素来是合纵部队的急先锋，灭韩实是斩杀合纵部队的领头雁，使东方六国丧失攻秦的桥头堡。因此，依愚臣之计，统一战争的第一仗选择韩国是最正确的，请大王圣裁！"

在御前会议上决定了首先派姚贾出使东方四国，以便孤立韩国。然后再设计用外交骗术诱韩王入秦，扣押韩王，乘机灭韩。

原来，秦国历史上搞外交骗术是很有名气的。较早的外交骗术是秦孝公时商鞅骗魏公子卬。商鞅在秦变法图强后，有一天对秦孝公说："秦与魏的关系如同人有心腹之病一样，不是魏并秦，就是秦并魏。这是因为魏国占据岭厄之西，定都安邑，专擅河西与山东之利。时机好则西向侵秦，时机不利则东向收地。现今君主圣明，国家强盛，而魏去年败于马陵，诸侯背叛，大王可乘此时机伐魏，魏抵敌不住，必东迁，这样，秦就可据山河之固，东向而制诸侯，这是帝王之业。"于是孝公派商鞅为将伐魏。魏惠王以公子卬率师迎敌，两军很快相遇。战前，商鞅写信给魏将公子卬说："我当年在贵国丞相公叔痤门下做事时，与先生交游甚密，现在我俩分别为二国之将，念及往日旧情，实不忍开战，愿与先生相会兵营，定立盟约，然后饮酒为乐，畅叙离情而罢兵就国，使秦魏两国永远相安无事。"魏将公子卬不知是个圈套，欣然前往谈判。就在谈判进行之中，商鞅伏甲士生擒公子卬，然后向失去统帅的魏军展开猛攻，魏军大溃而逃，丧失河西部分土地，并被迫迁都大梁。较近的外交骗术是秦昭王用张仪之计，骗楚怀王入秦。商鞅、张仪这些客卿以骗术立功在前，李斯也想依样画葫芦，再试一试。

公元前232年，李斯来到了韩国，可是，李斯到韩后，发现韩王并不像公子卬、楚怀王一样容易受骗上当，韩王根本不见他。李斯一看风向不对，只好给韩王写了一封信，信中说：

"以往秦韩相交，天下不敢侵犯，已经数世了。不久前，五诸侯联合伐韩时，秦还出兵相救。韩居诸侯之中，地不满千里，而能与诸侯并列天下，社稷安稳，原因即在韩国世代效力于秦。然而，早些年，东方五国合纵抗秦，韩国却反而为之先导，结果五国兵困力穷，共割韩十城予秦，才算了事。韩一旦叛秦，则遭如此下场，以致兵弱至今，这都是误听奸臣邪说，不权衡形势利弊的结果。这次秦王派臣出使，大王又回避不见，我担心大王又听了奸臣之计，无疑这将给韩带来失地的危险，臣出使韩，是奉秦王旨意，向大王献方便之计的，大王怎可漠然置之？如果大王杀臣于韩，或不听臣计，则必将大祸临头，秦国必将倾全国之兵而来，韩就难保其国了。"

李斯这次使韩，不仅没有骗得韩王入秦，反而有杀身之险，因此，为了自保，他在信中大肆吹嘘他使韩的重大意义，并将秦要移兵于韩相威胁。韩王因李斯杀韩非在先，本欲杀李斯，只是担心惹来秦王报复才未敢下手。李斯最终在韩尤功而返。

骗韩王入秦之计虽未成功，但并没有动摇秦王政灭韩的决心，他决定以武力伐韩。

秦王政十六年（前231年），秦王政命令秦国男子一律到官府申报自己的年龄，以便为新一轮的征兵工作作准备。同年九月，他命令军队强行开入韩的南阳地区（今河南省南阳市附近），任命内史腾为这里的代理地方军政长官。这次秦国对韩国的军事行动进行得非常顺利，几乎没有遇到任何抵抗。秦王政这才决定首先把韩国从地图上抹掉。

公元前230年，秦王政命令内史腾灭韩，从此拉开了武力统一中国这一空前伟大战争的序幕。

内史腾率数十万大军攻入韩国，很快拿下韩国都城新郑，生擒韩王安，韩国灭亡。公元前226年，秦王政在韩地设置颍川郡，使之成为秦国的一个行政区。

由此可见，不管是过去还是现在，无论是个人还是团体，在发展的过程中，一定会遇到很多的阻碍。这时，怎么决定先后顺序就摆在了我们的面前。当年，秦始皇面对六国时，所确定的战略方案就值得我们借鉴。

秦始皇雕像

首先从地缘上考虑，韩国与秦国接壤，完全符合远交近攻的大策略。其次，在当时的七雄中，只有韩国实力最弱，消灭韩国，不会对自身造成重大伤害，便于快速恢复进行下一次作战。第三，地理位置上韩国是对秦国最大的威胁，就好像眼中之钉肉中之刺，如不除去，必为后患。所以目标确定，就要按先弱后强的方针进行战争。

这个方针早在嬴政之前的各任秦王就已经确定，然而，却在历次攻伐中，频频更换目标，致使不但四处树敌，而且本来已经被削弱的国家得到休息。所以嬴政确立了一个新的方针，那就是作战到底，将一个国家彻底剿灭，这就是所谓的伤其十指不如断其一指，先将那些弱小的敌人一一清除，然后在无后顾之忧的情况下，集中力量，和那些有实力的对手进行对决。也正是在这个正确方针的指导下，战国七雄，最终秦灭其六，实现了天下的统一。

今天，我们在对外扩张战略中，也要遵循这种战略，先将最弱小的对手吞并，然后不断整合自己内部资源，壮大自己，最后再集中精力和实力雄厚的竞争对手进行竞争。

分化矛盾，区别对待

　　人生成功之路上，会遇到许多的阻碍，它们横在我们面前，挡住我们前进的脚步。在面对这些问题时，我们没有必要一切障碍统统踢开，大可以将一些矛盾分化处理，抓大放小，区别对待，甚至可以将那些小的绊脚石作为自己成功路上的垫脚石。

　　处理弟弟成蟜、嫪毐、赵太后、吕不韦几个人的问题时，秦王政采取了不同的策略，但他有着自己的原则，对于妨碍自己事业的小人，例如嫪毐，必须予以严肃处理，给予彻底打击；而对那些打击之后还需感化的人，例如自己的弟弟成蟜，母亲赵太后，他必须故意挥眼泪，显出自己的慈悲，体现了自己假装的智慧；对于吕不韦，由于其构成的势力太复杂，就只能重点打击，而不能打击一大片，否则众人反目，其结果难以想象，而且，对待这些人要不计前嫌，还给予重用，他们就会感恩戴德，为自己所用了。

　　首先说到秦王嬴政的弟弟长安君成蟜，他因为轻信他人，听从手下的阴谋诡计，去收复失地时发生了叛乱，之后嫪毐率领秦军作战，他又想投降，但是秦国有禁令，不接受投降的叛乱者，一律斩首，灭其三族。成蟜有叛心，是其母临死有授意，他才是秦国正根，所以也想把秦王政搞下去，自己为王，但成蟜没有意志，成天只会吃喝玩乐，好斗游戏，只是在人怂恿下，才起来反叛的。然而秦王政却不管这些，成蟜是自己未来的敌人，此刻机会正好，不除还待何时。正好还可借刀杀人，让天下人不知是自己要杀成蟜，而是成蟜叛乱自灭，又是死在嫪毐手中，所以秦王政相当满意这一杰作，不几天，嫪毐就把成蟜叛乱镇压下去。而秦王政知道嫪毐肯定不会放过成蟜，其意是想让嫪毐去杀掉他，借刀而已，自己不用担任何坏名声，而且中间还追加了几道圣旨，要嫪毐手下留情，其实这一切都是假的，正好说明了秦王政"借刀"假慈悲真杀人的动机。从后面秦王政残酷镇压成蟜的叛党阴谋就更能说明这点。

再来说说太后和嫪毐集团。吕不韦与赵太后曾经有情，两人旧情难忘，在咸阳经常厮混在一起，此时传闻出去后，吕不韦觉得有损他丞相的面子，为了掩人耳目，他将嫪毐送给赵太后，将自家门客扮成黄门，来清除自己的传闻。前面提到，后来嫪毐却与赵太后产生了感情，两人情投意合，赵太后还怀孕生下两个孩子。赵太后经常在秦王政面前为嫪毐美言，加上嫪毐当初很效忠于秦王政，秦王政对他很是尊宠，封他为长信侯，食太原郡，后来还赐阳山给他作为封地，成为国中之国。赵太后和嫪毐勾结通奸，两人势力结合，形成了一个反叛的政治集团，太后让"宫事、车马、衣服、苑囿、驰猎恣毐"，并且事事"皆决于毐"，还和嫪毐暗中谋划推翻秦王政，两人欲合力将私生子推上王位。这一切秦王政都看在眼里，记在心上，先让他们嚣张一段时间，自己积蓄力量和等待时机。时机一到，趁嫪毐叛乱，果断地一举镇压了嫪毐集团，把嫪毐分尸，以示天下，其同党宗族也被屠戮，处理十分坚决，毫不留情。而对母亲赵太后，秦王政因厌恶母亲让自己十分难堪，但又是自己的生身母亲，当年在赵国一起受过不少苦难，如今实在下不了杀手。于是，把母亲打入冷宫，永不相见。幸得茅焦死谏，阐明大理，明其事道，有利秦国统一需要，所以秦王政还得把母亲赵太后接回咸阳，并给予安静之处供其修身养老。

同样是嫪氏、太后集团，秦王政却采取了不同的策略，嫪毐及其同党死得凄惨，是罪有应得，而母后继享荣华则是利益驱使而非"人伦之道"。

对于吕不韦，那就不能造次了。吕不韦是以商人的身份投机政治并成为政治暴发户的，但他绝没有一般商人那种令人生厌的"贱士而贵货贝"的劣根性。在他当年鼎力资助异人回归故国时，虽说是为了谋求一场大富贵，但为此而耗尽千金家财并赔进貌美如花的娇妾，其胆量和见识远非常人所能及。在吕不韦进入秦国宫廷并平步青云登上权力顶巅时，我们虽能从史书记载中明显地感觉到这位中国历史上少有的商人丞相权势炙人的热浪、颐指气使的气度和富可敌国的财势，但我们更多地看到他是秦国政治舞台上的一位谦谦君子，骄上而不欺下，平日礼贤下士，敬重人才，多方优待前朝故老旧勋，广为招揽四方游士宾客。因此在他实际上主持朝政的十几年间，秦国不仅平稳地度过了四年之内连续死了三代国君的非常历史时期，国内没有发生大的内乱和动荡，而且出现了历史上极为鲜见的将相团结、上下一心和宾客云集、人才济济的强盛局面，并把东征的战鼓重新擂响，在对外兼并战争中取得了一系列辉煌的胜利，为秦王政以后扫平六国统一天下奠定了基础。有目共睹，吕不韦的确是个了不起的人。

秦王政即位吕不韦以仲父身份主政时，朝中的文武大臣多是数朝元老，功勋故旧。他们或以足智多谋、精明强干而被前朝君王倚为国家柱石，或以出生入死、战功显赫而被平民百姓尊为英雄偶像。他们往往敢于犯颜直谏，对赢姓秦室忠心耿耿，从不把朝中权贵新宠放在眼里。但是令后人大惑不解的是，这些文臣武将在吕不韦专政时代不仅对朝廷大权旁落毫无异辞，而且还心悦诚服地对这位昔日的"阳翟巨贾"言听计从，甘愿为其奔走效劳。其实这种现象并不难理解，主要在于吕不韦度量宽宏，毫无嫉贤妒能之心，仍然器重他们，依靠他们，与他们和衷共济，风雨同舟；吕不韦又知人善任，量才使用，使他们能够各尽其能，建功立业。因此，他们对吕不韦也毫无戒备防范之心和怠慢蔑视之意，乐意遵从其号令，共同开创秦国历史的新局面。

　　吕不韦对秦国有功，对自己有恩、有情、有义，这些，秦王政都非常明白。然而他是一代霸主，是一条潜龙，到时就会爆发，但由于还没亲政，实力不足，所以看着吕不韦权倾朝野，颐指气使，自己也只能吞声忍气。当他具备了实力，时机一到，就先果断地除掉嫪毐集团，继而展开了对吕不韦的进攻，蚕食侵吞，步步为营，先是让吕不韦休息，再是把吕不韦辞掉，让他回家养老，最后才把他迁往蜀地，于是，吕不韦自感前途渺茫，引鸩而归天了。之后秦王政先是掠其家，打击重点余党，而对一大批人感化利用，使之纷纷向秦王政倒戈了。

　　俗话说"谋事在人，成事在天"，正因为秦王政早已准备，并在斗争中采取了正确的策略，还借助了有利的时机，所以能一举清除嫪氏、吕相两大集团。而且在斗争中积极主动，或避实就虚，或避虚就实，处处表现出一种积极进取的人生态度。这种积极进取的人生态度使他一旦把握机遇，就如猛虎添翼，潜龙遇水一样，创造出非凡的业绩。从秦王政成功的事例我们知道：谋事在人，重在"谋"；成事在天，重在"创造"。

　　经常会有这样的情况发生：打击一个，没有人会予以重视；打击一大片，这些人就会联合成一个团体，集体反攻。因为当这大一片人中每个人的利益都受到了侵害，他们就有了团结的基础，很容易倾向于一个共同的方向。有智慧者行事必须注重方法，尽量减少伤害，伤及小部而不能伤及众人，否则就会出现"得道多助，失道寡助"的情形。

　　上述这些都启发我们，在我们确定了要解决某项矛盾时，首先要看到的就是，这个矛盾能不能分化，能不能将它分解成不同的方面，我们在处理的时候先处理主要的方面，并且将矛盾的各个方面区别对待，往往能取得较好的效果。

对外之道，远交近攻

兵法讲艺术，军事讲策略，对外关系则要讲究谋略。远交近攻最初是作为一种军事思想提出的，但是我发现，这种智慧的思想不仅仅适用于军事斗争，在我们的对外交往之中，这种思维同样适合。

范雎提出"远交近攻"的统一国策，在很大程度上帮助秦始皇统一六国。作为一种军事策略，"远交近攻"是指要分化并瓦解敌方的联盟，然后对其各个击破，继而战胜全部敌人。

那么怎么样才能分化并瓦解敌人的联盟呢？与远离自己的国家结交，先攻打与自己相邻的国家，然后扩大，一一吞食别国。舍近求远去进攻与自己相距很远的国家是不明智的，一方面是在地理环境的限制下，想要攻打远国很难取得成功；另一方面如若进攻远的国家，会引起近处的国家的抵抗情绪。为何既要近攻同时也要远交呢？为了减少树敌，如果树敌太多，很可能促进敌方联盟，万一敌国结成联盟进攻，就难以对付了。

"远交近攻"既是一种军事策略，同时也是一种外交谋略。当然，国家和国家之间，特别是近邻各国之间，平时应该保持友好来往的关系，这样有利于社会和平与稳定，有利于国家经济文化的发展。但万一别国有意前来对抗我国，这时就需要采用一种远交近攻的方法。从地理位置和政治的关系来看，地理位置远的国家之间，一般是没有直接的利害冲突的，在各方面都能够达成互相支持。特别当与近国处于战争状态的时候，采取远交近攻的谋略显得尤为重要。

范雎是魏国人，他出于爱国心理，想充分发挥自己的聪明才干在魏国做出自己的一番贡献，想通过游说魏王来振兴祖国。因没有人举荐，暂时只能在魏中大夫须贾手下工作，等待时机到来展现自己。

有一次，奉魏昭王之命，他跟随须贾出使齐国。在齐国逗留了几个月，任务还是没有完成。齐襄王看中范雎口才很好，命人赐给他十斤金和牛酒诸物，范雎辞谢不受。须贾知道这事，顿时大怒，以为是范雎向齐国泄密因此而得到了赏赐，就命令范雎接受牛酒，退还赏金。回到魏国后，须贾把此事告知魏国国相。魏相名叫魏齐，乃魏国公子。魏齐在没有查问清楚的情况下，就命人将范雎毒打，范雎被打得肋断齿折，昏死了过去，然后用席子将他的身体包起来放到厕所。范雎醒来后，苦苦哀求守卫说：“如能救我，当以厚报。”守卫便请魏齐将尸体埋掉，魏齐此时正醉，便答应了。范雎才得以逃了出去。

从此范雎化名为张禄，只能到处藏匿，后来在同乡郑安平帮助下，被推荐给来魏的秦使王稽，王稽便带他到了秦国。在向秦昭王汇报完使命后，王稽进献说道：“有一位魏国的张禄先生，是天下的辩士。他说‘秦王之国危如累卵，得他就安，但不能用书面说明。’因此我把他带回了秦国。”秦王不以为然，暂时将他留下了，只是以下客之礼相待。因为秦昭王反感无所谓的辩士，他不相信王稽的话，所以，范雎在秦国待命一年多，都从未展现过才能。

在这种情况下，范雎就向秦昭王上书说：“我听说，明主执政，必定赏赐有功劳的，有能力的做大官，功劳大应该得到更多的俸禄，功劳多应该给予高爵位，能治理众人的官职就大。反之，无能的人便不能任职，有能力的人其才能可以得到发挥。古语有言：‘庸主赏所爱而罚所恶。明主与之不同，赏必加于有功的人，刑罚必断于有罪的人。’如果您觉得我所说的话能有利于国家，就按照它来执行；要是您认为我的话没有道理，把我留在秦国又有何用。天下就因为有了明主，诸侯就不能滥用职权。王者若是贤明，必定能预见成败，有利之事一定施行，有害的举措就会摒弃，有疑问的也可以稍微加以尝试，以探明究竟。把话说太深，我不敢将它们写在信上；把话说浅了的话，又不值得您一听。我希望大王能够从您游览观赏的余暇中抽出一点时间，我想当面进言，如果我的话毫无用处，到时候愿意接受惩罚。"

看了范雎的这封信，秦昭王很高兴，认为范雎是个难得的人才，便下令让王稽用专车召见范雎。

范雎来到秦宫，宦者不知道他是应秦昭王召见而来，想要赶走范雎，说："秦王到！"范雎假装说道："秦国何来大王？只有太后、穰侯罢了。"他想用此言来激怒昭王。昭王到了以后听到他与宦官争辩，出来迎接，说："我应该早接受您的教导，却碰上处理义渠国事紧急，而我每天早晚到太后处请安。现在义渠国的事已经处理完毕了，我才有时间接受您的教导。"范雎得到了秦昭王的大礼招待，他表示谦让。当天见到范雎者，都肃然起敬，对他刮目相看。

秦昭王态度谦和，虚心向范雎请教强国健兵之策。

范雎当仁不让，谈论了起来："现今天下这七国之中，秦国势力最为强大。秦国有沃野千里，甲兵百万，占据四塞之固，进则能攻，退则能守，应该能不费力气完成统一天下大业。但是，我听说近期大王盲目听从丞相魏冉的话，贸然派兵进攻齐国，我认为这不是明智之举，很可能会断送秦国的前程。"

秦昭王表示疑惑不解："攻打齐国何错之有？"范雎说："越过韩、魏两国进攻齐国，这是相当错误的。就算获得胜利，大王又如何把得到的齐国的土地与秦国连接起来呢？当初，齐王越过韩、魏两国进攻楚国，曾经占领了千里之地。最终齐国却一寸土地都没有得到，反而被韩、魏两国瓜分了。造成这样结局的原因是齐国与楚国距离太远，韩、魏两国距离楚国很近。我认为，大王应当采取远交近攻的策略。"

秦昭王听得很入神，接着问范雎："远交近攻的策略是什么呢？"范雎说："远交近攻就是要与离得远的国家订立盟约，从而减少敌国，而进攻离自己近的国家。如果能够这样，得到了的土地一寸就是一寸，一尺就是一尺。先打下韩、魏，然后再攻打燕、赵；攻下燕、赵之后再进攻齐、楚。大王要是能实行这条计策，不用多少年，秦国就能兼并天下，统一六国了。"

这一番话，秦昭王听得十分高兴，他对范雎说："以后寡人就听先生的计谋了！"范雎马上被秦昭王封为客卿，秦昭王开始按照范雎提出的远交近攻的策略，撤回了攻打齐国的人马，转而攻打邻近的魏国。之后，秦国成功获得了邻国的大片土地，为后来秦王政统一六国打下了坚实的基础。

秦昭王是秦国历史上成就极高的一位君主，他在位长达56年之久，贡献突出，在位期间秦国逐渐富强，为统一大业奠定了良好基础。他的丰功伟绩，离不开范雎的"远交近攻"政策的实施。

在范雎提出这一策略之前，秦昭王本来是要采取穰侯的"近交远攻"战略的，范雎到了以后，立即指明这种策略的谬误性，并为秦昭王讲明了其错误的原因，让其认清了当时的形势和利害关系，最终秦昭王明白了"远交近攻"的可行性和重要性。正是因为范雎策划的谋略很正确，秦昭王才接受了他的新计划。

在秦昭王的主持和支持下，范雎的战略得以顺利推行，而且秦昭王日益重视范雎。这时范雎任客卿已数年了，已获得昭王的信任，便酝酿着为昭王夺权。他对昭王说："我在山东时，只听说齐国有田文，未听说齐国有齐王；只听说秦国有太后、穰侯、泾阳君、华阳君、高陵君，未听说秦国有秦王。能掌握国政的才算是君王，能决定利害的才算是君王，能操纵生杀大权的才算是君王。现在太后独断专行不顾一切，穰侯出使也不汇报，泾阳君、华阳君肆无忌惮，高陵君自作主张。'四贵'

如此横行，国家怎么会没有危机？大王位居'四贵'之下，这就是我说秦国无主的原因。在当前情形下，大权落于他人手上，大王哪有权力掌控国家的法令？

"我听说，君主要是善于治国，必定懂得对内树立自己的威信，对外壮大自己的权力。如今穰侯操纵王权，随意征伐，战胜所获土地和财物都归其所有，国家财务流失，被'四贵'掌握着；要是战败了，百姓埋怨的是大王，最后受害的是国家。《诗》说：繁盛的果实会压断树枝，树枝被压断树会伤心。这就是弱干强枝，树枝过于强大会把主干压坏，封邑太大会对国家造成威胁，臣子归于尊贵，君主会因此而卑微。淖齿掌握着齐国大权，最后将齐湣杀害；李兑独享赵国大权，最终饿死了赵武灵王。如今秦太后和穰侯在秦国掌握着大权，高陵君、华阳君、泾阳君这些人丝毫不把秦王放在眼里，他们就如同是淖齿、李兑一类人。看着大王如此孤立的处境，我为大王表示深切担忧，我更担心的是，在万事之后，秦国大权早已落入他人之手，大王的子孙将不知身处何处。"

秦昭王听了大惊，不久便夺了太后的权，把高陵君、华阳君、泾阳君驱逐出关外，免除穰侯的相位，使其归封地陶邑。剥夺了外戚的权力。秦昭王从此任范雎为相。

对于秦国来说，"远交近攻"是当时的最佳谋略，不仅有效地分化了连横之盟，而且逐渐地各个击破，有利于统一中国之大业。

远交近攻的所谓"远交"并不是永远和好，而只是一种权宜之计。一旦近攻得逞，远交之故友也就变成近攻的对象了。这时，两国就只有反目而视，直到将对手置于死地。

秦国兼并山东六国的战争，事实上从秦昭王时期已经开始，简要记录如下：

公元前318年，魏、赵、韩、楚、燕五国合纵攻秦，铩羽而归。这一事实从反面说明，兼并山东六国已成为秦国的战略目标。

公元前300年，秦兵大败楚军，杀楚将景缺，攻取楚国的襄城。

公元前293年，秦将白起大败韩、魏联军于伊阙，斩首二十四万。

公元前290年，魏、韩因兵败于秦，分别把河东地方四百里和武遂地方二百里献给秦国。

公元前278年，秦将白起攻陷楚都鄢郢，建立南郡。

公元前260年，秦将白起大败赵军于长平，坑杀降卒四十万。

公元前256年，秦灭西周君，同年，周赧王卒，名义上的周天子已不复存在。

硕果累累，正是采取"远交近攻"、各个击破的结果。另外，秦王政"集权于一身"，也是范雎向秦昭王提出的强国政策之一。权力分散，国君必亡，国家必灭。

历代王朝，政权代表着一切。谁掌握了它，谁就拥有国家、臣民、权力、地位、财产。因此，凡靠近政权者，无不窥视权力。封建社会里国君如不集权于一身，为臣的权力过大，政权就有被篡夺，君王就有被杀的危险。在国事纷乱，内政外交无一定数的战国时代，集权于一身是十分必要的。此政策确为加强秦国政权与国力起了重要作用。

秦昭王把范雎的"远交近攻"作为一项统一战略，到秦王政时继续贯彻执行，并有所改进。秦王政利用李斯为相，尉缭为国尉，姚贾、顿弱奉命离间六国。这样内外夹击，六国就像一张薄纸，一捅就破。

范雎针对秦国提出的远交近攻的策略，其实不仅是军事上的谋略，实际上他更多指的是总司令部甚至国家最高领导者决策时的政治战略。大棒和橄榄枝，需要配合使用，以避免远方的国家与自己的近邻联盟。对待邻国需要挥舞大棒，尽快消灭它。如此可以防止邻国发生肘腋之变，还能让敌国两面受到打击，削弱其力量，使其无力与我方抗衡。实际上，长远来看，"远交"也并不是说能够长期和好，仅仅是暂时的。

在把近邻消灭之后，"远交"也就成了新的近邻，又要开始新一轮的政策。

"远交近攻"这一策略是一边制造矛盾，同时又利用矛盾，先分化并瓦解敌国的联盟，然后实行各个击破的谋略。最关键的是：当自己的军事目标受到地理条件的限制时，就应该先攻下就近的敌人，而不应该越过近敌去攻打远处的对手。要是可以的话，应该暂时与远处的对手达成暂时的联盟，然后各个击破。"远交近攻"攻略的实施，能够帮助自己集中力量攻破眼前的敌人，同时还能孤立他。

在商场战争中，"远交近攻"之谋略可引申为：开拓邻近的市场或与邻近的对手竞争，有更多便利因素；为了创造有利于自己的形势，对付远处的对手时，也可以适当联合他方势力。

站在时间的角度，"远交近攻"之谋略又可解释为应该迎合市场需求，先立足于眼前利益；也要着眼于未来，为未来做好打算，才能让企业维持良好的发展势头。

从经营项目上看，"远交近攻"之计也适用于企业的规划发展，如果贸然从事非自己所擅长的行业。就与远处作战一般，必遭失败。

"远交近攻"大计的核心内容是：孤立并封锁近敌，目的是先除掉他们以便有更大的势力再消灭远敌；先暂时与远处伙伴结成联盟，然后再分化联盟关系。这就是远交的智谋，也是作为王者争夺霸权的智慧。

秦王政继承这个思想，成功运用远交近攻、各个击破的思想，最终实现了统一天下。

未雨绸缪，防患于未然

做事情不能只顾眼前，要从长远打算。对于一些眼前能带来小利益，但以后会阻碍自己发展的因素，就要从长远的角度来进行处理。目光短浅只能获得短期利益，只能辉煌一时。要想把位子坐得长久，就要做到未雨绸缪，防患未然，把目光放得长远一些。

秦始皇一生的追求就是用战争消灭战争，建立一个大一统的帝国。别人手里有武器，总是让人难以放心，于是秦始皇就采用了收罗天下兵器的措施，防患于未然，巩固了刚刚建立的帝国统治。

随着齐王的不战而降，可以说秦始皇灭六国的统一大业已经基本完成。为在中国建立起一个空前统一的大秦王朝，秦王政需要有一个安定的社会秩序，特别是防止六国诸侯残余势力的东山再起，死灰复燃。而收缴六国兵器和迁徙山东富豪，便是秦始皇在统一天下之后为国家安定而首先采取的两大措施。

秦始皇比其他王朝做得更为彻底，特别是将天下的兵器铸成十二个大铜人，可以算作空前绝后的壮举。

秦始皇是凭借着手持兵器的狼虎之师统一六国的。在兼并战争中，六国庞大的军队逐一瓦解了，但却留下了大量兵器。秦始皇统一天下凭借的是智慧和武力，而他又怎能容忍六国军队留下的兵器散落在民间、以酿成后患？因而在统一六国之后，严令收缴全部兵器，有敢私藏者严惩不贷。对于收缴上来的六国兵器，除部分补充军备外，大部分从六国故地运回秦都咸阳。待到兼并战争完成之时，运至咸阳的兵器早已堆积成山。

六国群雄被一一剪灭，那些堆积如山的兵器应该如何处置呢？在他的智囊团的参议下，终于制定出了处理方案，即将这些兵器全部熔铸。六国的兵器除楚兵器中有相当数量的铁制兵器外，其余多数为铜制兵器。铁制兵器熔铸后可制作各种农具，在秦国各级官吏中很早就有将铁农具租给农户使用的传统。而如今这堆积成山的铜兵器却一时派不上用场。于是有人提出建议，将铜兵器熔铸成巨型铜人像，立于正在修建中的阿房宫前殿的宫门两旁，这样既可以使天下的人再也得不到兵器，又可以壮我朝威仪，还可以表我朝今后再也不会兴兵，永享天下太平。秦始皇欣然批准了这一建议。

于是，秦始皇帝下令："收天下兵（兵器），聚之咸阳，销以为钟镢金人十二，各重千石，置廷宫中。"

至于所铸铜人的数量，由于秦王朝是"度以六为名"，任何器物的复数，均要与"六"相配合，而所铸的铜人像立于宫门前通道的两侧，那么当然是铸成十二个铜人了。而这就是《三辅黄图》所说的"销锋镝以为金人十二，以弱天下之人，立于宫门"。而这与《史记·秦始皇本纪》的记载，成了我们了解秦始皇收缴天下兵器、熔铸铜人的始末及其目的的宝贵历史资料。

公元前221年，即在秦统一天下的这一年，秦始皇正式下达了销毁六国兵器、熔铸十二铜人的命令，工作随即开始。

熔铸十二铜人，这在当时可是一件惊天动地的大事，文献中亦不乏记载。

《汉书·五行志》说：

史记秦始皇帝二十六年（前221年），有大人长五丈，足履六尺，皆夷狄服，凡十二人，见于临洮（今甘肃省岷县）。天戒若曰，勿大为夷狄之行，将受其祸。是岁秦始皇初并六国，反喜以为瑞，销天下兵器，

作金人十二以象之。

《五行志》的说法是：秦始皇以临洮出现十二个身高五丈、身穿夷狄服装的巨人为祥瑞，故作金人十二以象之。这种说法，实在是难为苟同，因为此事带来强烈的封建迷信色彩，这是我们不主张的。而这也许就是司马迁作《史记》时未予采取的原因吧。

至于每个铜人的重量，《史记》是这样说的："各重千石"。而《三辅旧事》则说"各重二十四万斤"。在《水经·河水注》中也有所记载：

秦始皇二十六年，长狄十二见于临洮，长五丈余，以为善祥，铸金人十二象之。各重二十四万斤，坐之宫门，谓之金狄。皆铭其胸云："皇帝二十六年，初兼天下以郡县，正法律，同度量，大人来见临洮，身足长五丈六尺，李斯书也。"

关于十二铜人的下落，据史书记载：秦始皇所铸铜人，西汉时期尚存在于长乐宫门；东汉末年，董卓椎破十个铜人，用来铸小钱，余下的两个铜人徙至清门里；到魏明帝时又把余下的两个铜人徙至洛阳，载到霸城时因过重无法运载前行，石季龙将两个铜人徙至邺地，苻坚将两个铜人徙至长安后销毁，如此等等，这里我们就不再加以论证。

收缴六国兵器之后，秦始皇还是不放心。

身为一国之君，必然有其不同于世人的超凡能力，秦始皇洞察时局的眼力非一般人所能及，因此他往往能在此处看到彼处，发现问题，解决问题，从而找到自己稳权固权的方向和方法。为了消灭六国复辟的土壤，他下令把六国的大户人家都迁到秦国的故地去。

在山东六国破灭，天下统一之后，秦始皇对六国旧贵族及各地的商贾大富豪们并不是太放心。

原来，秦国虽然统一了六国，但六国的贵族残余势力和富豪们却是一批"地头蛇"，他们在政治、经济、文化等方面同六国的旧贵族统治者有着千丝万缕的联系，面对新的政治势力，他们很自然地要生出一种

第六章 秦始皇对你说谋略

排斥感，唯恐原有的经济利益遭到剥夺。他们也在时刻积蓄力量，以待时机，机会一到，就会打出反秦的旗帜。秦始皇担心的就是这点，因为他十分清楚，六国富豪们土生土长，凭借熟悉的人文环境及地理环境，为保护自己的既得利益来同秦国周旋，很有可能使彼此之间的矛盾扩大，甚至阻碍秦朝政令、法令的顺利贯彻。他们之中的一部分，极有可能成为秦朝政权的敌对派。为了便于管理这些可能危害天下的富豪们，只能让他们远离故土，斩断这些"地头蛇"与当地人的联系，这样才能把他们变成无爪牙之虎、无麟角之龙。

对于这些人，不能用武力镇压，因为他们没有反抗和叛乱，更找不出理由从经济上剥夺其财产。秦始皇最后从秦人的历史中得到了启发。原来秦人在西周初年因参加叛乱而被周公逼迫举族西迁。周公摄政时，率师东征平息了殷商贵族的叛乱，后来他允许"殷顽民"和其他附属部族继续留居东方，但那些人始终对周王室的统治构成潜在威胁。因此，周公先在洛邑营建了军事重镇——"成周"，然后将所有代表商王朝残余势力的"殷顽民"迁入这座空城，置于军队的监视之下，而秦人则被迁徙到遥远荒凉的"西垂"去抵挡戎人，开发边疆。

现在秦始皇遇到的问题与此相似。他想，现在既然已拥有天下，何不效仿当年周公的做法，将六国残余贵族和东方富豪全部迁到咸阳及其附近，一来可以使他们失去图谋不轨的据点，将他们置于大秦帝国的直接监督之下；二来可以利用其财富增强咸阳的经济实力；三来可以增加咸阳的城郊人口，岂非一举三得，一劳永逸？

想到就做。秦始皇是一个刚毅果断、做事极有主见又不瞻前顾后的人，于是，他马上颁布了一道诏谕，迁徙天下富豪十二万户于咸阳，由军队具体负责迁徙押解事宜，违者斩无赦！

一场牵动全国的大规模迁徙运动正式开始了。各地的军队在地方郡守、县令的密切配合下，把工作开展得有条不紊：先是调查摸底，按籍登记，然后下令被迁徙的对象举族行动，踏上西去咸阳的路途。对于那些拒绝迁徙的贵族富豪，则在劝说、利诱、威胁无效后，干脆用几条绳索将其全家男女老幼绑成数串，由军队押解入咸阳。

据《史记》一书记载，秦始皇强令迁徙富豪是分期分批进行的：

公元前221年，"徙天下富豪于咸阳，十二万户"；

公元前222年，"徙三万户丽邑，五万家云阳"。

除上述两次大规模地迁徙富豪之外，其他被个别迁徙的富豪，据《史记·货殖列传》的记载，更是不胜枚举。例如：

秦破魏，魏国富豪孔氏被迁往南阳；

秦破赵，赵国富豪卓氏被迁往蜀地。

秦始皇迁徙富豪主要是从政治上考虑的。当富豪一旦从所居的六国故地迁出，他们在当地的势力便不复存在。他们在被迫迁徙时财产上有损失，但秦始皇并不是有意要剥夺他们的财产，可以证明这一点的是，秦始皇并不阻止这些富豪到达被迁徙地后重新发财致富。据《史记·货殖列传》记载：

赵国"迁虏"卓氏被强迁蜀地，"夫妻推辇"而行，到达临邛后，"即铁山鼓铸，远筹策，倾滇蜀之民，富至僮千人。田池射猎之乐，拟于人君。"

"程郑，山东迁虏也，亦冶铸，贾椎髻之民，富埒卓氏，俱居临邛。"

"宛孔氏之先，梁人也，用铁冶为业。秦灭魏，迁孔氏南阳。大鼓铸，规陂田，连骑游诸侯，因通商贾之利，有游闲公子之名。"

在这些被强迁者中，宛孔氏的祖先原以冶铁为业，被迁到南阳后，又重操旧业，"家致富数千金"，被强迁后成为富商大贾。

而被称为"迁虏"的卓氏与程郑，强迁前的身份可能是贵族，并非是商贾，他们是在被强迁到临邛之后才冶铁致富的。

史书记载表明，强迁六国富豪、贵族与收缴六国兵器一样，这两项政策法令在秦灭六国的战争进程中已被付诸施行，只是到了最终统一天下的公元前221年，才在全国范围内大规模地推行，其主要标志是在这一年收缴上来的六国兵器被熔铸成十二个铜人；十二万户富豪被强令迁居咸阳。

像这样一次迁徙十二万户富豪到首都的举动，历史上从未有过，的确是一项前无古人的举动，一个平庸无能的君王是绝对办不到的。这些被迁徙的家庭按其性质大致可以分为两类，一类是六国贵族残余势力；一类是东方各地拥有千万家财的巨富。

六国贵族残余势力除少数人因遭秦始皇的通缉而被迫流亡四方或者隐姓埋名藏匿民间外，其余大都在当地聚族而居，并在地方上具有一定的声望和影响。如秦灭齐国后，齐国王室贵族田增一家"皆豪，宗强，能得人"，他们对秦人怀着不共戴天的深仇大恨，暗中进行反秦活动，一遇风吹草动便准备在当地登高一呼，期望得到群起响应的效果，匡复他们的故国。现在秦始皇强令他们离开故国家园，迁入咸阳，将他们置于中央政府的直接监视和控制之下，使他们成为无源之水，无根之木，无法进行反秦活动。所以这些贵族残余势力从骨子里反对迁徙，他们也明白秦始皇对他们怀有戒备心理，但秦始皇又实行严刑峻法，这些贵族残余势力当时还不具备实力与秦始皇公开对抗，所以只能极不情愿地像秦人的祖先一样，离开世代居住的地方，扶老携幼走进咸阳，定居在秦始皇的眼皮底下。

秦始皇之所以把富豪与贵族"捆绑"在一起迁往咸阳，是出于多方面考虑的。主要原因在于巨富们之所以拥有"田连阡陌，家资巨万"的财产，很有可能是因为在山东六国统治之下享有包括经济特权在内的各种优惠政策，或者与朝中权贵和地方官府相互勾结，共谋私利，因而才发家致富的。秦始皇灭六国对于他们是一种沉重的打击，他们在政治上降为普通的"编户齐民"，经济上丧失了许多特权，因此他们对秦始皇抱着敌视怨恨的心理，极易和贵族残余势力再次勾结起来从事各种反秦活动，所以把他们集中起来，一来避免造反，二来便于监控。这些富豪之所以能与"豪强"并列为主要迁徙对象，还因为他们在当地以众欺寡，以强凌弱，横行乡里，鱼肉百姓，与秦始皇奉行的"尚农除末"、"黔首大安"的政策背道而驰。

所谓"富相什则卑下之，佰则畏惮之，千则役，万则仆"，这些富人因从事冶铸、贩运行业暴富起来后，又以巨额财富为后盾，兼并农民的土地，贱买、强夺"编户齐民"为奴仆，威胁着以小农经济为基础的国家的安全，影响政府的财赋收入。所以，秦始皇才将他们列为打击和迁徙的对象，以维护社会安定，巩固小农经济，保证国家财赋收入。咸阳虽享有天下独尊的政治地位，但远远没有发展成为全国的经济中心，将这些拥有千百万家资的富豪迁徙到咸阳，实际上也等于将全国的主要财富集中到咸阳，可以大大增强咸阳的经济实力，加快咸阳经济的发展。

许许多多原六国地区的贵族富豪，携带着大量的资财，也带着各地比较先进的农业、手工业生产技术，带着各种各样有关商业经营和管理的可贵经验，千里迢迢地来到首都咸阳，安家落户，开始了第二次创业。这下秦始皇可高兴了，这批富豪有钱、有技术、有经验，可以发展生产、搞活经济，事实上这些人确实为咸阳的经济发展作出了贡献。

管理者要有长远的目光，不能只停留在眼前的利益之上。而是要将自己的长远发展作为首要的考虑内容。而在这个过程中，就要致力于将内部存在的隐患消灭掉。

正所谓千里之堤溃于蚁穴，祸患总是起于细微的漏洞，在人们不经意的时候，慢慢地发展起来，最终造成无法弥补的损失。虽然古人的智慧中有一句"亡羊补牢"，但是即使是这样，还是已经造成了亡羊的损失，聪明的管理者为什么不在损失造成之前将隐患去除呢？

秦始皇就充满了管理者的智慧，他强令富豪迁徙，目的在于彻底铲除六国贵族的残余势力，为他的统治提供稳固的基础与安定的环境。通过大规模的迁徙，在政治上巩固了中央统治，在经济上为咸阳增加了不少财政收入，同时也加强了全国各地的文化交流，推进了多民族国家的统一，这足以体现秦始皇的远见卓识。

我们现代的领导者和管理者同样要注意这些问题，在管理中，不要只顾眼前的利益或者阻力，而应该将目光投向长远的利益，对于会对将来的发展造成危害的因素，即使面临着很大的阻力，或者眼前会损失一定的利益，也要尽一切努力将其剔除，只有这样，才能保证长久的发展。

迂回也是一种前进

我们走向成功的过程中，需要百折不挠的勇气和毅力，但是我们还需要一点变通的智慧，那就是：迂回。迂回不是退步，更不是放弃，迂回是一种智慧，是将成功之路，改变了一个方向，但终点，却仍在那里。

秦王嬴政的铁骑踏破了韩国的城墙，之后秦王又计谋加军事，占领了赵国的都城，秦王政夺韩灭赵之后，下一个目标便是比楚国稍弱的魏国。

当一切部署完毕，各军正在集结，整装待发之际，边关传来紧急军情：原来属于韩国的新郑地区，发生军事叛乱，秦所任的郡守被杀。因秦在当地驻军的兵力不够，请求增援。而该地之所以敢于反叛，是受了仅一水之隔的魏国的怂恿和支持。当尉缭和李斯将这消息向秦王政禀奏时，这位君主不但没有像往常那样勃然激怒，反而开颜大笑起来，并说："新郑之反恰如其时，真乃天助我也！"尉、李不禁愣住，问他为何对新郑的叛乱感到高兴。秦王政笑着说："朕原所虑者，魏于我之征伐有所警觉与防范，则不易得手。今我以兵平新郑之叛，乃域内之事，彼当不予介意；我则可趁平叛之机移师渡河，突袭大梁，攻其不备。由此观之，新郑之叛实天助我大秦之际遇也！"尉、李都连连拱手致敬，盛赞秦王政确实是一位天才的军事家。

于是王贲即率大军十万攻打新郑，很快就平息了叛乱，随即在黄河西岸驻扎下来，表面上进行平叛后的善后和恢复工作，暗中则窥测一水之隔的大梁城的动静，准备伺机而动，攻下这座魏国的都城。

正好在这年的冬季，魏国全境下了一场罕见的大雪，雪深二尺五寸，冰冻三尺，白茫茫一片，一望无垠。魏国君臣和军民都在严寒之中向火取暖，或暖阁笙歌，安享荣华，或小炉杯酒，甘守清贫，全然没有顾及一水之隔的前韩国，现为秦的领地的动静。而秦军却正是利用这场大雪，发扬其善于吃苦耐劳、连续作战的作风，顶风冒雪从西岸的新郑渡过黄河，把部队转移到东岸，对大梁城形成了包围的态势。到了次年，即秦王政二十二年（前225年）春，正当冰雪消融的时候，秦军已经在黄河东岸集结完毕，只等令下，便可以开始进攻了。

直到这时，魏国才发现自己的国都已经处于二十万秦军的包围中，情况非常危急。当十万火急的军情报给魏王假时，他才如梦初醒，赶紧召集群臣，商议抗秦之计。

魏王假最后决定：由大将军晋升率军十二万，都尉魏天骄为副将，即日出城赴战，将秦军阻挡在十里以外，一来确保大梁城之安全，二来可供郡、县增援的部队在后面布陈设防。

朝议既毕，西门将军即向各郡、县派出飞骑传令，速向国都大梁城

第六章
秦始皇对你说谋略

发兵增援。大将军晋升带上副将魏天骄，统率十二万大军出了大梁城，开赴前线，迎战秦军。

秦将军王贲在大梁城外十来里处摆开围城的姿势，但并未贸然进攻。等到探马回报，知魏军统帅打的是"晋"字旗号，又立刻放了心，并想出了一条妙计，可以兵不血刃而打败魏军。

翌日辰时左右，秦军开出一队人马到魏军阵地前，扎下阵脚，列开旗门；魏军也赶紧摆出相应的阵势，准备应战。但秦军并不挑战，只是传过话来，请主帅到阵前答话。晋升从旗门后探视，看清秦将确实没有持械，不像准备打仗的样子，便随带一员骠骑兵乘马走向阵地前沿。秦军中的王贲将军也骑马相向走来，当相距只有两丈之遥时，晋升忙勒住马，等待对方开口。谁知王贲并不停步，而是继续向他走来。晋升忙问道：将军有话，请就地讲来，怎么擅入我方阵地？话音未落，忽见王贲一扬手从袖内飞出一根套索，不偏不倚正好套住他的颈部，他刚要挣脱，早被王贲用力一带，把他提了过来，正好落在鞍上。这位魏军将士猝不及防，一下子愣住了，等转过神来放马追抢，王贲已经一马双跨飞奔入了旗门，随即飞箭如雨射了过来，魏军只好退了回去。

王贲不但用兵如神，还能巧舌如簧，硬是把晋升说得投了降，而且按照王贲的意思写了一通号召书，极言秦国将统一天下是大势所趋，魏国则君幼而无志、臣庸而无能，何必为其作无谓之牺牲。他劝大家非降即散，不必替魏国效死卖命。王贲命军中书吏抄写成数千份，向魏军散发，魏军果然分崩离析，或降或逃，损失数万之众。副将魏天骄赶紧将部队带回城里，不敢应战。秦军趁势衔尾急追，只几个战役就兵临城下将大梁城围得水泄不通。将军西门光武与魏天骄多次率军出城与秦军拼死决战，怎奈秦军已紧紧封住了城门，即使略有退让，马上又有后续部队围上堵住。从郡、县来的魏军救兵还未接近城池就被秦军击退，内外不能接应形成阵线，施展不出力量，任凭舍生忘死也徒有牺牲而于救援无益，终于败下阵来被困在孤城里。魏军虽然突围不出，但大梁城坚固厚实，秦军也很难攻入，僵持状态延续了三月之久，王贲为此很是着急！

到了夏季，出现了经久不停的阴雨，河水猛涨，大梁城被水包围着，这使王贲想起了以前赵、楚两国都曾采取水淹的办法打败魏国，便下令从护城壕向内挖掘，向外决堤引水。八万将士镐锹翻飞，锄锹竞举，日夜不停，轮番操作，只几天工夫就把城墙挖通了，堤的决口处引来的黄河水浊浪翻腾，狂冲猛泄，大梁城浸水深丈许，人们都爬到屋顶上，无法作炊，啼饥号寒，其状甚惨。纵有十万守军也无法冲锋陷阵了。魏王假只得捧着降书、领着群臣，大开城门向秦军投降。至此，魏国便灭亡了，时间是在秦王政二十二年夏。

完成一件事情可以有很多种方法，只有一种方法是最好的，而你所想到的方法可能是最差的。这时候就需要你开动脑筋，尝试着换一种方法，也许能够豁然开朗，找到出路。用这样一种"换条路"的思维方法，很多好的方法也呼之欲出。

关于这一点，"船王"包玉刚的做法就很值得我们学习，包玉刚总是时时处处在思索着怎样做才是最佳的办法，所以他能从一条船起家，由一个不懂航运业的门外汉发展成为一代船王。在别人都在竞相投身于房地产事业时，甚至他的父亲也在房地产之战中时，他在自己的精心分析下毅然决定投资航运业；在别的船主都在积极以"散租"的模式来获取一时的高额租金时，他选择了用"长租"的方式得到更加稳定的收入，这样也得到了很多稳定的大客户。他能够获得成功，并非因为他的先天条件，并非他所拥有的特殊遗传基因——他是"包青天"包拯的第二十九代子孙。原因在于他总能发现常人所用方法的弊端，同时又能设计出更好的一套方法。

由此可见，当我们身处不利环境之时，何不试着换一个地方改变处

境？作为领导者，当你发现下属不称职时，何不果断撤换？当你发现向恋人求爱，通过每天一封情书的方法效果不灵时，何不尝试一下一个礼拜不给她写信？当你发现每天与人友善来往，别人并不友好相待时，何不试着换副坚毅的面孔？当你发现对儿子百事依从，他却越来越无法无天时，何不试着严厉些？总之，遇到"不行"之事，你就要改变自己的方法，经常换个思路行事，找到一套良好的方法。

倾听最底层的声音

　　兼并六国、统一天下是一项浩大的工程，仅仅只有军队的热情是不够的，民众怎么样看待这件事呢？秦王政想听听民众的心声，他决定微服私访，了解百姓对统一战争的看法。

　　一天早上，秦王政和蒙武扮成富家子弟，带着两个"仆人"到咸阳市上闲逛。他们来到一家茶馆喝茶，与人闲聊。可是，只要聊到国事，对方要么三缄其口，要么避席而去。

　　回到宫里，秦王政感叹地说："李斯和赵高的情报、法治工作也许做得太过严酷了，老百姓现在都不敢说话了。"

　　蒙武谨慎地说："陛下，这也不能怪李斯和赵高。秦国自商鞅变法以来，就有明文规定，老百姓妄论国事者谓之乱化，无论所言是否正确，都要被发配到边城，因此，老百姓早已养成了在公众场合谨言慎行的习惯。何况今天我们君臣四人服装特殊，两个仆人深睛虬髯，一看就知道是胡人，在胡人面前，他们更不愿意谈国事了。"

　　"原来如此。"秦王政顿了顿，"那么，寡人怎样才能听到老百姓的真实心声呢？"

蒙武说："微臣有个办法，一般而言，人在喝醉了酒的时候往往天不怕地不怕，豪气干云，什么心里话都敢说。明天大王和微臣可以换一件市井百姓穿的衣服，混在这些人中间喝酒。等他们喝醉了以后，再以话题挑逗他们，到时不怕他们不说真心话。"

"此计甚好！"秦王政拍案说。

站在一旁的王后却说："陛下，此计不妥，这些放言高论的人并不是真正的下层老百姓，他们的言论不能代表老百姓的心声。秦国真正的下层百姓是那些农民和工匠。在平时，他们默默地耕种或制造，提供全国所需的粮食和生活必需品。战时，他们服役从军，拿起武器拼杀。年纪大的，虽然不能上战场杀敌，但也要在后方从事各种劳役，他们占全秦国人口的十分之九以上。平时，君主所能听到的声音，不是士大夫的今古制度之争，就是埋怨个人的怀才不遇，再不然就是大臣们结党营私，攻讦对方。而真正出汗流血的下层老百姓是没有声音的，即使他们有声音，大多也是抱怨上天今年的风不调、雨不顺，或者是因为战争失去了亲人，孤儿寡母、老妻老夫们发出的哭父、哭夫、哭子的声音！"

听了王后这番话，秦王政和蒙武面面相觑，过了一会儿，秦王政说："那寡人明天就去农村走走。"

第二天，秦王政和蒙武打扮成小货郎，青衣短装，头戴毛毡小圆帽，脚穿翘头长靴，骑着马，驮着货囊沿途叫卖。一路上，他们或者借口马要喝水，或者说肚子饿了，向村夫农妇要水买食，趁机和这些憨厚的男女老幼闲聊。

这些人对国事果然一无所知，也不想去过多了解，他们奉行着祖祖辈辈的信条：日出而作，日入而息，努力耕耘。年成好，他们就谢天谢神，感谢祖宗保佑，因为这可以让他们上养父母，下养妻儿；年成不好，他们也没有怨言，因为他们认为这是自己做错了事，得罪了上天和

神灵，所以才用旱灾和洪涝来惩罚他们。尽管自己勒紧裤带过日子，但该交的租照样交，该纳的赋照样纳。他们认为，既然租种了别人的田地，就应该交租，向国家纳赋更是天经地义的，因为这是皇粮国税，自古以来都要交。

这些农民根本不知道秦王叫嬴政，更不用说王绾、蒙武和李斯这些人。他们只认识县里的衙役和乡里的亭尉，因为衙役来了，表示该交田赋了，交不出家里就会有人被抓去关押，挨鞭子；亭尉带着人敲锣召集他们讲话，就表示要打仗，年轻男子都得去当兵。

在归途中，秦王政和蒙武又来到了一个看起来比较富裕的大村庄。

有不少儿童在村口嬉戏，他们在玩骑马打仗的游戏。虽然是游戏，但孩子们玩得很认真，双方是动真格的，呐喊声、哭闹声、喊叫声乱成一团，直到家长们冲入战团，孩子才作鸟兽散，跑不掉的各被各自的家长拉耳朵、扭手臂，边骂边打地拖回家。

秦王政和蒙武看得笑了，秦王政自言自语说："秦人喜斗好勇，连孩子们都是这样。这就是寡人征服天下的资本。"

当他们进入村庄时，却发现愁云惨雾笼罩着全村。几乎家家户户都贴着白色素绢，上面写着"祭奠"两个大字。

"这是怎么回事？"秦王政忍不住问道："难道这里发生了瘟疫？"

两人翻身下马，来到了几间围有竹篱笆的茅屋前。

蒙武上前对主人说："老人家，我们是小货郎，货卖完了，想回咸阳，现在人饥马渴，能给我们弄点吃的吗？"

老人仔细地打量着他们，很客气地说："乡下人家，粮食果菜都是自己种的。两位远来是客，如果不嫌弃的话，就请进来一起用饭。"

秦王政和蒙武也不推辞，跟着老人进了屋。

吃饭间隙，秦王政问道："老人家，贵庄今日几乎家家户户都在设祭，到底发生了什么事？"

老人的目光有些惊疑："难道你不是秦国人？"

秦王政意识到自己的话还略带有邯郸口音，解释说："我是咸阳人，从小在赵国长大。"

"难怪你不知道呀。秦国连年与各国打仗，每年都要死不少人，尤其是20多年前与赵国在长平会战，秦国15岁以上的青壮年差不多死伤过半。要是按照每家死者的忌日祭奠，村子里几百户人家，死者上千，那天天都会有哭声。于是大家便公议出一个办法，规定在每年的今天一起祭奠，免得天天有人哭。"

秦王政心头一震，一个村庄就战死那么多人，整个秦国每年战死的将士岂不是更多？

蒙武问："这些人都是自长平之战以来所战死的吗？"

"当然，要是自孝公建国扩疆算起，死的人恐怕数也数不清。"老人说，"我也参加过长平大战，那次战争异常惨烈。本来按规定，父子同在军中者，父亲可解甲归田，但当时我正担任里正(村长)，征召的人数凑不足，我只好与大儿子一起参加了长平之战，算是凑数。"

"老人家，您有几个儿子？"秦王政问道。

"有三个，但他们全都战死了。长子在武安君麾下，战死于长平大战，次子阵亡于攻韩之战，最小的死在秦王政十一年的攻邺战场上。"

屋里传出一阵哭声。

"老人家，您的两个孙子都快长大了，您会安享晚福的。"秦王政安慰他说。

"孙子？晚福？"老人欲哭无泪，苦笑着说，"早些年，庄里的人哪个不说我有福气，妻子贤慧，儿子一个比一个俊俏能干，最要紧的是个个孝顺。现在怎么样？我真希望他们不要长大，就这样待在身边，至少还可以帮家里放牛砍柴，挑水打杂，一长大送上战场，就什么都没有

了。"

"老人家，今日多有打扰，该告辞了。改日再登门致谢。"秦王政起身告辞。

"不要客气，招待不周。下次经过的时候再进来坐坐。"老人又恢复了先前的谦和冷静。

蒙武取出一锭金子放在桌上说："老人家，告辞了。这点小意思给孩子买点东西吃。"

"说好不要给钱的。"老人以为是铜钱，便拿起来要塞还给蒙武，突然发现是金子，不由得变了脸色。他问秦王政："你们到底是什么人？怎么这么有钱？不像小货郎！"

"我们是咸阳本地人。"蒙武笑着说。

"咦，我看这位很面熟。您和他真的很像！"

"老人家，你说我像谁？是像您的儿子吗？"秦王政有点紧张。

"不，你有点像我们的大王。但是，大王怎么可能到我们这里来呢？"老人边说边摇头。

"是啊，大王怎么会来这里呢？"蒙武笑着说。

"您说我像嬴政？"秦王政笑着问。

"你这人真不懂事！怎么能直呼大王的名字？"老人有点愠怒，但很快又平静下来，自言自语说："我在为战死的儿子领受那块匾额时，远远地看见过大王……"

秦王政忍不住问道："那你不恨大王吗？你的三个儿子中，有两个死在他当政的时期。"

"你这个年轻人不懂事！我怎么会恨他？秦国不打别人，别人也会打到秦国来，与其别人打我们，不如我们打别人。至于各家的境遇，生死有命，只有看各家的命运了！"老人摇头责怪说。

"老人家，我向你赔不是。"秦王政说。

"嗨，不说这些。不过，我看你们不是常人，不然哪来这么多金子？"老人又突然问起了金子的事情。

"我家比较富裕，这点金子老人家拿去，也许可以为这个村子做点善事。"

老人想想说："也好，老朽就收下了!"

秦王政和蒙武快步出门上马，迅速离开了村庄。

在回宫的路上，秦王政说："我们必须加快战争进程，消灭东方六国。只有天下一统，才能平息干戈，老百姓才能早一天免遭战乱之苦。"

秦王政与蒙武微服私访，深入民间，第一次看到了老百姓的淳朴，看到了战争给普通家庭带来的痛苦。让他感到震撼的是老百姓对战争的理解，尽管他们的儿子或丈夫死于秦国的对外征战，但只要天下不统一，就不会平息兵戈，即使秦国不去打别国，别国也会打上门来。有这样深明大义的老百姓，秦国何愁不能统一天下。这次微服私访使他清楚地意识到，老百姓为统一战争做出了巨大的牺牲，战争不能旷日持久地进行下去，他决定加快战争进程，以大规模的兼并战争去终止永无休止的诸侯争霸，让天下一统，四海晏然。

秦始皇的微服私访，也就是我们今天所说的下基层考察，倾听群众的声音。只有深入基层，才能了解民众的真实想法，为制定决策提供可靠的依据。

在现代企业的经营管理中，企业的决策者、管理者也应该经常深入基层，了解基层职工的想法，倾听他们的心声，这样才能做到有的放矢，制定出有利于提高员工积极性和创造性的措施，推动企业持续、快速、健康地发展。

此外，企业的经营决策者如果不注意接触和了解基层，还会导致各级管理层纷纷效仿，不知不觉养成官僚作风，一旦企业内部官僚作风盛

行，就会成为企业生存和发展的障碍。一些原本很有生机的企业之所以逐渐停滞不前，甚至出现亏损，一个重要的原因就是企业内部的官僚作风严重。对此，麦当劳快餐店的创始人雷·克罗克是深有体会的

雷·克罗克在麦当劳迅速发展壮大后，由于工作太忙，一时忽视了广泛接触一线员工，结果麦当劳公司很快面临着严重亏损的危机。雷·克罗克百思不得其解，经过一段时间的观察，才发现是因为自己忽视了接触基层员工，导致公司各职能部门的经理逐渐染上了官僚主义作风，习惯于躺在舒适的椅背上指手划脚，把许多宝贵的时间耗费在抽烟和闲聊上。

雷·克罗克很快意识到了脱离基层员工的危害性。他不仅要经常去连锁店里了解情况，而且还想出一个"奇招"，将所有经理的椅子靠背锯掉，并立即照办。这样一来，各基层管理人员都纷纷走出办公室，深入基层，开展"走动式管理"，及时了解情况，发现问题并现场解决问题，公司很快扭亏转盈。

此后，雷·克罗克又把广泛接触基层员工作为公司管理的基本方法，向公司的各级管理层推广，要求每一个管理人员都要做到这一点。他以身作则，带头接触和了解基层员工，他是公司的最高决策者，人们却很少看到他整天坐在办公室里，他大部分工作时间都用在了"走动管理"上，即到所有分公司部门去走走、看看、听听、问问，到一些分店里去了解一线员工的情况。其他管理人员也纷纷以他为榜样，深入基层展开调查研究，大大改善了麦当劳的管理状况，激发了员工们的积极性，麦当劳的生意越做越红火，很快就把分店开到了世界五大洲。

商场如战场，只有知彼知己，才能百战不殆。基层员工分布在企业的各个岗位上，最了解企业运作的各个细节，也最有机会发现企业的问题。当员工的想法得不到反映时，那些一闪而过的思想火花就会悄然无声地熄灭，但是如果有一个机会燃烧，它也许就会点燃整个草原。经营

管理者广泛接触基层员工，不仅可以从基层员工那里获得真知灼见，改善企业的经营管理，而且还能增加基层员工的成就感，激发他们的工作热情，从而提高企业效率。

统一思想，总控方向

如果一个人有一个手表，那么他很容易就能确定时间，但是如果他有两块手表，并且恰巧手表时间不一致的时候，那么他反倒不容易确定时间。这就是手表定理。我们在管理中也是这样，不同的思想越多，管理的难度越大，所以我们要统一思想，控制住前进的方向。

在公元前221年，伟大的秦朝建立了，这是中国历史上第一个大一统的中央集权国家。统一之初，社会动荡，百家争鸣，秦始皇征服六国、统一民众思想的进程受到阻碍，秦朝的统治也由此受到了威胁。

"入则心非，出则巷议，非主以为名，异趋以为高，率群下以造谤。"这是公元前213年李斯向秦始皇的进言，为了统一六国人民的思想，秦始皇当年就开始了"焚书"事件，下令销毁除《秦记》以外的所有六国的史书和私藏于民间的《诗》、《书》等典籍。（《史记·秦始皇本纪》记载：臣请史官非《秦记》皆烧之。非博士官所职，天下敢有藏《诗》《书》、百家语者，悉诣守、尉杂等烧之。有敢偶语《诗》、《书》者弃市。以古非今者族。吏见知不举者与其同罪。令下三十日不烧，黥为城旦。所不去者，医药、卜筮、种树之书。若欲有学法令，以吏为师。）

尤其需要注意的是，当时秦帝国所有的书籍，在政府中都留有完整的备份，包括明令烧毁的书籍在内，这从李斯的上书可以知道。朱熹也

云：秦焚书也只是教天下焚之，他朝廷依旧留得；如果说"非秦记及博士所掌者，尽焚之"，可见，六经之类的书籍，朝廷都有保留，但只是不为人所知。

公元前212年，在"焚书"事件开始的第二年，秦始皇下令坑杀文人术士，四百六十余名术士在当时秦首都咸阳被杀，这就是后代所称"坑儒"运动。

"坑儒"运动的起因是两个术士畏罪潜逃。秦始皇是个十分迷信之人，他以为方术之士能为他找到神仙真人，以保他长生不老。他不以"朕"自称，自称"真人"，"吾慕真人，自谓'真人'，不称'朕'。"而侯生、卢生等方士，为了投其所好，谎称自己通神，可以得到长生不老妙方。但他们的骗局即将被戳破，因为他们声称能找到神仙真人的奇谈无法实现。

当时秦国法律规定："不得兼方，不验，辄死。"在此情形下，侯生、卢生等人密谋逃亡，据《史记》记载，他们在逃亡前，侯生、卢生曾用儒家的口吻批评偏重法家的秦始皇："始皇为人……专任狱吏，狱吏得亲幸。博士虽七十人，特备员弗用。""上乐以刑杀为威。"秦始皇知道此事后大发雷霆："卢生等吾尊赐之甚厚，今乃诽谤我，是重吾不德也。诸生在咸阳者，吾使人廉问，或为妖言以乱黔首。"为了寻找寻侯生、卢生下落，秦始皇下令拷问咸阳四百多名书生，事后，四百六十名书生因此而全部被杀。

以上两大事件被合称为"焚书坑儒"。坑儒事件，其实秦始皇主要坑杀乃方士术士，并非儒生。若要提及坑儒事件的原委，其实只是一次坑杀方士的行动。虽然这被杀的四百六十余人并非全都是方士，而没有儒生，但是可以确定的是，被杀的主体应该是方士，这从其代表人物就可知道。

除了在咸阳的四百六十余人被坑杀外，还有一批人被秦始皇谪迁至北方边地。秦始皇长子在事发后针对此事进谏："天下初定，远方黔首未集，诸生皆诵法孔子，今上皆重法绳之，臣恐天下不安，唯上察之。"（既然扶苏以术士法孔子替术士求情，更加有力地说明了坑的是"术士"）其态度诚恳，不料其谏言没有得到秦始皇的采纳，自己反而被逐出了咸阳。

我们知道，"焚书坑儒"的做法可以说是一种错误，但客观上，"焚书坑儒"是秦始皇发动的一场统一思想的运动。秦始皇在当年统一六国之后，在政治、文字和经济上推行了大国统一的一些基本措施，从而使国家政权得到保障。在政治结构上，在全国范围推行郡县制，废除分封制；在文化上，将小篆作为官方所用的标准文字，统一文字；在经济上，统一货币，统一度量衡。这些都是基本要素，但是国家强力结构并不能驾驭任何事情，特别是在刚刚结束战乱的秦朝，百家争鸣，思想领域还未达到统一。而一个国家的统一程度，往往取决于是否能够极大程度地集中思想，形成共同的价值观。思想无法统一，便不能形成共同的价值观。所以，实行大一统，仅仅涉及政治、经济、文化等方面还远远不够，统一的思想才是一个国家最关键最长远的统一要素，由此，民众的核心价值观念得到统一，也能帮助政治、经济、文化等领域的统一措施得到有效实施。

儒家和法家是当时影响最大的两种思想潮流，秦始皇统一中国作为新事物，与尊古的儒家思想相反，他治国采取一些新措施，都不符合儒家的思想理念。儒家的"克己复礼"思想也被当时的六国贵族采用，他们企图恢复周朝的分封制，使失去的势力回归。正因为如此，秦朝在统一之初，维护大一统的关键措施就是统一思想。秦始皇意识到这点，在惩治了几个儒生之后，就掀起了一场文化运动，目的就是统一思想。可是说这手段辛辣的运动，起到了明显的效果。

在今天，任何一个团队、集体，这种百家争鸣的现象不能在关系到

发展大局之时存在。"焚书坑儒"事件被后世之人唾骂了两千多年，已然成为了秦始皇残酷暴虐的证据，以至于直到今天，这一历史事件，仍为某些人耿耿于怀，他们痛恨秦始皇的暴政，对受侵害的文人术士表示惋惜。这种仇恨似乎传承到了今天，在文人们的潜意识当中依旧存有一种恐惧。虽然秦始皇焚书坑儒的手段过于激烈，对当时的儒生们的确太过残酷，他完全可以采取更缓和的一些方法。但是，对于一个刚刚建立的多民族的国家来说，很难统一思想，这些并不是只依靠缓和的手段就能够解决的。焚书坑儒在一定程度上统一了人们的思想和观念，造就了中华民族大一统的历史格局。

秦始皇焚书坑儒，意在维护统一的集权政治，进一步排除不同的政治思想和见解，这是秦朝建立专制主义政治体系的需要。这一举措对于一个王朝的更迭是有些过激，但是对于整个中华民族的融合和稳定所呈现出的历史效果却有不可估量的价值意义。

战国时期强调耕战、加强中央集权，于是出现了重农抑商的思想，这是当时的历史条件决定的。人们首先关注的都是自己的温饱问题，如果温饱问题普遍解决了，那么人民就会服从统治，秦始皇建立的大一统国家也就会更加稳定和长久，这是为人民谋福利之举。

秦始皇在强硬残暴、缓和仁政的双重政策下，实现自己集权的梦想和永固天下的抱负，他软硬兼施，统一思想，有着他作为领导者不可磨灭的人格魅力。这些是值得吸取的可贵之处。

现代的管理者也要借鉴秦始皇的经验，当然不用做到焚书坑儒这么极端，但是对团队中统一的方向性，一定要牢牢把握，只有团队中的所有人都心往一处想，劲往一处使，才能使团队获得最大的发展。

给团队一个美好远景与目标

对于征服，最彻底的征服是对人心的征服，所以在古今谋略中，都有"得人心者得天下"之说，历代成功的帝王都很注重收揽人心，我们现代人在追求成功的时候，也应该注意抓住人心的重要性。

当年蒙恬率军扫荡匈奴，收复河南地区，并监督谪戍犯人修筑长城，移民实边，基本上缓和了北方边境的形势，这让秦始皇长长地松了一口气。但是，不久南方又传来凶讯。

原来，当年王翦消灭楚国后，凭借胜利的余威收服了江南各地，并在那些地方设置了会稽郡，之后就带兵回国了。王翦回朝之前，派遣裨将屠睢继续南下，带领秦军及楚国降军共三十万人，收服了东瓯和闽越，并把这两地合并设为闽中郡。之后，秦军继续进军南越和西瓯，当部队到达五岭以后，粮秣运输困难，导致军队不能前行，始终未能击败南越及西瓯部队，双方一直对峙，时间达三年之久。

后来，郡监御史史录被派到该地，主持开掘"灵渠"一事，"灵渠"的开掘，连接了湘江和珠江的水运航线。漕运通了以后，粮秣运输问题迎刃而解了，军事行动也便利了起来。借此，秦军一举击败了南越及西瓯部队，占领了土地。被击垮的越人终只能逃到深山老林中继续抗敌，开始了游击战和运动战，他们常常夜袭秦军，这让秦军防不胜防。

一次越人夜袭秦军，秦国征南将军屠睢被杀。秦军统帅死了，军心不稳，越人便乘势反击，秦军只能退至五岭以北，派往地方的官吏全被越人杀害。

秦始皇得知这个信息十分震惊。不过，有了上次征讨匈奴的教训后，这次他决定不再召开廷议讨论，免得又听到一片反对之声，说什么百越是蛮荒之地，收归版图只会成为天朝的累赘，犯不着动用这么多的人力、物力去征服。

的确，百越之地穷山恶水，很是贫瘠，有的地方甚至全是树木花草都不长的荒石山，没有什么经济价值。当地的文明程度也不高，老百姓大多过着半农半渔猎的生活。同时，越族的种族很多，各个部落酋长之间很不团结，除了偶尔有零星的百越盗匪越界抢劫秦人外，对秦朝国境没有什么大的威胁。从表面上看，百越之地确实不值得劳师动众、劳民伤财去征服。而且自从屠睢征讨百越以来，秦始皇已经前后数次增兵，总兵力达到了五十万，这还不包括那些修建"灵渠"的人。

不过，秦始皇却不那样认为，领土问题是不能用经济价值衡量的，只要那里有人，那里就是帝国的财富。朝廷既然已经派兵经营百越之地，就不能半途而废，况且这次百越偷袭秦军，杀了统帅，又残杀朝廷派去的地方官吏，影响极为恶劣，如果不予以讨伐，那么大秦帝国的威信何在？何以让被征服的东方六国臣民遵纪守法？有了越人的先例，其他边疆民族势必会群起效法，如此一来，大秦帝国的动乱何时是个尽头？基于这样的考虑，秦始皇决定发兵继续征讨百越之地。

不过，让谁去挂帅呢？

当时，能征善战的王翦、王贲父子已死，蒙恬镇守北部边境监修长城，不能调动。对于其他将领，秦始皇一个个分析，很难找到一个能文能武，既能用兵又能安抚的人。

思来想去，秦始皇突然想到了任嚣，虽然他对任嚣这个人并不是特别了解，但是直觉告诉他，任嚣这个人是挂帅征讨百越的最佳人选。任嚣是楚越边境上的人，熟知百越民族的习性。他随王翦灭楚，远至湘水和苍梧山之间，对那一带的地形非常熟悉。他担任九原郡守，配合蒙恬经略河南，收效极快，执行坚壁清野和全民皆兵的策略也很积极，效果奇佳。而且在魏庄，他曾以四千兵力从容攻击数万匈奴骑兵，谁能说他不是个智勇双全的将才呢？

秦始皇紧急召回任嚣，命他负责经略百越之事。

接到任命，任嚣忧心忡忡，忧形于色。秦始皇感到很奇怪，问道："任爱卿莫非有什么困难？"

"身为人臣，理应为人主分忧，虽万死不能辞，何况此次征越并非挟山超海般艰难，任务是可以完成的。"任嚣恭敬地回答说。

"既然如此，那任爱卿何以有难言之隐？"

"臣是在想蒙恬将军和王翦将军的事。"任嚣说。

"蒙恬和王翦与这件事有什么关系？"始皇问道。

"蒙恬这次扫荡匈奴，只用了不到一年的时间就奏凯建功，王翦灭楚也不过三年，但屠睢征讨南越、西瓯前后用了十年时间，出动兵力高达五十万还是不能根本解决。"

"是啊，"始皇说，"朕也为此忧心不已，一度想过要放弃，但想到大秦的声威可能因此而丧失，又不敢放弃。任爱卿有什么看法，尽管说来。"

"百越一带土地贫瘠，没有什么出产，从表面上看，经济价值不高，但从长远看，大秦帝国若要接近南方海洋，打通南北水上交通，百越地区非经营不可。何况由南海向西，还有不少番邦异国，那里四季如春，物产丰富，可为大秦帝国提供源源不断的财富。"

"任爱卿真是一语中的，这样的话朕闻所未闻，朕没有看错人，经营百越之地，请卿为朕一言决之，有什么意见，尽管说！"秦始皇的兴致很高。

"臣之所以提到蒙恬和王翦建功如此之快，百越如此难以征服，乃是因为陛下的左右未分清事情的异同，却坚持用同样的手段。"

"哦？任爱卿的确有着与众不同的见解，"始皇赞叹道："你能将异同分析一下吗？"

"消灭楚国只是改朝换代，而匈奴本来就是入侵我们国家，可以用武力来解决，但管理百越是我们入侵他们的国家，如果单靠武力，一定会遭到他们的反抗。"本来眼睛就大的任嚣，现在更睁大了眼睛，注视着始皇侃侃而谈，更显神采奕奕，光彩四射。

"任爱卿此去，有什么特别做法？"秦始皇有点疑惑地问。

"臣心中已有一个八字诀的政治理念，不知能否生效，希望能得到陛下和蒙廷尉的指正。"

"蒙毅，你用心听他所说，也提一些自己的意见吧。"虽已官居廷尉的蒙毅，在秦始皇眼中还仍然是年轻后辈。

"哪八个字？"秦始皇转向任嚣问道。

"怀柔，优遇，教养，同化。"

"怀柔谓何？"秦始皇问。

"尽量避免使用武力，同时整顿军纪，这样就不会纵军扰民，选贤任能，地方官员不得欺压土著，严重惩罚贪污敲诈者，内地移民不得歧视当地居民，关注该地区的民生建设，初期不要计较该地区能回报多少利益。"

"如何优遇？"

"尽量培养当地人才担任官吏，铲除原有的邪恶势力，当地可以推荐特殊人才到中央或别郡做官，初期不要给予过高要求，消除当地人自认为自己是受压迫者的心理。"

"那么教养呢？"

"派专吏作为老师，教导当地人各种技艺以及中原文化，同时也要尊重土著原有的技艺和文化，也可以吸收他们中优秀的部分，带到中原来，让当地人的文化和风俗习惯得到体现，与中原文化互相交流，而不是被驱逐。"

"按照任爱卿的意思，是要将百越人完全变为中原人吗？"秦始皇恍然大悟。

"要想将百越为我大秦所有，同化是唯一的行之有效的办法，那么让中原人和百越儿女通婚则是最好的同化手段。"任嚣将通婚二字特别加重了。

"通婚？"秦始皇哈哈大笑："就算中原人愿娶百越女子，百越女子会愿意嫁给秦国郎君吗？"

"刚开始应该是有困难的，但在长期的混居和教化下，百越和中原的经济条件及风俗习惯互相融合后，男女通婚便成为了很自然的事。"

任嚣认真地说："并且，我们也可以采取一定的政策来促进通婚。"

"什么政策？"秦始皇好奇地问。

"例如，可以大量选拔百越当地青年到中央或别郡担任官吏，或者提高从军的待遇，让当地的年轻人积极从军，当地青壮男子变少了，当地女子到了结婚年龄而未嫁的，必定会选择内地去的一些男子，这些男子中，不管是流放或有计划地移民实边，年轻者居多，时间长了，通婚现象便会自然发生。"

"妙！妙啊！"秦始皇不禁拍案叫绝，大笑道："以前怎么就没人想到这个方法？"

"如此一来，很多年之后，百越就不会有所谓华夏夷狄的分别了，就会自然臣服于大秦，我国真正疆域就能直接涵盖南海了。"任嚣语重心长地说。

"任爱卿此去，有什么要求的吗？"秦始皇又问。

"王翦将军攻打楚国，多要求良田美宅，承蒙陛下信任，臣此去征途遥远，交通险要，在很多方面需要便宜行事，愿陛下能恩准。"

"这是必须的。听任爱卿今晚这席话，已知你是能成大事者，朕授

第六章
秦始皇对你说谋略

予你全权。既然要怀柔，当然不能以征讨大将军之类等名赐予你，朕任命你为南海尉，收服南海以后设郡管理，作为南海尉，你应该掌管该地区的一切军政事宜。"

"谢陛下。"任嚣避席叩头谢恩。

秦始皇又向蒙恬交代，因为原则上南海地区要大量移民，他要在细节上和任嚣共同商议处理此事。最后他又问任嚣："这次任爱卿需要多少兵力增援？"

"只需要带臣的家卒护卫和陛下的符节就可以了。"任嚣微笑着回答。

按照他的八字诀政治理念，任嚣只用了不到两年的时间就成功将南越和西瓯地区平定，他将这两地分划为南海、桂林和象郡等三个郡，一直到任嚣病死之前，秦二世时，百越人都不再进行反叛。

屠睢征讨百越之地，前后用了十年时间，不仅没能让百越一带的老百姓臣服，还在百越土著居民的一次夜袭中丢掉了性命。这说明要让边疆少数民族臣服，仅靠武力征服是不行的。而任嚣只用了两年时间，百越地区就完全安定下来，并在那里设立了南海、桂林、象郡三郡。由此可见，力战不如智取，攻身不如攻心。

可见，每个人都有感恩的一面，只要抓住这一点，晓之以理，动之以情，就可以让其心悦诚服。这一点，很值得领导者深思。

在一个发展的团体里，成员是否对企业怀有使命感和责任感，直接影响着他们在工作中是否有积极性、创造性，继而影响团体的工作效率和参与竞争的能力。如果一个团体的成员普遍具有使命感和责任感，那么这个团体就会充满生机和活力，其发展、创造等各个环节也能得到改善，从而提升团体形象和竞争能力，这样的团体最容易在持续发展中做大做强。

怎样才能激发起成员的使命感、责任感呢？这就要求决策者、管理者要善于攻心，尊重每一个成员，关爱每一个成员，让他们自觉地把自己的前途和团体的命运结合起来，把自己融入集体中，为塑造良好的团体形象和提高竞争力而努力工作。

心理学家马斯洛说："杰出团队的显著特征，便是拥有共同的远景与目的。"很多企业的经营决策者、管理者都善于攻心，将员工的个人发展和企业的发展拧成一股绳，使大家有着共同的目标奋斗，推动企业持续、快速、健康发展。

张弛有道，休养生息

"功在当代，利在千秋"，秦始皇作为一个英明的领导者，高瞻远瞩，不惜人力，修驰道、筑长城，加强了对疆域辽阔的领土的控制，并巩固边防，防止外来入侵。只可惜秦始皇死得太突然，大秦帝国二世而亡，长城与驰道成为了"弊在当代，利在千秋"的大工程，也成为暴秦苛用民力的证据。

站在历史的角度，公正地讲，长城与驰道为中华帝国打下了坚实的基础，是秦始皇功泽后世的两项大工程，也是中国人民在人类文明史中创造的两项伟大奇迹。

在冷兵器时代，长城无疑是一种很好的防御工事，也足以显示秦帝国的强盛，威慑蠢蠢欲动的剽悍匈奴。秦国灭亡了，长城却被保留下来。后人看到长城，自然会想起当年的秦始皇。想起他的残暴，想起他的功绩。

春秋、战国时代，在北部的蒙古高原上，分布着匈奴人。当时他们还处于原始社会末期，以游牧为主，以掠夺为荣。匈奴人经常南下侵

雄霸天下

秦始皇有话对你说

扰，掠夺粮食和财物，还经常将俘虏作为奴隶。

秦始皇并不是第一个修筑长城的人。为了抵御匈奴人，在长达数百年的时间内，齐、楚、魏、赵、燕、韩，甚至中山国，纷纷修筑长城。这些国家修筑的长城，比较著名的要数赵国的长城。赵将李牧北防匈奴，赵国修筑了一千多公里的长城，防御效果很好。

秦始皇统一天下之后，北部的匈奴势力仍然对秦王朝有着严重的威胁。公元前221年，秦灭赵后，匈奴乘机占据了原属赵国的河南。他们对当地的生产进行破坏，还把大批的汉族人抓去做奴隶。为了保证中原地区的安定，公元前215年，秦始皇派大将蒙恬率兵30万，镇守北疆。经过几次战斗，终于攻取了河南(今内蒙古河套地区)、高阙(今内蒙古乌拉特中后旗西南)、阴山(今内蒙古狼山)、北假(今内蒙古阴山以南)等地，在那里设置了34个县，分别筑有县城。

公元前214年，秦始皇诏令在北伐匈奴战争中屡建奇功的大将蒙恬负责修筑长城，一时间军民奋战，轰轰烈烈，从齐国临淄开始，绵延万里，到燕国辽东为止，一场人类改造自然、征服自然的伟大运动开始了。

巍峨的群山之巅，蜿蜒着一条巨龙，沿着滔滔黄河，翻越莽莽阴山，看不够崇山峻岭，望不完黄沙漫漫……一直奔到渤海之滨。这就是举世闻名的万里长城。

如今，我们站在长城之下，仰首注目，一阵惊奇，一阵哀叹！

几十万人，绵延万里，正在修造一道偌大的城墙，肩扛背担，那是一种何等壮观的场面？数吨巨石，千仞峭壁，飞鸟难栖的峰巅，仅凭一双手，如何往上搬运？

中国的长城作为全人类的骄傲，自不必非议，它的文化意义，无疑将与天地共存。但同时长城作为秦始皇暴政的见证，也成了人们反复谈论的话题。

或许只有秦始皇这样的一代英雄，一代暴君，才有这样的勇气和实力去干这样一件既流芳千古，也遗臭万年的大事情。

从秦始皇开始，在中国历史上，长城就成为伴随帝国兴衰的一个关键词汇。

那么秦始皇修筑长城有什么作用呢?秦长城的主要作用是防御劫掠成性的马背民族——匈奴。

中国西北等地少数民族，几千年来，一直是中原地区统治者伤透脑筋的大问题。这些少数民族，一直过着逐水草而居的游牧生活。他们从小就生活在马背之上，所以人们又习惯称他们为马背民族。秦始皇的祖宗们一直与他们杂居而处，非常熟悉他们的习性。当中原国家强盛的时候，他们就在那片"天苍苍，野茫茫"的草原上过着自己的艰苦生活，主要通过边境贸易的方式同农耕民族，主要是中原人，获取他们所必需的生活资料以及生产资料。每当中原国家四分五裂的时候，又适逢马背民族遇到灾荒，马背民族就会大举入侵，掠夺财产，掳掠人口，给中原统治者造成极大威胁。因而抗击这些少数民族，成了中原国家一件重大的国防任务。秦皇、汉武、唐宗、宋祖，无不为这一问题所困扰。

马背民族的侵略部队是由骑兵组成，骑兵的特点是快，而弱点是攻坚能力相对较差。在毫无险阻的草原上，他们来去如风，但是一旦碰上高山险阻，坚城深池，他们就会望而生畏。

秦始皇统一了中国，"收兵铸金人"，要"刀枪入库，马放南山"。那些野蛮的马背民族，不在他的统治范围之内，不听从他的号令，可是一时又没有打败他们的办法，不得不施行以防为主的战略，于是秦始皇下令"修长城"。

秦始皇修筑长城，除了防御外敌入侵之外，还在于炫耀他那不可一世的帝国威风。

修筑一条万里长城，花费的人力物力难以用数字计算，特别是秦始皇构想传之万世不绝的秦王朝，转眼之间，短短十几年，随即灰飞烟

灭，因而所谓秦朝暴政便被人们一五一十地记载下来，以引申联想，后人因此也评说不已。

唐代诗人汪遵诗：

> 秦筑长城比铁牢，番戎不敢过临洮。
>
> 虽然万里连云际，争及尧阶三尺高。

诗人面对长城感慨万千，秦国修筑长城万里，只可以阻挡一下番戎夷狄，转眼墙倾楫摧，流水落花春去也。万里长城还不如帝尧的"土阶三尺"。

贾谊在《过秦论》中说秦"仁义不施，攻守之势异"。国家是否久长，在于仁义，不在于长城。

一道帝国的城墙，一座巍峨万里的长城，随着社会的不断发展进步，到如今，其防御作用早已不复存在。如今中国，长城内外本一家，早已经拥有了自己新的钢铁长城。

万里长城，是古代世界历史上最伟大的建筑工程之一，是中华民族勤劳勇敢和高度智慧的结晶。它的建成，对于当年北防匈奴，保卫中原地区经济、文化的发展，起到了巨大的作用。几千年来，它一直成为中华民族的象征，华夏儿女的骄傲。

长城像一张弓，帝国强大之时，弓向外扩张，国力弱小之时，弓向内收缩。这一张一弛，中华民族在长城的变化当中融合，形成了一个拥有56个民族的大家庭。修长城，在当时给人民带来了灾难，可是对阻挡匈奴入侵，保护生产发展，也确实起到了积极的作用。长城那雄伟的气势，令人引以为豪；长城，已被世界人民公认为中华民族团结一致和永远不可战胜的伟大力量的象征。说不完、道不尽的长城，给生活在当代的我们一定也会有所启示！

作为一名成功的管理者，一定要亦松亦紧，也就是所谓的张弛有道。一味地严苛他人是不可取的，这样只会激化矛盾，引起他人的反抗，但是如果换一种较为人性化的方法，往往更让人容易接受。

第六章　秦始皇对你说谋略